Bestsellers saggi

GIAN FRANCO VENÈ

MILLE LIRE AL MESE
Vita quotidiana della famiglia
nell'Italia fascista

ARNOLDO MONDADORI EDITORE

© 1988 Arnoldo Mondadori Editore S.p.A., Milano

I edizione Le Scie settembre 1988
I edizione Bestsellers saggi Oscar aprile 1990

ISBN 88-04-33367-7

Questo volume è stato stampato
presso Arnoldo Mondadori Editore S.p.A.
Stabilimento Nuova Stampa - Cles (TN)
Stampato in Italia - Printed in Italy

In copertina:
illustrazione di Ferenc Pintér

Fonti iconografiche:

Publifoto: 1, 14, 15, 16, 18, 36, 40.
Farabolafoto: 8, 35, 37.
Da: «La canzone italiana», Fabbri Editori: 7, 30, 33, 34.
Da: *Ferrovie italiane*, a cura di P. Berengo Gardin, Editori Riuniti, Roma 1987: 2 (Archivio Centrale dello Stato, Roma), 12-13 (Istituto Luce, Cinefototeca storica, Roma), 26 (Fiat, Archivio storico).
Da: F. Ogliari-F. Sapi, *Dall'omnibus alla metropolitana*, Milano 1969: 9, 10.
Le altre illustrazioni sono state gentilmente fornite dall'Autore.

SOMMARIO

3 *Prologo*
   Prima dell'alba

11 MATTINA
   13 I Bagni e bandiere
   34 II Attenti alle scarpe
   62 III Bambini, in fila per due
   98 IV I conti della spesa
   119 V L'Italia va al lavoro

133 INTERMEZZO PER IL PRANZO DELLA DOMENICA

161 POMERIGGIO
   163 I Il sabato dell'amore
   177 II Ai giardini pubblici
   193 III Pane e lardo
   220 IV Dopo il lavoro, dopolavoro
   239 V Il treno popolare

251 SERA
   253 I I moschettieri dell'Eiar
   264 II Dal focolare al bordello
   282 III Buio in sala, buio in città

291 *Epilogo*
   Verso un brusco risveglio
297 Bibliografia alternativa

Ringraziamenti

Grazie a tutti coloro che mi hanno permesso di frugare nei loro ricordi, nelle loro carte, carteggi, cassetti e album di famiglia privati. Mi auguro non sia andato sprecato il tempo di quanti, anonimamente, ho intervistato. Grazie, in particolar modo, ai commercianti con buona memoria e all'amico Nicolò Nefri, presidente della Rinascente, per avermi messo a disposizione l'archivio storico della società.

Che pu u m súzed da rèd, e u n sint niséun,
tla cambra schéura, ad sòtta, tra i pan spórch,
a céud la pórta, e a rógg. Dòp a stagh mèi.

Raffaello Baldini

*Che poi mi succede di rado, e non sente nessuno,
nella camera cieca, di sotto, tra i panni sporchi,
chiudo la porta e urlo. Dopo sto meglio.*

Mille lire al mese

A Franco e Anna Talozzi

Prologo
PRIMA DELL'ALBA

Come tutti i direttissimi per le lunghe distanze, il treno numero 17 da Milano a Roma era un convoglio per signori, con vagoni di prima classe, divani vellutati, toilette, paralampade di opaline e due carrozze letto lucidate a spirito. Di solito partiva in ritardo, per sciopero o dispetto.

La sera del 29 ottobre 1922 si mosse invece con due minuti di anticipo, nonostante la pioggia furiosa che svaporava sulle caldaie delle locomotive e le notizie telegrafiche che segnalavano binari divelti a picconate e scambi sabotati lungo la linea.

I giornalisti ospiti del treno ricordarono nelle loro cronache il comportamento del capomacchinista, non il suo nome. Lo descrissero come «alto di statura, in divisa e con decorazioni». Dell'uniforme ferroviaria portava solo il berretto a pentolino ricoperto d'incerata e il distintivo cucito sul lato destro della camicia nera: una ruota a raggi vista di sghimbescio dai cui mozzi si librava un paio d'ali. Sulla sinistra del petto esibiva il medagliere. A differenza dei militari del regio esercito i «fascisti della vigilia», gli «antemarcia» come sarebbero stati chiamati negli anni successivi, non portavano nastrini simbolici, ma le medaglie originali di metallo, riunite a grappolo. Non tutte al valore, naturalmente: ne appuntavano anche di commemorative, di partecipazione a gare podistiche o ciclistiche, del Regio Automobile Club, della Croce Rossa, oltre a cimeli delle campagne garibaldine e della guerra di Libia sottratti alle teche dei defunti, croci di cavaliere, reliquie religiose o bagnate del sangue dei camerati nelle risse contro i comunisti. I medaglieri avevano valore affettivo.

La divisa dei fascisti mostrava ancora i segni delle origini anarcoidi del movimento, riassunte nel motto «me ne frego» ricamato sui gagliardetti e sui labari assiepati davanti allo sportello della penultima carrozza letto del direttissimo 17 prima della partenza. Ognuno s'inventava una tenuta a capriccio rimescolando attorno alla camicia nera vecchi capi dell'uniforme della Grande Guerra, gambali da caccia, panciotti slacciati, mantelline militari, bretelle, pagliette, cappelli flosci, cappelli da buttero, berretti da pastore sardo, berretti da arditi. Erano le uniformi più difformi che mai si fossero viste dopo la spedizione di Garibaldi in Sicilia, riconoscibilissime tuttavia non solo per il nero della camicia – chi la portava infilata nei pantaloni, chi fuori, stretta sui fianchi da una fusciacca – ma per un che di beffardo per ogni convenienza e distinzione sociale. I proletari – ce n'erano, eccome, anche tra i fascisti – roteavano il bastone da passeggio dei borghesi, sia pure con l'anima di ferro. I fascisti della vigilia, nell'insieme, sembravano sempre reduci dall'aver saccheggiato un fondo di magazzino, eppure qualcosa suggeriva che lo avessero fatto con criterio, badando a scegliere tra gli indumenti e le cianfrusaglie quelli che meglio si adattavano a più usi, diversi climi e opposte situazioni: guanti di pelle per il freddo ma anche per non spellarsi le mani colpendo col manganello o guidando la motocicletta, mantelline da trasformare in cuscini o in coperte per dormire all'addiaccio, armi corte e non ingombranti, molte tasche.

Uno scrittore che nel 1922 aveva diciott'anni e che probabilmente vide l'arrivo a Roma del direttissimo 17 la mattina del 30 ottobre, Emilio Radius, ricorda i fascisti della vigilia così: «Durante gli scioperi sostituivano coloro che avevano incrociato le braccia: li sostituivano non soltanto per ragioni politiche ma anche per il vezzo di far l'altrui mestiere. Seguivano un loro istinto, che per me è rimasto e rimane in gran parte misterioso. I fascisti erano un po' come i capomastri che pretendono di saperla più lunga degli ingegneri, i farmacisti che, appena possono, rubano l'arte ai medici, i procacciatori di cause che si credono più pratici e soprattutto più furbi degli avvocati... La loro era l'insurrezione degli empirici, dei praticoni... Non c'era cerimonia, non c'era trattenimento, né pubblico né privato, in cui a un certo punto non spuntassero i fascisti. Il guardaportone del palazzo patrizio o li lasciava passare sorridendo o veniva buttato da parte. Oggi sembra incredibile, ma i fascisti intervenivano a una data ora, per lo più a mezzanotte come gli spettri, anche alle feste da ballo private; e non in abito da società, proprio con le loro mezze uniformi l'una diversa dalle altre. Perché? Con quale motivo? O con quale pretesto? Affinché la festa si svolgesse tranquillamente senza paura dei rossi? O per moderarne l'eccessivo fasto? O per far meditare gli invitati sul fatto che, mentre fuori si combatteva e si moriva per la patria, là dentro ci si divertiva senza ombra di pensiero? Per questi ed altri motivi, nessuno dei quali chiaro. I primi fascisti, ecco, erano una genìa che non sapeva assolutamente astenersi da qualche cosa, rimanere estranea a qualche cosa...»

Per i passeggeri del direttissimo numero 17 che lo videro gesticolare a tu per tu con il capostazione centrale di Milano e poi correre alla locomotiva e saltare in cabina come se il treno fosse già in movimento, il capomacchinista in divisa avrebbe potuto benissimo essere uno dei tanti fascisti capaci di fare un po' di tutto e niente bene: non un ferroviere ma un volontario mandato a sostituire uno scioperante. Tanto più che i ferrovieri fascisti erano davvero pochi. Era, al contrario, un conduttore di grande esperienza, eccitato dall'altezza dell'ora ma fedele al servizio. Aveva preso l'impegno di far arrivare il treno in orario almeno fino a Pisa e l'avrebbe mantenuto a costo di forzare durante il viaggio i blocchi dei suoi stessi camerati.

Sul direttissimo numero 17 viaggiava Benito Mussolini, incaricato dal re di formare il nuovo governo. Pioveva su tutta Italia da cinque giorni. Quella che negli anni avvenire sarebbe stata chiamata marcia su Roma – forse trentamila uomini, forse trecentomila – era ormai frantumata in una quantità di bivacchi impantanati, privi di ordini e di comunicazioni, di tende e di cibo caldo. Le colonne in marcia si erano arenate sotto i ponti, nelle aie, sempre troppo lontano dalle città dove pure i fascisti avevano occupato le prefetture, gli uffici telegrafici e le stazioni. Gruppi sparsi di camicie nere avevano preso d'assalto i treni dondolando lanterne rosse ma alla prima stazione erano stati costretti a scendere, con le brusche, da altre camicie nere, meglio informate. Tutto finito. Finito cosa? Male o bene? Per ora finito, forse bene. Chi l'ha detto? Il comando fascista.

Mussolini aveva vinto con l'astuzia. Scatenata la marcia su Roma militarmente impossibile, aveva ottenuto l'incarico governativo in cambio dell'impegno di tenerla a bada, innanzi tutto di fermarla. Da un momento all'altro la mobilitazione fascista avrebbe dovuto servire soltanto a rimettere ordine nel pantano sanguinoso delle fazioni. I ferrovieri fascisti, per pochi che fossero, avevano la consegna di ripristinare il servizio e poterono farlo perché, tra i marciatori, erano i soli a disporre del telegrafo: controllare i biglietti, niente clandestini a bordo, tantomeno se camicie nere, niente bivacchi nelle stazioni o lungo i binari. Ufficialmente il telegrafo non trasmise la notizia esatta della presenza di Mussolini su quel treno, ma sul muso della prima locomotiva del direttissimo numero 17 la pioggia macerava due grandi bandiere tricolori incrociate.

Alle 21,30 del 29 aprile, con puntualità da tempo dimenticata, il treno di Mussolini arrivò da Milano alla stazione di Borgo San Donnino e le pesanti bandiere ricaddero su se stesse. Il capomacchinista in divisa, con una mano in testa per non perdere il berretto, attraversò i binari di corsa e si precipitò all'ufficio telegrafico per sfogare un desiderio che durante un'ora di viaggio gli era maturato dentro come un gonfiore incontenibile: rifiutare il cambio a Pisa e assicurarsi «l'alto onore di scortare il duce a Roma». Le parole «scortare il duce a Roma» non furono però trasmesse; dalla stazione di Pisa non ci fu risposta.

La linea ferroviaria da Milano a Roma era in quell'epoca assai più contorta di com'è oggi. Da Borgo San Donnino, cittadina che in era fascista sarebbe stata ribattezzata Fidenza – e questo nome le è rimasto – i treni si inerpicavano tortuosamente sull'Appennino, lo scavalcavano per discendere in Lunigiana e arrivare a Pisa dopo cinque ore. A Pisa le locomotive, di solito due, andavano cambiate perché il convoglio ripartiva in direzione opposta. Il messaggio del capomacchinista del 17 finì sotto gli occhi della massima autorità ferroviaria in servizio a Pisa, l'ispettore Amato Amante il quale, pur essendo in borghese, sembrava vestito da cerimonia per via di una specie di marsina, la cravatta d'argento e il cilindro. Tutto ciò perché aveva dovuto prendersi cura, in stazione e fuori, dell'ambasciatrice di Francia di ritorno da Parigi a Roma. Era scesa dal treno internazionale di lusso, aveva fatto staccare la carrozza riservata con tutte le sue cappelliere e i paralumi rosa, e invece di visitare la città s'era acquartierata lì, nell'ufficio dell'ispettore, spaventata dalla rivoluzione. Per rasserenarla Amato Amante l'aveva portata in giro in taxi dimostrandole che a eccezione di qualche pattuglia armata e pochi cumuli di sacchi di sabbia agli angoli delle vie, la rivoluzione non c'era o se c'era non si vedeva.

Adesso, a poche ore dall'alba, la carrozza speciale dell'ambasciatrice era sul binario morto e occorreva agganciarla al direttissimo 17. Come gli altri ispettori lungo la linea, Amato Amante aveva ricevuto la consegna di far ripartire il treno in orario. Già la manovra di agganciamento della carrozza dell'ambasciatrice avrebbe portato via qualche minuto in più. L'alto onore richiesto telegraficamente dal capomacchinista avrebbe reso tutto più complicato: per regolamento burocratico, infatti, macchina e macchinista erano indivisibili; quindi, anziché attaccare altre due locomotive alla coda del 17 sarebbe stato necessario invertire quelle provenienti da Milano.

Niente alti onori, quindi. Tutto come sempre, anzi, possibilmente, meglio. D'altronde, tra le consegne ricevute da Amato Amante c'era anche quella di limitare eventuali festeggiamenti delle autorità fasciste e militari pisane sotto le pensiline durante la sosta del treno: la presenza di Mussolini non era confermata e, comunque fosse, a quell'ora antelucana il duce avrebbe riposato nel vagone letto.

La manovra delle locomotive fu eseguita con rapida precisione, senza strepiti che disturbassero i signori della prima classe e i dormienti. Un gruppetto di fascisti non facinorosi, con divise decorose, inchinarono in silenzio labari e tricolori verso i vagoni con le tendine abbassate.

Il capomacchinista richiamato all'ordine fu visto staccare le grandi bandiere zuppe dalla caldaia della sua locomotiva e correre, portandole a spalla, verso la cima opposta del treno, oltre i vagoni letto, per affidarle al collega diretto a Roma. Quindi si incamminò, dopo la partenza del direttissimo, verso le camerate dormitorio della stazione e uscì da una notte di storia per riprendere senza alcun ruolo esaltante la vita degli italiani nell'anno primo dell'era fascista. Invidiò inutilmente il piccolo aeroplano che senza un motivo e con acrobazie da pipistrello inseguiva i falò sparsi della sperduta marcia su Roma.

Mattina

I
BAGNI E BANDIERE

I ragazzi del nostro tempo non hanno mai visto una città imbandierata. I tricolori esposti alle finestre di Roma il 31 ottobre del 1922, giorno del giuramento di Mussolini nelle mani del re e della sfilata (allora si diceva «sfilamento») delle camicie nere, furono di sicuro meno fitti di quelli che negli anni successivi avrebbero celebrato la ricorrenza, anticipata al 28 ottobre. Ma le fotografie di quella mattina e l'unico spezzone cinematografico rimasto rendono bene l'idea di quanti fossero i cittadini che avevano in casa una bandiera. Per esporla non occorreva essere risolutamente fascisti; bastava non voler essere tacciati di «antitaliani», ingiuria pericolosa come in altri tempi quelle di stregoneria, idolatria e apostasia. Non furono i fascisti a inventarla, ma ne fecero larghissimo e astuto uso. Molti dei loro delitti furono giustificati anche dai non fascisti perché le vittime erano accusate di scarso rispetto per la bandiera. Solo gli antitaliani non si toglievano il cappello davanti al tricolore, e di bianco rosso e verde fu dipinto il cranio raso a zero di alcuni deputati antifascisti messi alla berlina.

Le bandiere casalinghe odoravano di naftalina e di altre rudimentali sostanze protettive. «Mia madre teneva la bandiera ben stirata e piena di carbolina dentro una custodia di panno nell'ultimo cassetto del comò e, quando la estraeva, lo faceva con molta attenzione.» Perché prendessero aria e perdessero le pieghe della stiratura, le bandiere venivano distese sul sofà la sera precedente il giorno della festa. I magazzini La Rinascente ne consigliavano un tipo particolarmente adatto «per balconi e finestre d'abitazione privata». In «pura stamigna di lana» erano lunghe due metri e costavano 55 lire. Moltissimo: il capomacchinista del direttissimo 17 guadagnava 350 lire al mese; il suo salario, come quello delle altre categorie, presto sarebbe diminuito; i prezzi delle bandiere no, nonostante l'aumento delle vendite provocato dal consolidarsi del regime fascista, dai Patti Lateranensi tra Stato e Vaticano, dalla conquista dell'impero e dalle frequenti visite ufficiali del duce.

I balconi principali dei caseggiati e delle villette, assai più numerose di oggi e niente affatto di lusso (esistevano le villette-impiegati come le case operaie), erano muniti di un supporto per reggere l'asta del drappo, ma pochi se ne servivano. L'asta costava una quindicina di lire ed era poco pratica. Si preferiva così fissare il tricolore direttamente alla ringhiera, oppure alle persiane spalancate o alle corde appendibiancheria, lasciando che ciondolasse con lo stemma sabaudo di traverso, variante nazionalista dell'antica usanza di addobbare i balconi con drappi votivi e tappeti durante le feste religiose. Così sistemate le bandiere non garrivano al vento, se mai si attorcigliavano su se stesse, si impigliavano, perdevano in fierezza: l'effetto era di godibile sagra primaverile. «E la bandie-e-ra/ coi tre colo-o-ri/ è sempre stata la più bella», recitavano i bambini.

Nelle città italiane c'erano assai più bandiere che stanze da bagno. Alla vigilia del solenne decennale della rivoluzione fascista, nel 1931, un censimento nei capoluoghi rivelò che su cento appartamenti 88 non disponevano di un angolo dove assolvere igienicamente alle impellenze fisiologiche. Era il primo problema del mattino

Ma era poi un vero problema? Le persone capaci di ricordare la vita di allora affrontano questi particolari con sorrisi di compiaciuta nostalgia: né la demagogia del regime si spinse al punto da sollecitare i padroni di casa a costruire gabinetti per gli inquilini.

A turno i gruppi familiari si accomodavano negli stanzini ricavati sui ballatoi: ciascuno conosceva le abitudini degli altri, la regolarità intestinale non era soltanto un fatto di salute ma anche di buona convivenza. Il fetore dell'ambiente si disperdeva attraverso una feritoia al di sopra dell'uscio. Ogni famiglia disponeva della chiave, diversa di ballatoio in ballatoio: questo per evitare che dal piano di sopra o da quello di sotto ne approfittassero gli abusivi. La pulizia era affidata alle donne.

Il wc era un miraggio sconsiderato, riservato alle case davvero signorili dove la stanza da bagno esisteva. Che la tazza fosse un lusso si capiva subito dall'aspetto: era di maiolica a fiori, di solito rosa e azzurri. I gabinetti comuni erano invece alla turca o più spartani ancora: una specie di scalino di cemento in mezzo al quale si apriva un buco. Niente sciacquone; una vecchia scopa era a disposizione dei più schifiltosi o dei meglio educati. Sul buco, un coperchio di legno con un lungo chiodo per maniglia. La carta igienica era proprietà personale, ma appesi a un gancio si trovavano quasi sempre brandelli di giornale o di carta da macellaio, resistente, spessa e spugnosa. Una mano anonima, regolarmente, tracciava col gesso sul retro della porta, nel punto più visibile per chi si serviva del buco, una massima di saggezza popolare a tutt'oggi non dimenticata: «Non si dice di far centro, ma si prega di farla dentro».

Tra gabinetti di città e gabinetti di campagna la differenza non era poi molta se il bugigattolo era di legno o in muratura e serviva a più famiglie. I contadini più pratici, però, costruivano soprattutto d'estate gabinetti provvisori scavando una grossa buca per terra, sistemandovi sopra un paio di assi e proteggendo il proprio pudore con pareti di fronde. Appassite le fronde col trascorrere della stagione, la fossa veniva colmata, se ne usava il contenuto come fertilizzante e se ne scavava un'altra in luogo più riparato.

Qualcuno ha scritto che la civiltà del bagno, ossia della stanza da bagno privata e completa, fu in Italia un prodotto della seconda guerra mondiale: i bombardamenti distrussero i bugigattoli fetenti insieme con le case e la ricostruzione nazionale rammodernò l'igiene. È un fatto che durante i primi anni della seconda guerra, quando il regime raccomandò lo sfollamento delle città, le famiglie che si trasferirono nei paesi e nelle campagne non avvertirono troppo la differenza dei servizi igienici: al massimo parve loro di essere tornati indietro di un decennio.

Nel 1937, tale Bertarelli che distribuiva suggerimenti di economia domestica attraverso i giornaletti aziendali, raccomandava: «Non si accettino gabinetti che non hanno almeno un piccolo lavabo. Le mani debbono sempre potersi lavare dopo i propri bisogni corporali». Correva già l'anno XV dell'era fascista e se gli italiani necessitavano ancora di certi consigli significa che l'idea di coniugare i servizi igienici non era poi così assimilata. Sicché il primo problema del mattino sussisteva.

La diffusione dell'acqua corrente, argomento decisivo negli annunci economici che offrivano un appartamento in affitto, e la glorificazione dell'acqua come prova della nuova civiltà («L'acqua è il segno vivo della nobiltà educativa, e la civiltà di un popolo si giudica assai bene dalla quantità di acqua che esso consuma», ammoniva Bertarelli) misero addosso alla piccola borghesia italiana lo scrupolo di lavarsi di più e odorare di meno. In qualche casotto-gabinetto comune si cominciarono ad applicare, insieme ai primi sciacquoni, piccoli lavandini di ferro smaltato, ma nessuno osava restare là dentro più a lungo del necessario, per cui bisogni corporali e pulizia della persona continuarono ad andare distinti.

I maschi si lavavano chinati sull'acquaio della cucina. Il primo era il capofamiglia che doveva andare al lavoro. Se l'acqua corrente non era ancora stata collegata, conveniva sistemare nell'acquaio una bacinella che veniva riempita a metà con la riserva del secchio. Di catini ce n'erano diversi in casa, di varie misure ma con una caratteristica comune: un'orlatura rugginosa sul fondo, dove lo smalto bianco resisteva di meno. Il sapone da toilette, per gli uomini, era lo stesso che si usava per il bucato, il tipo Marsiglia che si comprava a blocchi; faceva poca schiuma e odorava di lavanderia. Raramente nei giorni di lavoro ci si faceva la barba al mattino: meglio la sera, dopo cena, quando nei fornelli a legna o a carbone era rimasta un po' di brace indispensabile per l'acqua calda.

Per i bambini, almeno fino all'età scolare, tutto era più semplice e rallentato nel tempo. Si cercava di non mandarli allo sbaraglio nel gabinetto comune, un po' per igiene, un po' perché i vicini adulti e frettolosi si seccavano quando «solo un bambino» teneva occupato il bugigattolo, e un altro po' per una questione d'ordine morale difficile da credersi. Nelle famiglie piccoloborghesi di osservanza cattolica ma non necessariamente bigotte i bambini crescevano entro una inespugnabile cortina antisesso. Per evitare l'insorgere di qualsiasi curiosità sessuale alcuni genitori particolarmente pudichi raccontavano ai figlioli che gli adulti non avevano più, e comunque non usavano affatto, quelle parti del corpo che conveniva nascondere. Di conseguenza mamma e papà non facevano né pipì né pupù. Sembra, ripeto, una panzana mostruosa, eppure anche chi scrive attraversò quella tenera esperienza e ricorda d'aver obiettato: «Però il sedere ce l'avete ancora, se no come state seduti?» Ed erano già gli ultimi anni del regime fascista.

Ridotte a frivole caratteristiche dell'infanzia, le «vergogne», e quindi le necessità fisiologiche dei bimbi, non occorreva che fossero tenute segrete. Appena svegli i bambini capaci di camminare venivano accomodati sul vasino di ferro smaltato con l'orlo blu in qualsiasi luogo della casa, preferibilmente in cucina perché si supponeva che vi facesse più caldo. Le sedute sul vasino duravano a lungo e nessuno si scandalizzava se il bambino, stufo di stare in un posto, si trasferiva altrove saltellando con il vaso stretto al sedere, come su di un cavalluccio. In un'epoca in cui la proprietà era un dovere prima ancora che un diritto («Questo giocattolo è tuo, guai se lo impresti. Se no te lo levo, intesi?» era la frase che accompagnava ogni piccolo regalo nelle buone famiglie) i bambini si affezionavano al loro vasino, benché l'oggetto non somigliasse affatto a quelli di oggi, allegri, di comoda plastica, ricchi di fantasia, con i manici a foggia di animale domestico. Erano strettamente funzionali, scrostati e ammaccati. E freddi. Le madri più affettuose indugiavano a intiepidirne il bordo con le mani. Passavano gli anni e il vasino cresceva di misura, ma non raggiungeva mai le fattezze raffinate, artistiche, dell'orinale o pitale in ceramica usato dagli adulti.

Dipinto a fiori blu, rossi, violetti tra i quali primeggiavano le rose stilizzate e le campanule (a questo oggetto probabilmente si ispirarono i primi fabbricanti di wc), con il manico arzigogolato come quello di una caraffa, cilindrico ma più spesso sfaccettato, l'orinale degli adulti veniva rigorosamente nascosto nel comodino da letto che, praticamente, serviva solo a questo. Il legno del mobiletto assorbiva vapori e odori d'ammoniaca che nulla avrebbe mai più potuto eliminare.

Ai bambini che non dovevano imparare le «brutte parole» si insegnava a distinguere, nelle loro richieste di usare il vasino, tra «bisogni piccoli» e «bisogni grandi». Piccoli o grandi i bisogni, piccoli o grandi i vasi da notte – che vecchi, pigri e ammalati usavano anche di giorno chiudendosi a chiave in camera da letto – toccava sempre alle donne riversarli nel gabinetto comune e risciacquarli nel piccolo lavandino o nell'acquaio di cucina. Quest'ultima costumanza, lavare il vaso dove si lavavano i piatti, può sembrare ripugnante, ma conviene ricordare che non era affatto cessata l'abitudine, soprattutto a Roma, al Sud e nelle campagne, di vuotare direttamente il vaso dal balcone. Così si spiega perché certi ragazzini, ma anche qualche adulto, si permettessero di orinare direttamente nell'acquaio dove, d'altronde, il capofamiglia si era appena lavato, e non solo la faccia.

Agli anziani, per i bisogni grandi, era concesso servirsi dell'antica seggetta che ospitava il vaso sotto il sedile bucato, ma qualcosa di molto simile e di tecnicamente più raffinato compare nei cataloghi commerciali dell'anno II dell'era fascista. Da notare che non si tratta di articoli destinati a poveracci o menomati, bensì a «giovani coppie di sposi» o, comunque sia, a famiglie almeno impiegatizie intenzionate ad «ammodernare la casa». Ed è evidente lo sforzo di convincere gli italiani a ritagliarsi un angolo dell'appartamento per trasformarlo in luogo di decenza. Si comincia dal basso, quanto al prezzo, con un «secchio con coperchio a valvola, in ferro smaltato, diametro 24 centimetri, ideale per raccogliere liquami», che costa 35 lire. Con 60 lire si ottiene «anche a domicilio, a mezzo ferrovia» un «secchio con coperchio ad imbuto in maiolica bianca, tipo extraforte, munito di manico in giunco e impugnatura di legno». Ai quasi ricchi è riservata, finalmente con il nome che le spetta, una «elegante latrina inodore, da camera, in forte lamiera verniciata, bordo legno lucido». Ma costa 85 lire, poco meno della paga settimanale di un operaio.

Ecco perché tanta gente, a costo di alzarsi un po' prima, frequentava i gabinetti pubblici: non i vespasiani, ma quei servizi che inalberavano un'insegna vistosa, di solito a caratteri romani estesi su tutta la facciata: prima «Cessi pubblici», poi, più sobriamente, «Gabinetti pubblici». Il regime fascista promosse a fondo la costruzione di questi luoghi d'incontro e ne curò l'igiene affidandone la conduzione ai municipi. Una guardiana curava il reparto donne, un guardiano il reparto uomini. Di solito si trattava di pensionati, spesso di mutilati di guerra. C'era il settore a pagamento e quello gratis; comune l'odore acuto di ammoniaca e di acido muriatico.

Prima che del Partito comunista fosse vietato persino parlare perché ufficialmente soppresso, quando Mussolini era duce ma non ancora dittatore assoluto, i fascisti più scalmanati cantavano una canzone che in qualche modo dimostra la popolarità dei gabinetti municipali: «Bandiera rossa la trionferà/ sui cessi pubblici della città». (I democristiani la rilanciarono per breve tempo dopo il 1945.)

Nei borghi medievali della Toscana e dell'Umbria, dove l'estrema povertà era la miglior tutrice delle antiche strutture perché bisognava pur viverci, dove le case in pietra si addossavano alla badia e le mura muschiate a picco sulla valle separavano la fame nera dei paesani dalla rustica abbondanza dei mezzadri, i gabinetti pubblici precorsero e di molto i tentativi privati di scavare nei pavimenti plurisecolari un buco che non riversasse in strada o nei fondaci i liquami. Nel centro storico — solo oggi si chiama così — di Anghiari, in provincia di Arezzo, la smania municipale del cesso pubblico portò a costruirne tre, a distanza di poche decine di metri, tra l'antica prepositura, la millenaria badia e il battistero del

Quattrocento sconsacrato assai prima dell'Unità d'Italia. Senza contare i vespasiani con il tettuccio di ferro e quelli indicati, negli anfratti, da una specie di nicchia oblunga attraversata da una sbavatura putrida, verde scura al centro, giallastra ai lati, che si perdeva nel rigagnolo fino al primo tombino. Ma a differenza che in città, i gabinetti pubblici erano frequentati principalmente dagli incontinenti, dagli ubriachi, da gente di bassissimo rango oppure da forestieri capitati in paese per il mercato e poco pratici degli orti appartati, delle piccole terrazze erbose sulle mura. Una sorta di pudore e abitudini diventate cultura sconsigliavano i paesani dal mettere in piazza – nel senso antico della parola: luogo d'incontro, affari, politica e pettegolezzo – anche gli orari di discarica delle proprie interiora.

Per i ragazzini delle scuole comunali, i podestà di nomina prefettizia che il regime fascista sostituì al sindaco negli anni della fascistizzazione dello stato (dal 1926 in poi), ebbero accorgimenti meritevoli. Scuole costruite apposta per insegnare nei borghi non ce n'erano: il comune affittava case più o meno idonee e su insistenza del maestro affittava pure un fondaco, uno sgabuzzino, un sottoscala dove ci fosse il buco. Case di signori, dunque, trasferitisi nel capoluogo o nella grande città. Ma il buco del quale non si scorgeva il fondo e da cui arrivava una ventata gelida impauriva gli scolari: «E se mi tira giù?»

Meglio gli spazi aperti, anche se il sole non era ancora spuntato, i cespugli parevano boschi e gli animali notturni attraversavano le frasche.

«Da bambino mi svegliavo prestissimo e mi toccava fare i bisogni nell'orto al primo pipiare degli uccelli, al buio. Volevo che la mamma rimanesse alla finestra illuminata finché avevo finito. "Mamma ci sei?" "Sì Franchino, hai finito?" Ci mettevo più tempo perché mi piaceva fantasticare sulla natura, sull'orizzonte che si schiariva, sulla stella mattutina.» Chi ricorda queste cose è oggi sindaco comunista di un borgo spesso citato da Machiavelli. A quell'epoca frequentava le scuole elementari. Il primo testo di lettura d'obbligo suggeriva con una poesiola come fugare la paura del buio nella campagna: «Se dal bosco esce la fiera/ Dille: Son camicia nera!»

In città si diceva: sporco come un carbonaio, uno spazzino, un facchino, un muratore, un operaio. Senza offesa, ma per deduzione. Ovvio che quei mestieri insozzassero di più che stare a tavolino. In realtà gli addetti ai lavori pesanti finivano per essere meno sporchi degli altri. Più il lavoro insudiciava, più si trovava la forza per tranciare i vincoli pratici che legavano la stragrande maggioranza della popolazione alla poca igiene. A differenza dei borghesi che si lavavano sommariamente di mattina, i lavoratori manuali lo facevano dopo la fatica, di sera, quando di bianco avevano soltanto le occhiaie, i denti e il profondo delle rughe sulla fronte. Spesso lo facevano sul luogo stesso del lavoro, benché nella prima metà del ventennio fascista solo le maggiori industrie o le più specializzate (alimentari, dolciarie) disponessero di docce e lavabi. In ogni cantiere o fabbrica c'erano tuttavia buglioli, grandi barili di lamiera ondulata sistemati sotto un filo d'acqua per mantenere il ricambio, e tubi di gomma, pompe da giardiniere che servivano soprattutto ad appiattire il terriccio che all'epoca pavimentava i capannoni delle officine. I più scrupolosi si lavavano le braccia, oltre le mani, anche al suono della campanella di mezzogiorno, prima di aprire il portavivande.

Quelli che dopo il lavoro facevano il mezzo bagno a casa erano anch'essi più avvantaggiati dei borghesi ligi alla tradizione della rapida toilette mattutina. Il fuoco in cucina era acceso o facile da ravvivare se la brace traluceva attraverso la cenere; l'ambiente era abbastanza tiepido per restare in mutande (lunghe) e un pentolone d'acqua si poteva scaldare. Nei quartieri popolari, quando la stagione favoriva, ci si lavavano i piedi sul balconcino tuffandoli nella tinozza ovale, seduti sulla sedia. Per l'unto e le incrostazioni gli operai adoperavano polvere di pomice.

Certo, il ceto medio era più sensibile alle prediche che negli anni Trenta il regime distribuiva attraverso i canali dell'educazione di massa: igiene uguale salute, salute uguale conservazione della razza, crescita demografica, resistenza a un'alimentazione ipocalorica e ipoproteica: ma come lavarsi a fondo?

S'è detto che i ragazzi d'oggi non hanno mai visto una città imbandierata. Non hanno neppure un'idea del freddo assassino delle case nelle mattine d'inverno. Ci si risvegliava con le finestre arabescate di ghiaccio, meravigliose composizioni floreali tracciate dal gelo con i fiati notturni. Anche le tappezzerie avevano madreperlacei veli di brina. Le stufe a legna o carbone erano in cucina e in salotto, ma fino a mezzogiorno non rendevano onestamente alcun servizio. Per avere un po' d'acqua calda di primo mattino si svuotavano nella bacinella gli scaldapiedi riempiti la sera prima e portati a letto. Erano di forma cilindrica, grandi come una bottiglia senza collo, con un piccolo tappo a vite sormontato da un anello. Di latta, d'ottone o di rame. Ne esisteva anche un modello ovale e piatto, talvolta con le superfici elaborate, detto alla francese «boule». Per mantenere più a lungo il calore dell'acqua e per evitare scottature durante il sonno si avviluppavano questi recipienti in sacchetti di lana pesante. Nelle famiglie borghesi ognuno aveva la sua bottiglia o la sua boule e quindi disponeva di diritto, al risveglio, di un litro e mezzo circa d'acqua tiepida.

I negozi avevano un bel reclamizzare il semicupio svendendolo, in zinco e coi braccioli elegantemente disegnati, a sole 65 lire. Si trattava di una specie di poltrona con la spalliera molto allungata all'indietro e un bacile al posto del sedile. I piedi restavano fuori, la schiena e il petto dovevano vedersela con la temperatura dell'ambiente e per rendere funzionale il semicupio ci volevano almeno tre pentoloni d'acqua calda. Per tutta la durata del fascismo la stragrande maggioranza delle abitazioni italiane era dotata soltanto di fornelli in muratura, a legna o carbone, piastrellati secondo la fantasia, sormontati da una cappa. Come nel caso delle stanze da bagno, l'impeto delle novità era severamente fronteggiato dai proprietari di immobili. Se un inquilino pretendeva l'impianto a gas, previlegio dei signori di città, cominciasse a comprarsi una casa, e di nuova costruzione. D'altronde, nemmeno i primi fornelli a gas, di discutibile sicurezza, servivano a scaldare tanta acqua quanta ce ne voleva per un bagno o un semicupio.

È pur vero che le marche industriali provocavano il mercato con offerte ingegnose, volte ad aggirare l'immobilismo taccagno dei padroni di casa e a stimolare i locatari a far da sé per rendersi la vita meno agra. Comparvero a metà degli anni Venti i primi fornelletti a riscaldamento elettrico, per esempio. Costavano 80 lire, più del semicupio, scaldavano sì e no l'acqua per la barba, consumavano una quantità enorme di energia, allora carissima. Ebbero qualche successo, verso gli anni Trenta, le «cucinette economiche Primus» a gas di petrolio: trabiccoli a due fornelli con ai lati due serbatoietti per il petrolio, sempre poco per l'acqua del bagno che restava disperatamente affidata al fumoso traffico del focolare (focolare domestico, locuzione carissima al regime perché patriarcale, evocatrice di antichi rispetti, di devozione al capofamiglia).

L'orizzonte delle spose cominciò a illuminarsi col sorgere dell'astro trionfale della cucina economica, splendida di ottoni e di nichel, prima nera e poi bianca, dotata di forno, con i piedi a zampa di leone e, se di piccole dimensioni, aggraziata, con gli sportelli in ghisa lavorata, la sagoma barocca, le agili gambe a imitazione dei tavoli Luigi XVI. Economica non per il consumo della legna o del carbone ma per la poca fatica che esigeva nel farsi accendere e ripulire. I fornelli, a cerchi concentrici di ghisa, accoglievano qualsiasi tipo di pentolone e almeno nei giorni festivi consentivano, finalmente, di preparare l'acqua da bagno. Il prezzo di una cucina economica siffatta rasentava però le mille lire, più di un ottimo stipendio impiegatizio.

Il regime irrideva «chi confonde la civiltà con lo scaldabagno», attrezzo che già esisteva in commercio e proprio con questo nome. Ma almeno fino alla metà degli anni Trenta gli scaldabagni appartenevano all'ordine di idee di una ristretta categoria di persone previlegiate: quelle che prendevano in seria considerazione la prospettiva di mettere in casa anche una vera vasca. C'era un orripilante scaldabagno «a gas di coke», per esempio, che consumava 40 litri di gas per produrre una dozzina di litri d'acqua calda: era un aggeggio a forma di parallelepipedo di rame, irto di tubicini e rubinetti, con uno sfiatatoio cilindrico in cima. Con l'intero stipendio di un buon impiegato, lo si portava a casa. C'era, meno caro, lo scaldabagno a legna che nella versione primi anni Quaranta, a legna, gas o elettricità, capita ancora di trovare in qualche vecchia casa di paese. Alto un metro e mezzo, cilindrico, dal diametro di una ventina di centimetri, era un'elegante colonnetta da pavimento, simile a certe fontanelle pubbliche, di quelle che allora si fregiavano con il fascio littorio e lo stemma. Aveva una caratteristica che ben documenta le basse temperature delle case: il ripostiglio per riscaldare la biancheria da indossare dopo il bagno.

La coppia scaldabagno-vasca «in ghisa, internamente porcellanata, con valvola di scarico e troppieno» veniva a costare nel 1930 sulle 1300 lire; presupponeva l'acqua corrente e il gas oppure un fuoco già acceso dal quale prelevare la brace. Quindi l'appartenenza a un ceto che poteva permettersi, a tempo pieno, la donna di servizio o domestica, come il regime suggeriva di chiamare colei che tutti chiamavano serva. Insomma, per gli adulti della media e piccola borghesia e per quanti tendevano ad elevarsi al loro rango, impresa che il regime stimolava a compiere avendo decretato l'abolizione formale delle classi, fare il bagno era una pratica (un trafficare di pentole e di tinozze, un gran distendere stracci attorno ai recipienti, un gioco di secchi rovesciati addosso per il risciacquo) strettamente riservata ai giorni di vacanza, preferibilmente nelle stagioni meno crude.

Se no c'erano i bagni pubblici, versione cittadina, talvolta pretenziosa, dei cessi pubblici. Si andava, dove esisteva, al Cobianchi; locale il cui nome evocava candore di piastrelle biancoazzurre, tepori e vapori acquei, inservienti con grembiulone scopa e straccio, odore di barbiere, pavimenti sempre bagnati.

Le signore, no. Le signore, come i bambini, avevano maggiori possibilità di fare un semicupio o un lavaggio completo perché non avevano orari di lavoro fuori casa. Il regime, fin dal suo primo manifestarsi, aveva dato il massimo lustro a quella che in fondo era la più sentita tradizione romana. Che hai fatto oggi, moglie? *Domi mansi, lanam feci*. Sono rimasta a casa a far la calza. Non c'erano dunque soverchi ostacoli a «mettersi un po' a posto» prima di affrontare il programma della giornata.

Meno sciacquettona del marito, la piccoloborghese dell'era fascista aveva in camera da letto la sua apparecchiatura da toilette. Ridotta all'essenziale consisteva in un trabiccolo di ferro sormontato da un piccolo specchio orientabile. Infilato nel cerchio superiore del trespolo c'era il catino grande dentro il quale, di solito, si deponeva la panciuta brocca per l'acqua. A metà altezza, un altro cerchio conteneva un catino più piccolo per il risciacquo. Durante l'uso il catino piccolo si metteva dentro quello grande il cui contenuto era già finito nel secchio sistemato alla base di tutto l'armamentario.

Naturalmente anche gli uomini potevano usare questi oggetti ma preferivano l'acquaio di cucina, rispettando l'intimità delle mogli e delle figliole. Così, di gradino sociale in gradino sociale, i servizi completi da camera acquistavano un aspetto sempre più femminile, lezioso e lussuoso. Maioliche e porcellane finemente dipinte a mano, brocche degne d'essere usate come portafiori, catini che non avevano più la forma classica della bacinella, ma somigliavano piuttosto a giganteschi portafrutta, e poi tutto un corredo di spazzole dure e morbide per le unghie e per i capelli, il barattolo per la cipria e il contenitore per il rossetto, il lungo astuccio portapettine e portaforcine, la scatola portasaponetta. Le signore si concedevano la saponetta Viset o Palmolive (lire 1,75) detestata dagli uomini perché talmente odorosa che, da nuova, poteva essere usata nei cassetti per profumare la biancheria.

La piccola borghesia italiana del periodo fascista aveva la fisima dei completi: dal mobilio ai corredi ai servizi da scrittoio, guai ad avere un pezzo che per disegno e colore non ne richiamasse un altro. Forse per questo, soprattutto i giovani accettarono volentieri l'uniformità della divisa fascista (così diversa da quella fantasiosa dei fascisti della vigilia) e si arrivò alla stravaganza, nelle famiglie più benestanti, di vestire i bambini non solo alla marinara ma con le divise delle altre armi: da aviatori, da bersaglieri, da generali della fanteria. I servizi da toilette dovevano rispettare scrupolosamente la regola della uniformità dello stile, indipendentemente dal numero dei pezzi. I negozi di casalinghi, sul finire degli anni Venti, ne esponevano di modesti a 60 lire e di pretenziosi a 250 lire, ma ce n'erano addirittura di rifiniti in oro, con disegni lineari tardo-liberty rossi e neri che costavano molto di più. L'eleganza di questi servizi fece sì che le famiglie li conservassero a lungo anche quando non furono più necessari. Del servizio completo faceva rigorosamente parte l'orinale, ma era tassativamente escluso il bidè.

È arcinoto che la civiltà anglosassone respinge ancora adesso l'uso del bidè, ma proprio per ciò il regime fascista, nella sua irruenta anglofobia e nella sua intensa opera di divulgazione igienica attraverso i manuali di educazione domestica d'obbligo per le fanciulle, avrebbe potuto raccomandarne l'adozione. Invece niente, e se qualcuno pensò di farlo, tacque per non offendere la sensibilità della casta famiglia italiana. Per la sua funzione il bidè alludeva troppo spudoratamente a quegli ammennicoli corporei che non andavano nominati se non in tono esclamativo nelle osterie e nelle mescite, ma neppure tanto.

Tuttavia le signore meglio avvertite e più pratiche una mezza idea di comperarsi l'attrezzo ce l'avevano, tanto più che i negozi di sanitari lo vendevano. Era una vaschetta di maiolica o del solito ferro smaltato, a forma di pera, montata su un treppiede di ferro e, sempre per via del freddo, l'orlo dei modelli più eleganti era in legno lucidato. Ma gli stessi fabbricanti, quasi per giustificarsi di mettere in vendita un oggetto così spudorato e impopolare, scrivevano sui cataloghi che il bidè era «indicato per persone sofferenti o troppo robuste». I sani e gli agili si arrangiassero coi catini o con l'acquaio di cucina. Le signore più moderne, quelle che non temevano di mettersi in camera da letto un sanitario d'obbligo soltanto nelle case di tolleranza autorizzate dallo stato, se lo compravano per corrispondenza e lo mascheravano con una copertura apposita, cucita da loro e ricamata. Oppure con una cassetta di legno lucido capovolta. Ai bambini in età d'andare a scuola si insegnava a usare il bidè, se c'era, ma solo per lavarsi i piedi, e dovevano chiamarlo appunto «lavapiedi». Come d'altronde faceva papà.

Nel catino grande del servizio completo da camera le signore si lavavano i capelli. Con la brocca se li risciacquavano, ma se il marito aveva fatto appena un po' di carriera nell'industria questo compito toccava alla serva.

Il regime fascista detestava le donne con i capelli corti, alla garçonne, con la virgola sulle tempie: importazione francese, mascolinizzante, corrotta. Ma più che detestare non poteva: se il consenso al regime si fosse dovuto valutare dall'osservanza dei consigli di moda impartiti alle donne della media borghesia, Mussolini sarebbe risultato l'uomo meno obbedito d'Italia. Le riviste femminili, e persino i manichini dei negozi, se andava la pettinatura alla maschietta la adottavano infischiandosi dell'educazione nazionale. Sulla sponda opposta a quella delle maschiette o «gagarelle» così in voga negli anni Trenta e così mal sopportate dal regime, c'erano le signore nostalgiche e qualche bellezza contadina che primeggiavano per la spropositata lunghezza dei capelli, anch'essa non rispondente ai consigli di praticità distribuiti dal fascio.

«Mia zia Maria mi chiese un giorno se mi sarebbe piaciuto che i miei capelli diventassero lunghi come i suoi. "Sono lunghi fino alle mie caviglie", disse. "Quelli di tua madre, invece, prima che li tagliasse, le arrivavano appena alla cintura." Le chiesi se me li faceva vedere sciolti e lei mi promise di sì, "uno di questi giorni". La cosa successe una mattina prima che si vestisse. Indossava una camicia di lino senza maniche con un bordo di pizzo intorno al collo e le sue trecce erano fissate al fondo con nastrini rossi. Attraverso la tenda di pizzo della finestra entrava una luce grigia invernale. La stanza però era riscaldata dal fuoco della stufa di maiolica azzurra e io mi sedetti su un piccolo sgabello su cui lei di solito appoggiava i piedi quando ricamava al telaio. Mia zia prese una treccia fra le mani e cominciò a scioglierla. Man mano che procedeva pettinava i capelli con un pettine bianco a denti molto radi e il fiume nero scivolava fra i denti d'osso come l'acqua fra le griglie di una diga. Quando ebbe finito con una treccia prese a sciogliere l'altra sempre passando e ripassando il pettine fra i capelli per sbrogliare i nodi, per dare loro aria e respiro. Infine posò il pettine e mi guardò sorridendo. Io ero esterrefatta. Penso che probabilmente avevo la bocca aperta perché a un certo momento sentii il bisogno di deglutire. La camicia bianca di mia zia era completamente sparita e il mantello lucido, nero, ondulato dei suoi capelli scendeva a coprirla tutta sino alle pantofole che aveva ai piedi. "In tutta la città", mi disse orgogliosa, "solo la signora Negri ha i capelli più lunghi dei miei e però l'hanno messa sulla 'Domenica del Corriere'."» È il brano di una rara memoria pubblicata anonima con il titolo *Le confessioni di una piccola italiana*.

Tra le due fogge estreme, la signora sposata a un laureato impiegato nell'industria, già madre un paio di volte e senza apparenti ubbie, manteneva i capelli di media lunghezza, arricciolati con la permanente (da 30 a 40 lire) in occasione delle feste, oppure lisci con la riga in mezzo e raccolti dietro la nuca, o a onde lunghe create col ferro caldo.

Il ritratto di questa signora-tipo tra le otto e le nove del mattino di un qualsiasi anno tra il 1930 e il 1939, quando il marito è già in ufficio e la serva sta accompagnando i bambini a scuola, la raffigura seduta sul puf in camera da letto, davanti alla specchiera della toilette di legno impiallicciato e lucidato a spirito. Prima di ondularsi i capelli saggia la temperatura del ferro con un tocco del dito bagnato di saliva. Sulla lunga camicia da notte color rosa indossa una vestaglia più corta, di pesante panno azzurro con qualche arabesco rosa riportato sul petto. Le spalle della vestaglia sono ampie e imbottite.

Il secondo decennio dell'era fascista le ha messo a disposizione utensili elettrici che potrebbero facilitarle la vita quotidiana, ma non sono ancora tempi da avventatezze. Lo stipendio del marito è già stato ribassato due volte, «come cifra», dice lui, «non come valore». In effetti fare la spesa costa meno di prima, le ore straordinarie sono ben pagate e nell'insieme si sta meglio, ma le tasse sono una dannazione e la corrente elettrica una trappola. Basta tenere accesa un paio d'ore in più la stufetta a riflessione che le riscalda le gambe mentre si pettina, perché il risparmio mensile previsto venga sconvolto. Quindi non comprerà l'ondulacapelli elettrico. Per lo stesso prezzo ha preferito il bollitore del latte da un litro, con il manico isolante. È già stata una mezza pazzia il ferro da stiro, per quanto consuma e quanto costa, 60 lire, poco meno del mensile della serva.

Con il carbone in cucina, il parquet del salotto da tirare a lucido con la galera, la biancheria da lavare al lavatoio pubblico, la serva fissa è una necessità assoluta – tutte le mogli dei colleghi del marito ce l'hanno – però comincia a dare anche qualche fastidio. Appena arrivata dalla campagna, col fazzoletto calato sulle sopracciglia, un gonnone a pois e la mantella nera, non sopportava le scarpe e pretendeva di appendere al lampadario della cucina la striscia di carta moschicida invece di usare la paletta ammazzamosche. Adesso ogni quindici giorni ha un pomeriggio di libertà, esce con la bambinaia dei vicini che dorme in una stanza con la finestra e vorrebbe la finestra pure lei. Non capisce che una bambinaia è una bambinaia e una serva una serva. E se la finestra non c'è, non c'è. In compenso è venuta ad abitare in una casa col gabinetto, purtroppo. Sì, purtroppo, perché la nostra signora – di maniera com'era di maniera la stragrande maggioranza delle famiglie del ceto medio – non trova né bello né giusto che un'estranea usi la sua stessa tazza di maiolica. E per trasformare il ripostiglio in una stanzina decente per la serva, la signora ha dovuto regalare alle donne fasciste della Casa della Madre e del Fanciullo tante care cose dei bambini quand'erano piccoli. Per esempio il seggiolone di legno verniciato in azzurro con il vassoietto ribaltabile, le palline colorate da far ruotare durante la pappa e un marchingegno di cerniere e rotelle per cui, ripiegato, diventava un girello. E la culla, una grande cesta di vimini montata su ruote di legno pieno, con il tettuccio a capannina: lei stessa, durante l'attesa, aveva coperto il vimini con ampie balze d'organza ricamata a fiorellini azzurri e rosa. Alla nascita del secondo figlio, la culla era stata guarnita con caramelle e mandarini perché il primogenito, nel vedere per la prima volta il fratellino, credesse che la cicogna si era ricordata di lui e non si ingelosisse. Solo la carrozzella è rimasta, troppo di lusso per finire regalata: ha le pareti esterne di legno lucido con qualche intarsio, la capote pieghevole di tela gommata, il molleggio visibile a balestra, le ruote a raggi talmente grandi che si intersecano. È stata un regalo del padrino di battesimo, e all'epoca costava 400 lire. Ora serve alla domestica per riporvi la biancheria lavata da stirare.

Quando la domestica compiange se stessa per non avere una finestra (e non lo fa mai a viso aperto, ma con i bambini, fingendo di scherzare, perché gli adulti sentano), la nostra signora tanto più si indispettisce in quanto anche lei vorrebbe più sole in casa. I vecchi villini-impiegati hanno finestre assai più strette e avare delle nuove case operaie costruite dal fascismo o dalle grandi industrie private. Le costruzioni moderne hanno finestre quadrate o orizzontali, e gli angoli sono tondeggianti per ricevere più sole. Il sole è igiene, è salute: lo afferma il dottor Amal nel suo libro di consigli, lo ripetono in ogni numero i periodici enciclopedici «La donna, la casa e il bambino» e «La donna medico di casa»; c'è scritto persino sul bollettino aziendale che il marito porta ogni mese. «L'igiene sanitaria possiede cifre esatte le quali permettono di stabilire una valutazione pratica del beneficio della luce: e si può affermare che nei grandi centri il solo fatto di abitare case sane e ricche di luce diminuisce nelle cifre sociali da un mezzo a un terzo il numero di casi di tubercolosi. La luce è un medico che caccia l'altro medico e il farmacista. L'uomo fascista deve essere un uomo solare. Le finestre amplificate quali vogliono i costruttori moderni rispondono assai bene a questi principi generali...»

La signora davanti alla toilette reprime l'irritazione crescente per la tappezzeria marrone cupo a fregi un tempo dorati della camera da letto; si è convinta che sia la mancanza di sole ad allevare scarafaggi sotto l'acquaio; ormai conosce l'ammontare degli affitti delle case nuove come i prezzi del pane, delle patate e del latte (dalle 200 lire al mese in su) e sa bene che sono scesi del venti per cento. Ordine di Mussolini; i proprietari esosi vanno denunciati alla federazione del fascio. Cambiare casa è una tentazione che serpeggia in ogni buona famiglia, tanto che il «Corriere dei Piccoli» (30 centesimi, e 40 nel 1940) racconta tutte le settimane la storiella illustrata di «Sor Pampurio arcicontento/ del suo nuovo appartamento».

II
ATTENTI ALLE SCARPE

«Aria e sole saranno la tua salute» scandivano in coro, a scuola, i bambini costretti a fare l'esercizio di respirazione con le finestre spalancate. Sui libri di testo, sotto il titolo *La prima neve*, una paginetta recitava: «Una volta, all'apparire della prima neve, ci si chiudeva in casa impauriti dal gelo. Quanto mai durerà quest'inverno? Oggi invece, i ragazzi dell'Italia fascista, i balilla, salutano con gioia i candidi fiocchi come la più lieta sorpresa dell'anno. Finalmente! Via all'aria aperta, dunque! Allacciamo gli sci e giù, in velocità, per una bella discesa...» L'Opera nazionale balilla distribuiva sci di frassino, neri, con le punte molto arcuate culminanti in uno sperone. La laminatura non esisteva e gli attacchi consistevano in un groviglio di cinghiette di cuoio che al contatto con la neve ghiacciavano, ma sul momento avevano il vantaggio di adattarsi a qualsiasi tipo di scarpa pesante.

Dai graffiti dell'epoca si direbbe che gli italiani fossero diventati una razza incrociata tra gli adoratori del sole e gli esquimesi. «Voglio vivere così/ col sole in fronte/ e beatamente», cantavano le serve frustando la pietra con i lenzuoli bagnati al lavatoio pubblico. E gli impiegati in gita domenicale: «Si va sulla montagna/ dove la neve il sol riscalderà». «I bollettini della neve», annotava la rivista femminile «Mani di fata», «quando incominciano a diffondere le loro incalzanti notizie hanno il potere di commuovere legioni di innamorati della montagna.»

È più serio credere che gli italiani, su pressante suggerimento della propaganda, andassero esorcizzando, con invocazioni canore e passioni sportive che solo pochissimi potevano praticare, l'inimicizia della natura e le sue malefatte. La febbre spagnola se n'era andata da poco portando con sé un numero di morti superiore alle vittime della Grande Guerra. L'anofele femmina (malaria) dell'Agro pontino soccombeva davanti all'avanzata della bonifica delle paludi condotta assai più efficacemente della guerra alle mosche, dichiarata senza esito su tutto il territorio, ma tisi e broncopolmoniti infuriavano e solo i miracolati ne uscivano vivi. Il tifo era come oggi la scarlattina: «Hai già fatto il tifo?» si chiedeva ai ragazzi. I convalescenti si distinguevano a occhio: erano rapati come le reclute.

Ma la malattia da freddo che bersagliava a raffica orizzontalmente e verticalmente la popolazione italiana del centro-nord, risparmiando soltanto gli strati sociali siderei e quelli talmente infimi da possedere una scorza animale, erano i geloni. Sarà stato per difetto d'alimentazione o di stufe (è più probabile la prima causa che la seconda) ma è certo che anche i balilla sciatori, gli impiegati fiduciosi nella benefica interazione termica tra la neve e il sole, le serve al lavatoio col sole in fronte, i bambini delle scuole che facevano esercizio di respirazione e le «legioni di innamorati della montagna» avevano le nocche spaccate dai geloni. E inferocivano dal dolore.

Il primo gelone si annunciava con un lieve prurito all'orlo superiore delle orecchie. Lì per lì pareva sopportabile, ma l'avvisaglia era sicura: il bambino era predisposto. Gli adulti, invece, sapevano già dove sarebbe finito il prurito all'orecchio: portavano ancora i segni dell'anno precedente, sulle mani e sui piedi. Si poteva soltanto sperare che il male si diffondesse il più tardi possibile. Non prima della prima neve, appunto. Ci si incominciava a lavare meno o niente affatto, oppure con accorgimenti penosi: strofinandosi con uno straccio umido le palme, risparmiando la parte superiore delle dita. Ai bambini venivano infilate cuffie luciferine di maglia, con la punta sulla fronte e il sottogola, vergognosissime perché i maschi, incuffiati in questo modo, sembravano bambine. «Così non ti gratti», ammonivano le madri cui il minaccioso prurito era già arrivato sulle nocche.

Al prurito seguiva un doloroso gonfiore che attaccava le zone più povere di sangue e più esposte: il rigonfiamento diventava rosso, poi violetto, la pelle s'induriva e si spaccava in profondità. Gli impiegati e gli scolari ricorrevano a mezzi guanti, tagliati all'altezza della seconda falange. Per ragioni inspiegabili i bambini e gli adolescenti erano condannati ai calzoni corti almeno fino ai 16 anni (soltanto i contadini più poveri portavano i calzonacci del babbo tagliati all'altezza giusta), così i geloni aggredivano anche le ginocchia. Le madri più premurose e autoritarie imponevano allora ai maschi di portare calze di lana lunghe come quelle delle ragazzine, fino al sommo della coscia, trattenute da un elastico-giarrettiera. Meglio il dolore o l'onta? A scuola questi disgraziati subivano beffeggi indimenticabili, spesso da parte degli stessi insegnanti.

I maschi adulti si proteggevano con le mutande lunghe, aderenti, allacciate alla caviglia, che, pesanti o più leggere, si portavano tre stagioni l'anno. L'unico rimedio serio contro i geloni sarebbe stato una nutrizione più ricca di calorie e vitamine, ma i medici condotti si guardavano bene dal dirlo (d'altronde nessuno disturbava il medico per una malattia così generalizzata come i geloni) e gli italiani non lo sapevano. Al contrario, chi seguiva le rubriche mediche sulle riviste e i suggerimenti del regime in materia, si impensieriva perché mangiava troppo. Si ricorreva alla vaselina, all'olio, a inefficaci pomate. La tentazione più forte, per prevenire i geloni, era scaldarsi le mani carezzando il tubo della stufa ma, vero o falso che fosse, si diceva che il gelone colpisse più spietatamente proprio chi tentava di consolarsi dal freddo così. «Smettila, che poi ti vengono i geloni!» sgridavano le madri. Le serve, cui nessuno badava, adoperavano per scaldare le mani al tubo della stufa le prese imbottite che servivano a togliere le pentole dal fuoco: stringevano il tubo alla base, dov'era rovente. La padrona non poteva rimproverarle per i loro geloni: li aveva anche lei.

Conseguentemente, un paio di generazioni di italiani perpetuarono l'abitudine di cominciare a vestirsi a letto, sotto le coperte. Per gli uomini, dormire con la biancheria addosso era normale. Lo facevano fascisti, non fascisti e antifascisti, uniti dal freddo nella trasgressione alle generiche ma insistenti raccomandazioni igieniche del regime. Sulla biancheria da giorno indossavano, la notte, il camicione di flanella lungo fino alle caviglie, scampanato, con due lunghi spacchi laterali: neppure i fascisti più attratti dal fascino della divisa e dei gambali trovavano contraddittorio rifugiarsi nell'intimità notturna e ottocentesca della camicia da notte: la giacca del pigiama a righe, chi l'aveva, la indossava per cena oppure, nelle stagioni miti, per leggere il giornale sul terrazzino. Per i ragazzini, poi, la camicia da notte era un obbligo come i calzoni corti.

Per liberarsi della camicia da notte restando sotto le coperte occorreva un'abilità da contorsionisti, ma era abituale. Quindi, per prima cosa, si infilavano le calze che gli adulti portavano con le giarrettiere al polpaccio. Per comodità le giarrettiere si lasciavano allacciate alle calze. I più bravi riuscivano addirittura a indossare i calzoni sgambando senza scoprirsi. Poi era un gran correre in cucina attraverso l'Artico del corridoio mentre le spose e madri trasportavano il resto dell'abbigliamento.

Nel 1922 la maggior parte delle camicie non avevano il colletto: terminavano con un girocollo da allacciarsi con un bottone di metallo. Gli impiegati sovrapponevano al girocollo colletti di tela stirati all'amido, rigorosamente bianchi. Prevalevano il modello «Sport» con le punte molto allargate ma non più lunghe del colletto stesso, il «Duck London», molto alto (fino a 5 centimetri) e con le punte ravvicinate, che era anche il più caro, fino a 10 lire, e il modello «Glasgow» con le punte arrotondate. Il più provocatorio era il colletto «Remo», con le punte aguzze all'ingiù. Gradatamente, negli anni successivi, il «colletto duro», come lo chiamavano, cedette a quello floscio, sempre stirato ad amido ma attaccato alla camicia. Non per gli anziani, tuttavia, né per i veri signori, né per gli operai e i contadini che del colletto, floscio o duro, continuarono a fare a meno, come della cravatta, eccezionalmente riservata alle feste di matrimonio e di battesimo. («Sembri un contadino vestito a festa», si diceva di chi sbagliava il nodo della cravatta.) Fino ai limiti dell'alta borghesia, d'altronde, l'eleganza maschile era una rara eccezione o un caso. «Vestire come un figurino», altro modo di dire assai diffuso, era tutt'altro che un complimento.

È difficile, e fors'anche ozioso, cercare di stabilire se nel 1932 gli uomini della piccola borghesia vestissero meglio o peggio che nel 1922, sempre in rapporto al gusto dell'epoca naturalmente. La scomparsa dei socialisti dalla pubblica scena tolse di mezzo anche quella patetica figura di professore-capopopolo, di demagogo dalla voce grossa, che ostentava nel vestire un voluto disordine, sbandierava cravatte alla La Vallière, aveva le maniche della camicia sempre troppo lunghe e quelle della giacchetta o del cappotto troppo corte. Si può indovinare che il ritorno all'ordine, proclamato in seguito alla marcia su Roma, almeno all'inizio restituisse spavalda compostezza all'abito dei piccoloborghesi i quali, lasciato da parte il manganello se mai l'avevano davvero usato, menavano per l'aria durante il passeggio una pieghevole canna di bambù.

Le ghette, così orrendamente esibite da Mussolini non ancora in divisa, erano un altro segno distintivo inequivocabile. Ma se dai rari figurini di moda dell'epoca passiamo alle fotografie, che allora si chiamavano «istantanee» anche se precedute da una lunga posa, ci accorgiamo che l'uomo piccoloborghese degli anni Venti e Trenta prediligeva in genere un non-stile nel quale si rimescolavano senz'ordine alcuno una certa sobrietà impiegatizia di buona memoria, audacie trattenute, finta modestia, segni visibili di una professione non manuale (la penna stilografica nel taschino della giacca) e civetterie balzane come le lunghe punte del colletto floscio rivolte all'insù, fuori dei baveri della giacca.

Uniformi a parte, il fascismo non cercò mai di intrufolarsi direttamente nella moda maschile. Si diceva moda e si pensava subito e solamente all'universo femminile. Il fascismo insegnava a schifare i gagà come le vacue gagarelle o maschiette, ma non ebbe alcun merito reale se i gagà furono pochi, estranei alla vita quotidiana e, per comprensibili ragioni di mentalità, i più vicini a quegli ambienti mondani di provincia che gravitavano proprio attorno alle autorità fasciste. A quei pochi erano riservate le camicie di «ottimo zephir» a 50 lire e di seta a 95 lire esposte nei migliori negozi. Non per caso le stesse vetrine di lusso attiravano l'attenzione anche sulla «camicia nera in satin, 30 lire» e «in seta pura 75 lire»: evidentemente un prezzo politico.

Pur trascurando di occuparsi davvero della moda maschile, il fascismo tuttavia la condizionò attraverso la qualità dei tessuti che, dalla guerra etiopica (1935-1936) in poi, continuò a degradare. All'aggressione italiana contro l'Etiopia la Società delle Nazioni rispose con le sanzioni. Mussolini inaugurò, di rimando, la politica dell'autarchia: l'Italia se ne sarebbe infischiata di importare merci, l'industria nazionale avrebbe fatto tutto da sé. L'italiano medio che incominciava a vestirsi al mattino sotto le coperte continuò ad associare mentalmente il senso di calore con la lana, quello del fresco con il cotone, quello della robustezza con il cuoio e forse usò ancora per un poco le stesse parole per definire la stoffa dell'abito pesante, della giacchetta estiva, delle buone scarpe. Ma nei fatti capì che per un tempo indefinito, forse per sempre, non avrebbe più potuto permettersi indumenti fatti con quei prodotti. Se ne dispiacque meno del prevedibile, in ciò aiutato sia da sincero patriottismo, sia dalla scarsa o nessuna confidenza con abiti davvero di qualità.

Il «genio italiano» – così senza riserve si esprimevano i giornali – aveva in questo settore nome e cognome: Antonio Ferretti, commendatore e poi cavaliere del lavoro. Le poche foto rimaste di lui non fanno onore alla sua indubbia intelligenza: l'espressione più che severa è furibonda, le sopracciglia aggrottate, la fronte ritoccata in modo da apparire esageratamente spaziosa. Si capisce subito che imita Mussolini, persino nello sporgere le labbra che, a differenza del duce, Ferretti aveva sottili. Fu lui per primo a studiare l'utilizzo dei cascami del cuoio che nelle Marche gli scarpai gettavano nel focolare per riscaldarsi e per tenere accesa a lungo la brace di legna. Lavorando i cascami Ferretti inventò il «cuoio rigenerato» che brevettò con il nome di salpa – e gli italiani ebbero scarpe di salpa. Fu ancora lui a scoprire che dalla caseina del latte si poteva ricavare un prodotto tessile con qualità simili a quelle della lana – e gli italiani vestirono lanital.

Niente più seta ma raion; niente più cotone ma cafioc,

ossia fiocchi di canapa. Né i film dell'epoca né le ricostruzioni cinematografiche di oggi riproducono fedelmente le conseguenze di questi prodotti sull'eleganza, di per sé molto approssimativa, dell'italiano medio. Di solito, durante la settimana, i pantaloni dell'impiegato passavano la notte con lui, ben distesi sotto il materasso. Era il più pratico sistema di stiratura con le stoffe normali. L'uso continuò con i prodotti artificiali, i quali, possedendo una sensibilità cartacea, subivano dal materasso false pieghe che non se ne andavano più: la riga dei pantaloni, cui l'impiegato teneva tanto, si sdoppiava, si triplicava finché, finalmente passata sotto il ferro, si spezzava. Gli italiani più cauti cominciarono allora a sussurrarsi quel modo di dire che sarebbe durato per anni, anche dopo la caduta del fascismo e la fine della seconda guerra mondiale: mostravano una vecchia giacchetta o un antico scampolo conservato nella naftalina (il lanital era inattaccabile dalle tarme) e stropicciavano la stoffa fra le mani mormorando: «È roba di prima...» Di prima dell'autarchia. Di prima della guerra.

La maggior parte dei cittadini, tuttavia, non riteneva che i nuovi tessuti fossero surrogati. Nel linguaggio comune il surrogato si identificava soltanto col finto caffè d'orzo, di cicoria, quell'intruglio simile alla pece o al lucido da scarpe venduto con l'etichetta «La Vecchina». Lanital e salpa, raion e cafioc si imponevano presso i ceti mediobassi come espressioni tangibili della modernità italiana, come conquiste il cui merito, oltre che al genio nazionale, andava a tutta la nuova Italia.

I ceti superiori non usavano surrogati, vestivano incomparabilmente meglio del ceto medio, ma sarebbe miope affermare che questo suscitasse invidia tra la piccola borghesia che offriva al fascismo il massimo consenso. Con il consolidarsi del regime (il superamento della crisi conseguente all'assassinio del deputato socialista

Giacomo Matteotti, 1924; la dittatura e la totale fascistizzazione dello stato e degli enti locali; la campagna in Etiopia e la conquista dell'impero) la piccola borghesia si sentì per la prima volta protagonista riconosciuta della vita nazionale. Il fascismo aveva coagulato le opposte tendenze ribelli ed estreme, il nazionalismo e il socialismo rivoluzionario, attraverso le quali questa non-classe aveva espresso nel primo decennio del secolo la propria sensazione (reale) di essere tagliata fuori, emarginata, dal gioco politico ed economico che aveva come unici protagonisti i grandi capitalisti e la classe operaia. Mussolini aveva preso il potere contro i sindacati operai e senza l'appoggio determinante dei grandi industriali. I valori che la piccola borghesia aveva sempre difeso come unica propria ricchezza morale: Dio, patria, famiglia, erano glorificati al massimo nella propaganda fascista; il regime si poneva come cane da guardia contro lo strapotere economico-politico del capitalismo, aveva sconfitto il socialismo ristabilendo nei fatti, ma non a parole, le distanze tra operai e ceti medi. Così anche i pii sentimenti della piccola borghesia nei confronti dei «poveri» erano riconosciuti.

Quest'intreccio di componenti, che tanto hanno dato da fare negli ultimi decenni agli storici del fascismo, lo si può cogliere anche attraverso il segno, in apparenza minimo, del modo abituale di vestire di allora, sia rispetto all'alta borghesia ricca, sia rispetto agli operai.

Il piccoloborghese degli anni Trenta non imita più, almeno nell'abito, l'altoborghese. Assortisce capi diversi, cerca di accoppiare il necessario risparmio a qualche tentativo di invenzione. Se l'invenzione la fa il cavaliere del lavoro Antonio Ferretti, con la sua salpa e il suo lanital, va benissimo. Rivolta abiti consumati, e poiché certi vecchi abiti sportivi hanno il rovescio a quadrettoni si presenta, lui tradizionalmente così schivo, con la giacca a quadrettoni. Scopre i calzoni beige chiaro o bianco crema e li indossa a vanvera, mattina e sera. La cravatta è d'obbligo in ufficio: quella lunga, simile al tipo più diffuso di oggi, sul finire degli anni Venti porta un nome inglese chissà perché al plurale: *squares*, fazzoletti da collo. La qualità è così varia che, nello stesso negozio, il prezzo varia da 5 a 25 lire. Ma gli ambulanti, per lo più immigrati cinesi, girano con una valigetta aperta appesa al collo e offrono cravatte da una lira. («Una lila le clavatte» diventa un modo di dire.)

L'impiegato medio si fa fare il nodo dal negoziante o dall'ambulante e non lo disfa più: appende la cravatta col nodo appena allargato al pomo del letto, la mattina la reinfila attraverso la testa e il nodo finisce per assumere l'aspetto di uno scuro grumo untuoso. Così qualche negoziante più pratico degli altri mette in commercio cravatte col finto nodo, da allacciarsi con un elastico: costano molto meno anche perché non hanno la banda posteriore.

L'impiegato sa che è importante quel che si vede. Le fodere di pessimo raion sotto le giacce e i cappotti passavano da un incredibile lucido a un gialloverde putrefatto finché si laceravano. E via via che dalla superficie un indumento si avvicinava alla pelle peggiorava fino alla miseria. Nel 1937, anno XV dell'era fascista, sotto il titolo «Dimmi come vesti e ti dirò chi sei», si distribuivano agli impiegati consigli evidentemente opportuni: «Per tutti i rivestimenti intimi deve valere una regola generale: ciascuno deve averli sempre tali che se improvvisamente dovesse spogliarsi, nessuna vergogna lo avesse a cogliere». Più precisamente: «Sarebbe assai bene mutarsi di biancheria ogni quattro giorni: ma purtroppo molte volte le necessità economiche si oppongono ad una larghezza che ha tante ragioni per essere seguita. Si ricordi almeno che alcune biancherie hanno diritto al rinnovo frequente: e le mutande si chiamano così appunto perché debbono essere spesso mutate, e le calze sono così facili a lavarsi che basta la buona volontà a ciò che ogni tre-quattro giorni abbandonino il piede. Ne guadagna la educazione, la salute e talora anche l'olfatto. Il ritmo rapido delle biancherie è il mezzo basale contro tutti gli ectoparassiti e cioè contro gli ospiti poco desiderabili della pelle: poiché quasi tutti hanno, per le uova e per il loro sviluppo, cicli di sei giorni. Per modo che colui il quale bene si cambia evita di ospitare sulla pelle i figli dei parassiti, anche se per sua sventura ha ospitato i genitori!»

Riservati da una grande azienda milanese al personale che aveva diretto contatto con il pubblico, questi consigli tenevano conto sia dei nuovi prodotti artificiali sia dei bassi stipendi: «La tecnica moderna permette del resto, con una spesa irrisoria, di provvedere biancherie comode e bene ricambiabili per tutti: e qualche sacrificio di mensa e di cinema può bastare... Può spiegarsi che una camicia e una calza siano rotte: non è lecito che siano sporche...» Né mancava il pungolo classista: «Non vi è ragione di economia che tenga: un povero trova sempre un poco d'acqua e del sapone...»

Sotto il vestito affiorava la mappa a rilievo dei rammendi e delle toppe, e qui, tra le toppe, la linea di confine che distingueva esteriormente impiegati e operai, nettissima e inconfondibile tra persone interamente vestite, si assottigliava fino a scomparire.

Affrancatosi dall'imitazione dell'alta borghesia per consapevole orgoglio ed evoluzione culturale, il piccolo-borghese che si recava al lavoro non era costretto ad alcuno sforzo particolare per distinguersi dall'operaio o, comunque sia, dal lavoratore urbano del ceto inferiore. I lavoratori manuali si mettevano addosso panni che servivano essenzialmente come copertura. Calzoni e camicia, rarissimamente la giacca, cappotti ereditati o di origine militare, venivano indossati sei giorni la settimana. Non esistevano tute (se mai le usavano i capi, ma preferivano il grembiule). I giovani, che lavoravano nelle fabbriche più evolute, si procuravano al massimo la blusa di tela blu. Molti, iscritti al fascio, usavano anche in officina la camicia nera restituendole l'antica funzione di tenuta da fatica. Mai il cappello, che invece gli impiegati portavano ostinatamente semirigido o floscio benché dalla seconda metà degli anni Venti in poi il copricapo borghese fosse ritenuto poco fascista (i cappelli da uomo sono tra i pochissimi articoli che salgono di prezzo dal 1925 in poi). Gli operai, d'inverno, calzavano il berretto: il basco calcato come una cuffia, quello a visiera da ciclista, oppure militare col paraorecchie abbassato.

Le toppe e i rammendi che gli impiegati nascondevano sotto l'abito nella biancheria intima, gli operai li esibivano sulle maglie, le camicie e i pantaloni. Erano rammendi grossolani come incrostazioni; toppe intorno alle quali uno psicosociologo di oggi potrebbe indugiare per dedurne un segno provocatorio di diversità culturale. Larghe toppe quadrate sul sedere, rettangolari sulle ginocchia, di rado ritagliate da una stoffa simile a quella dei pantaloni: quadretti sulle righe, righe orizzontali contro righe verticali. L'operaio non portava bretelle, ma una larga cintura di cuoio fuori dei passanti; poche volte le calze. Quando la tomaia delle scarpe da lavoro si sfondava, ne tagliava via un pezzo.

Sotto il profilo culturale i ceti mediobassi dell'epoca erano più vicini alla mentalità rurale che a quella operaia. Analogo, per esempio, era l'ordine patriarcale della famiglia che ai borghesi consentiva di riprodurre quello della dittatura e ai contadini di imitare quello semifeudale, detestato ma in fondo rispettato, della proprietà rurale: padrone-ministro-fattore-capoccia, dove il capoccia, scelto dal padrone, era il membro più autorevole della famiglia insieme al maschio più anziano. Ma questo tradizionalismo, sul piano culturale rassicurante per entrambi i ceti, tra i contadini non era compensato nella vita quotidiana da veri contatti con lo sviluppo della produzione industriale.

«Avevamo gli zoccoli fatti con le tomaie di vecchie scarpe e il fondo di legno. (Talvolta gli zoccoli erano rinforzati da pezzi di latta o di zinco inchiodati al di sotto. *N.d.r.*) Le scarpe di cuoio le avevano solamente pochi ragazzi a scuola, cioè i figli dei proprietari terrieri, dell'ufficiale di posta, del dottore e della levatrice. Mio padre era bravissimo per fare gli zoccoli e non solo per noi, ma anche per i contadini confinanti, ed anche questo era un piccolo introito per la nostra famiglia. Mia madre invece, la massaia, provvedeva ai vestiti. Durante l'anno, però, riusciva a malapena a fare una tela col telaio che allora quasi tutte le famiglie possedevano. Da quel tessuto si ricavavano lunghe pezze di stoffa che poi venivano tagliate in giusta misura per fare vestiti, camicie ed altri indumenti. Ogni pezzo di panno poi veniva tinto in casa a seconda dei colori desiderati. Le camicie le facevano con la tela di lino. Le prime volte che si indossavano, ruvide com'erano, ci sbucciavano tutto il dorso. Il procedimento per realizzare una tela era molto faticoso e lungo. Durante la primavera si seminavano il lino e la canapa. Le piante nascevano, crescevano e poi maturavano. Il seme del lino veniva usato per l'estrazione dell'olio "siccativo" che s'impiegava principalmente per la fabbricazione delle vernici e per la preparazione del tessuto di juta. Il seme di lino, a quei tempi, era anche molto usato per fare impiastri dove veniva localizzato il dolore quando qualcuno si ammalava.

«Anche il seme di canapa serviva quasi per gli stessi usi. La pianta del lino (e della canapa) veniva carpita nel mese di agosto. Dopo aver tolto il seme si legava in fasci, si portava al torrente, che a quell'epoca era quasi asciutto. Dove c'era un gorgo venivano messi i fasci. Per farli ben sommergere dall'acqua sopra si mettevano delle pietre. Questo anche perché, in caso di pioggia, se veniva la piena, così imprigionati non li portava via. Dopo una quindicina di giorni il processo di macerazione era avvenuto e così si toglievano le pietre e i fasci si portavano in un prato e si lasciavano asciugare sotto il sole cocente.

«Finita questa operazione il lino e la canapa si portavano a casa e si mettevano sotto qualche capanna fino a che non si asciugavano completamente. Avvenuto questo, venivano maciullati con un arnese creato per l'occasione, poi si pettinavano e si ammatassavano. In seguito la stoppa si metteva nella rocca e veniva filata dalle nostre donne durante le sere invernali. Infine si ordiva il telaio e si tesseva la tela.»

A parte lo stile esemplare del racconto, questa testimonianza scritta da Aurelio Presciutti, contadino umbro autodidatta, classe 1922, concorda con le memorie che si possono raccogliere in qualsiasi vecchia famiglia mezzadrile.

I borghesi di città dicevano sbrigativamente «contadini» per riferirsi alla gente di campagna. E poiché dal punto di vista politico e della gerarchia sociale i contadini, nonostante lo spirito e l'impegno rurale del regime, valevano meno degli operai, i borghesi immaginavano che vestissero peggio. Era così per i salariati agricoli e i braccianti, proletari d'infimo ordine contro i quali si accanivano sia le misure economiche del regime in fatto di restrizione dei salari, sia la tirannia dei proprietari terrieri. Ma le famiglie a mezzadria, pur povere in denaro, non campavano miseramente.

I tessuti fatti in casa, con prodotti naturali, avevano qualità di robustezza che le stoffe di città certo non eguagliavano. L'autarchia casalinga dei mezzadri produceva velluti lisci, lini, maglie e calze in lana di pecora che l'autarchia statale, quella del lanital e del cafioc, aveva, di fatto e per principio, sacrificato. Certo, il mezzadro che all'inizio della giornata lavorativa infilava maglia e pantaloni non aveva gran che da scegliere, ma la sua tenuta era forse più protettiva di quella di un borghese impiegato e con meno toppe di quella di un operaio. La fatica delle massaie tessitrici era confortata dalla tradizione che le voleva, fin da bambine, intente alla preparazione del loro corredo, spesso prezioso per qualità di stoffa e raffinatezza di ricami. Il modo di dire «quest'abito durerà tutta la vita» non era solo un luogo retorico.

Se mai, la preoccupazione dei contadini a mezzadria era quella di apparire «troppo ben vestiti» e, di conseguenza, insospettire il fattore o il padrone. Mantenere le distanze più profonde possibili era d'obbligo e, comunque sia, opportuno: da questo dipendeva in parte, probabilmente, quel tanto di approssimativo, di volutamente inelegante (cafone) che i contadini esibivano anche nei giorni festivi, in netto contrasto con l'eleganza e spesso la ricchezza fantasiosa dei costumi regionali che i padroni non portavano mai e che il fascismo invece raccomandava durante le pubbliche cerimonie.

Certo, le massaie tessitrici, nel cucire un abito per i mariti o i figli, non seguivano la moda dei figurini: impegnavano il loro gusto sia nella linea, sia nell'accostamento (o contrasto) dei colori. Questo sforzo creativo rendeva gli abiti contadini ben diversi da quelli che i borghesi cittadini si facevano fare dal sarto con tessuti industriali: meno uniformi di sicuro, ma cromaticamente più audaci e senz'altro più ispirati alle tonalità dei dipinti rinascimentali che al grigiore impiegatizio. Non solo: a differenza di quanto accadeva in città tra borghesi e operai, il mezzadro e i suoi familiari si presentavano alla messa domenicale in abito difficilmente distinguibile da quello del farmacista, del medico, del maestro, dell'ufficiale delle poste, del capostazione, del segretario comunale.

Come il padre di Aurelio Presciutti, «bravissimo per fare gli zoccoli», ne fabbricava anche per i contadini confinanti – e questo era «un piccolo introito in più» – così le massaie che si distinguevano per la qualità dei loro tessuti e l'abilità nel cucirli trovavano clienti nel ceto superiore: stessa stoffa, stesso taglio. Mentre l'autarchia dello stato infieriva in città, l'artigianato delle campagne diventava un previlegio inaspettato che negli anni di precipitosa decadenza del regime, dopo la dichiarazione della seconda guerra mondiale e la furia di miseria che si sarebbe abbattuta sull'intero paese, avrebbe fatto dei contadini gli arbitri perentori del mercato nero di qualsiasi genere di prima necessità: dalle calze di lana grezza per bambini alle uova.

Negli anni Venti e Trenta, quando nei campi mariti, padri e fratelli delle massaie tessitrici lavoravano ancora la terra con l'aratro di legno come prima di Cristo, nelle grandi cucine incrostate dalla caligine del camino che di giorno cucinava la polenta e di sera arroventava la sansa (semi di olive triturati per scaldare senza sprechi), c'era sempre una macchina per cucire Necchi o Singer. Parevano monumenti votivi al passaggio dalla civiltà artigianale a quella industriale: verniciate di nero, come le locomotive a vapore o le presse idrauliche delle grandi fabbriche, erano ingentilite da aurei decori floreali. Funzionavano al movimento di una pedaliera di ghisa traforata che per mezzo di una biella faceva girare una ruota a raggi collegata attraverso una cinghia di trasmissione tubolare a una ruota più piccola dalla quale dipendeva l'intero meccanismo. Costavano 100 lire, 130 al massimo. Le donne, nel pedalare, accompagnavano l'avvio e l'arresto della ruota piccola con ripetute carezze per cui il bordo era sempre lucente. Esistevano anche macchine da cucire più economiche senza pedaliera. Si manovravano con una manovella sistemata sulla ruota piccola. Nonostante l'apparenza leggera erano però arnesi rudimentali e dilettanteschi, adatti per le signore borghesi che cucivano meno e per le bambine che dovevano imparare.

I bambini trasformavano in giocattoli da corsa i rocchetti di legno usati. I cucirini più piccoli, con l'anima di cartone, diventavano invece fischietti: bastava tapparne un'estremità col pollice e soffiarci dentro.

Verso la metà degli anni Trenta, per intuibili ragioni di risparmio, gli impiegati di città si adattarono ai calzini alla caviglia e finsero di seguire una moda anche se nel camminare l'orlo finiva sotto i talloni. Non era indegno infilare un dito dietro le scarpe per tirarli su.

I contadini, con le loro calze di lana fatte in casa, non conobbero questa esperienza. Però nella buona stagione e nei giorni feriali portavano le calze di rado: non solo perché troppo calde ma perché fregando contro gli zoccoli si rovinavano presto. Quanto alle scarpe di cuoio era difficile fabbricarne in casa. È vero che all'interno di aree ben delimitate, le Marche per esempio, pullulavano intere famiglie di calzolai socialmente contigue o confuse all'ambiente contadino, ma proprio questo connubio suggeriva di imitare chi spendeva meno. Gli zoccoli affaticavano, le scarpe costavano, i bambini e i ragazzi crescevano nei campi e sulla strada a piedi nudi, la pianta del piede si ispessiva e si induriva, diventava essa stessa cuoio, i graffi sul malleolo si cicatrizzavano e diventavano corazza. Andare scalzi in campagna non era necessariamente segno di miseria, se mai, ancora una volta, di antica povertà con la quale si poteva convivere

Nelle frequentissime caricature che durante la guerra per la conquista dell'impero etiopico apparivano sui giornali e sulle cartoline, i negri erano scalzi e, per farlo risaltare, con piedi enormi. Il regime non avrebbe mai permesso di schernire così un contadino italiano, un «rurale» come le autorità di allora preferivano si dicesse. Ma nell'idea della piccola borghesia cittadina i piedi nudi erano indubbio segno di barbarie. Né il regime, pur con la sua tonante esaltazione della vita campestre (l'elogio della frugalità, della famiglia numerosa e patriarcale, dei valori «semplici ed eterni», tutto volto a impedire l'esodo verso le città e a sviluppare al massimo la produzione agricola) seppe far emergere, come pure avrebbe voluto, il fondo culturale comune della piccola borghesia e del ceto contadino. La sostanziale fragilità del consenso alla dittatura derivava anche da questo: ciascuno dei due ceti era convinto di dire sì a Mussolini per ragioni che l'altro non avrebbe mai potuto comprendere.

Una volta la settimana, nei giorni di mercato, il padrone della terra, responsabile riconosciuto di ogni aspetto e momento della vita contadina, dava il permesso di scendere al borgo o in città. Come nelle oleografie popolari, ma anche nelle illustrazioni dei testi scolastici strazeppi di storie campagnole, si vedevano allora i contadini camminare con un bastone in spalla e appeso al bastone un fagotto a quadri bianchi e rossi o bianchi e blu per la colazione: un grosso pane, il formaggio, la fiaschetta del vino.

Ma si poteva notare un particolare in più che le illustrazioni non riportavano. Attaccate al bastone c'erano anche le scarpe, appese per i lacci. Abitudinari, dal passo misurato riconoscibile a distanza, i contadini scalzi andavano lungo il ciglio della strada ovviamente non asfaltata dove il ghiaino aguzzo si perdeva nella polvere e cominciava l'erba, dove nel semibuio dell'alba non nereggiavano cacche di vacca e di cavallo. Senza orologio (l'orologio da tasca chi l'aveva lo lasciava a casa, appeso accanto al letto sopra il comodino) arrivavano puntualissimi alla prima fontanella della città, si lavavano i piedi e solo allora infilavano le scarpe.

Circa alla stessa ora, nelle case borghesi, anche gli impiegati seduti sul bordo del letto si mettevano le scarpe e nel farlo, per abitudine, ne controllavano lo stato. All'apparire di un graffio appena più profondo, di un punto saltato, di una crepa a raggiera alla radice dell'alluce, di un'increspatura sulla parte interna dei talloni, di un minaccioso assottigliamento della suola, di uno qualsiasi dei segni che oggi, ragionevolmente, si attribuiscono al logorio, l'impiegato di rango inferiore era colto da irosa amarezza. Se la prendeva col ciabattino incapace, col negoziante truffatore, con la moglie che lo aveva mal consigliato. Benché non ricordasse quando aveva comprato le scarpe gli pareva di averlo fatto da pochissimo tempo, tant'è vero che le aveva sempre chiamate «quelle nuove».

Amalgamati confusamente dalla non-moda degli abiti che tutti ritenevano saggio rivoltare, sagomare sui fianchi, guarnire con una martingala e via, gli impiegati pubblici e privati sapevano di portare ai piedi le spie più impertinenti del loro censo. E non era soltanto questione di prezzo. In assoluto le scarpe costavano allora meno di oggi. Comprate dal ciabattino di paese andavano dalle 15 alle 20 lire quelle di cuoio o di vacchetta. In città il prezzo oscillava, per i ceti mediobassi, dalle 40 alle 50 lire. Ne esistevano anche modelli a 100 lire e più, ma erano straordinari, di vernice bicolore, riservati ai professionisti più illustri, all'alta borghesia, agli attori del cinema. Dai quarant'anni in su si continuavano a preferire, soprattutto d'inverno, le polacchette alte fin sopra il malleolo; i più giovani avevano invece già adottato quelle basse col doppio puntale traforato e si sdilinquivano dalla primavera all'autunno per certe tomaie a imitazione di quelle verniciate bicolori dove il bianco scamosciato dilagava sui fianchi risparmiando solo la punta, il tallone e il collo del piede. Prima dell'avvento autarchico della salpa, i materiali, oltre la vacchetta, erano il vitello e il capretto, pelli morbide, invitanti, suggerite ai bambini e alle signore, che però riserbavano un inganno: più si adattavano al piede (e ai geloni) meno resistevano alla strada.

Nei primi cataloghi dei grandi magazzini venivano esaltati in neretto i «tacchi di cuoio». Se non di cuoio, di che cosa poteva essere fatta una suola? Di scarti, di gomma; con l'inizio della guerra persino di cartone pressato.

Le scarpe si riparavano e soprattutto si risuolavano. Come i sarti a buon mercato resistettero a lungo dopo l'apparire dei negozi di confezioni grazie alla necessità di rivoltare giacchette e cappotti, così i ciabattini, anche nelle principali città, tennero bottega ben oltre l'arrivo dei primi prodotti industriali. Anzi, pareva sciocco comprare scarpe in un negozio dove poi non si sarebbero potute riparare.

Di primo mattino i ciabattini emergevano da antri seminterrati, odorosi di tannino e di lucido Brill, guardavano il cielo e se il tempo era buono sistemavano il deschetto sul marciapiede. La loro figurina entrò, modellata in gesso, nei presepi: in quelli animati avevano il posto d'onore insieme al caldarrostaio. La letteratura ne tenne conto: il «ciaba» Staderini è il pettegolo cronista della vita di via del Corno a Firenze nel romanzo *Cronache di poveri amanti* di Vasco Pratolini perché su di lui, intento alla lesina ma a orecchie tese, si riversavano tutte le voci della strada. I ciabattini cantavano romanze d'opera. Tutti quelli che ricordano la chiassosa presenza del ciabattino in strada la associano a un canto continuo, insolente; e non si capisce come facessero a sgolarsi così se avevano l'abitudine, nel risuolare le scarpe, di tenere i chiodi tra le labbra.

Al di sotto dei ciabattini campava, se proprio non prosperava, la categoria dei lustrascarpe, fissi o ambulanti. I primi s'erano accaparrati il diritto di addossare una poltrona dall'alto schienale a una colonna dei portici e intorno a questa specie di trono sistemavano in bella evidenza tutta la loro attrezzatura: l'armadietto con le grandi scatole di lucido, il talco gessoso per rifinire le parti bianche della scarpa, le spazzole, gli stracci; persino uno specchio inclinato perché il cliente potesse rimirarsi i piedi. La loro somma abilità si esprimeva nella velocità con la quale lavoravano di spazzola e di straccio senza lasciare segni d'unto sul calzino. Dei lustrascarpe ambulanti conveniva diffidare: tutto il loro armamentario era una cassetta e una seggiola pieghevole portata sottobraccio. Spesso si trattava di gente venuta in città dalle campagne senza il permesso delle autorità, disoccupati o sbandati che potevano essere arrestati a metà dell'opera.

Per far comprendere a un giovane del nostro tempo la rilevanza delle scarpe nella vita quotidiana dell'epoca fascista, vien voglia di stabilire un paragone con le automobili e l'uso che ne facciamo oggi. Se si escludono gli zoccoli dei contadini, che somigliavano alle scarpe come un sacco con tre fori a una camicia firmata, c'erano in circolazione meno scarpe ieri che automobili oggi. E una scarpa malmessa suscitava lo stesso sospetto di trascuratezza losca, di miseria mentale oltreché pratica, che avvertiamo noi, d'istinto, davanti a una macchina con le ammaccature mai riparate e arrugginite.

Ma il paragone finisce qui perché, anche nel traffico più furibondo, un'automobile non è soggetta al logorio spietato e continuo che torturava le scarpe sulle infelici strade di allora. Si camminava tra ciottoli, ghiaia e polvere (il massimo del conforto erano i sanpietrini romani e i lastroni di pietra), fango e neve per distanze che la memoria nazionale, sconvolta dalle nuove abitudini, ha rimosso e non riesce più a calcolare.

Quello che oggi si misura in metri allora si misurava in chilometri e, per un paio di chilometri, nessuno aspettava il tram. Nelle città minori, d'altronde, i mezzi pubblici erano ridotti a una sola linea o mancavano del tutto. Si camminava per andare al lavoro e sul lavoro: per trasmettere un ordine in fabbrica non c'erano citofoni, e via a piedi sulla terra battuta impastata di scaglie ferrose. Il cinema degli anni Trenta si sarebbe chiamato «dei telefoni bianchi» perché nelle commediole gli apparecchi di lusso apparivano così; ma il telefono in casa non ce l'aveva praticamente nessuno dal ceto medio in giù, quindi tutto ciò che si doveva comunicare urgentemente andava detto a voce, ed erano milioni di passi per avere notizie di un parente, per ottenere un'informazione sulla partenza di un treno, per parlare a un amico, per chiamare il medico. Si camminava per andare a scuola, al cinema o al cimitero. Per ascoltare la messa e per fare l'amore.

Gli impiegati, e con il maggior benessere degli anni 1934-1937 anche gli operai specializzati, usavano la bicicletta. Come la pedalata dei ciclisti, l'andare dondolante delle bici da lavoro non aveva età. Se ne vedevano di interamente ricoperte di ruggine, dal manubrio ai cerchioni, senza carter, senza fanalino né catarifrangente, talvolta senza freni, che cigolavano ma filavano ordinate, in gruppo, alla stessa velocità di quelle nuove, nere, con le gomme bicolori, la ruota dentata adorna di leoni rampanti oppure il carter cromato e la sella piccola inserita a metà della canna per portare a scuola o a spasso un bambino. Nelle città i posteggi per le biciclette erano numerosi e custoditi. Nei cortili delle fabbriche le bici venivano parcheggiate in enormi rastrelliere, coperte quelle degli impiegati, senza tettoia quelle degli operai. Dove mancavano le rastrelliere c'erano lunghe sbarre di ferro cui appendere le biciclette per mezzo di un doppio gancio infilato nella ruota anteriore. Erano mezzi di trasporto che non si cambiavano mai: se esisteva un mercato dell'usato lo si doveva ai pensionati e agli invalidi.

La bicicletta nuova era il regalo riservato ai liceali e ai diplomati il cui sogno inesaudito di una bicicletta da corsa svaporava definitivamente di fronte alla necessità della bici da lavoro. C'erano biciclette sui pianerottoli e nel corridoio di casa anche al quinto o sesto piano delle abitazioni borghesi. Come facessero tante persone anziane a portarle su e giù per le scale rimarrà un mistero dal punto di vista fisico. Tecnicamente issavano la bici fino a portare la canna sulla spalla e con il braccio destro in avanti tenevano fermo il manubrio, un po' come si fa per bilanciare gli sci. Le riviste suggerivano senza fortuna alcuna l'«abito sportivo da velocipede»: giacchetta con cintura, berretto a visiera a scacchi, calzoni alla zuava corti al ginocchio, calzettoni. Sotto la giacchetta il maglione con il collo arrovesciato, «da ciclista» appunto. Ma per la stragrande maggioranza degli adulti possessori di bicicletta, il mezzo era tutt'uno con il lavoro e le fatiche che ne derivavano. E, ancora, con l'incubo del consumo delle scarpe.

Diverse nell'aspetto ma pareggiate dalla funzione ed esposte alla stessa ostilità del fondo stradale e delle intemperie, le bici incrudelivano con pari spietatezza contro le suole, le punte e le tomaie di ogni tipo di scarpa. I pedali rosicchiavano, incidevano, sbucciavano. Frenare sulla ghiaia con l'aiuto dei piedi, come spesso era necessario fare, tormentava lo spirito non meno di quanto guastasse il cuoio, la gomma o il finto cuoio. Anche tra le famiglie agiate che potevano regalare al quattordicenne la bicicletta Velox con le ruote appena più piccole del normale, la mamma ammoniva: «Però metti sempre le scarpe vecchie, quando ci vai».

La vita media dell'uomo, dall'era fascista a questa fine secolo, è aumentata in Italia di una decina d'anni. In proporzione la vita delle scarpe molto, ma molto di più. Mussolini nelle sue raccomandazioni al popolo italiano additava al disprezzo i «borghesi pantofolai», cioè in pantofole. Ma le più confortevoli pantofole costavano da 5 a 10, massimo 15 lire, con suola in pelle scamosciata: quelle di panno e corda che le contadine venivano a vendere in città, porta a porta, appese all'orlo di grandi gerle di vimini insieme a collane di cucchiai e forchette di legno scolpite a mano, costavano, mercanteggiando, una lira. Quindi, appena a casa, via le scarpe e tutti in pantofole.

Ai bambini, per giocare in cortile al pallone, si imponevano orrendi sandaletti di pezza, con le dita che spuntavano fuori, il calcagno nudo e un paio di cinghiette. Mai avvicinare le scarpe a una fonte di calore, mai strofinare i piedi l'uno contro l'altro. Mai stare seduti con le caviglie incrociate e le punte all'ingiù. Soltanto i signori o quelli che non avevano più nulla da perdere uscivano sotto la pioggia senza galosce, le soprascarpe di gomma. Anche le ghette, forse, servivano più a proteggere le tomaie che a rendere eleganti.

Sull'onda del luogo comune si immagina un'Italia fascista affollata di uomini in orbace e in stivali. Guai per Mussolini se nel 1929, anno del plebiscito per la dittatura, avesse dovuto contare solo sui voti degli italiani che senza essere militari di carriera possedevano un paio di stivali da parata. Il plebiscito portò al regime 8.506.576 «sì» contro una manciata di 136.198 «no» e i possessori di stivali forse non eguagliavano neppure i «no». D'altronde solo nel 1933 il segretario generale del partito Achille Starace, nominato nel 1931, stabilì che la divisa doveva essere di orbace, stoffa che si produceva in Sardegna per i pastori, e pur ordinandone l'uso rigoroso ai gerarchi ebbe la prudenza di lasciare un'alternativa agli stivali: i pantaloni lunghi neri. Negli anni di massimo consenso i fascisti borghesi che inserirono nel bilancio casalingo il progetto di comprare un paio di stivali si moltiplicarono: la dolorosa storia di uno di loro diventò un famoso romanzo (*Il vecchio con gli stivali* di Vitaliano Brancati). Ma lo fecero una volta sola, badando bene a consumarli il meno possibile. Caduto il regime, nel dopoguerra, gli stivali furono l'unico residuo della divisa fascista tollerato in pubblico nelle giornate fangose. Per decenza politica non si portavano più a risuolare: si rinforzavano a furia di chiodi e di pezzetti di cuoio spesso, così che non calcassero la terra.

«La democrazia», ha detto qualcuno, «è il sistema di governo nel quale se ci si sveglia al mattino presto perché il campanello della porta sta suonando, si può stare sicuri che è il lattaio.» In Italia, come sotto le altre dittature, gli arresti politici avvenivano all'alba: sul finire degli anni Venti ne furono eseguiti oltre cinquemila. Nei giorni in cui era annunciata in città una visita di Mussolini, di un membro della famiglia reale o di un gerarca di grado molto elevato, i carabinieri suonavano alla porta degli antifascisti schedati i quali, d'altronde, erano già vestiti, pronti a riceverli e a seguirli. Non finivano in carcere, ma avrebbero trascorso l'intera giornata in caserma, giocando a carte tra loro e con il maresciallo di servizio.

Per il resto degli italiani, per i milioni di coloro che pur senza essere fascisti devoti s'erano abituati a far collimare la libertà con ciò che si poteva fare senza pericolo, il primo visitatore del mattino restava il lattaio. Non sempre suonava il campanello, non sempre entrava in casa. Si annunciava dalla strada con lo sbattere dei secchi di zinco caricati sul suo carro trainato da un cavallo. Conosceva a memoria il fabbisogno dei clienti, un litro, due litri, e tanto ne versava nei pentolini col coperchio a vite che trovava fuori della porta, sullo stuoino. Latte e caffè, latte e cicoria, latte e orzo, latte e cacao «Due Vecchi», latte con le castagne bollite, latte con pezzi di polenta: la prima colazione della famiglia italiana media non aveva nulla di rituale. Non ci si riuniva a tavola, spesso si mangiava in piedi, ma il latte fino alle restrizioni della guerra non mancò mai (costava una lira e 70 centesimi al litro nel '26, scese a 99 centesimi nel 1935).

Quando il burro fu sacrificato ai cannoni, anche nelle famiglie borghesi le donne s'ingegnarono di fabbricarlo frullando latte. Era sempre latte fresco perché conservarlo era impossibile. Come le uova e il burro affogato in una tazza d'acqua, il latte avanzato si teneva all'aperto, su un balcone riparato dal sole, oppure tra i vetri e le persiane chiuse di una finestra esposta a nord. Le famiglie più numerose e meglio attrezzate avevano in cantina, all'aperto o nel punto più lontano dalle sorgenti di calore, la moschiera: un rozzo mobile con le porte costituite da una sottile e fitta reticella di metallo che respingeva gli assalti delle mosche (di qui il nome). Oltre che per il latte, il burro e le uova, serviva per gli avanzi della cena che gli operai, al mattino, disponevano nel portavivande da portare in fabbrica per l'ora del pranzo. Talvolta lo facevano anche gli impiegati la cui borsa di pelle appesa alla canna della bicicletta in fondo non serviva ad altro che a contenere fette di frittata avvolte nella carta oleata.

Gli operai che andavano al lavoro in bicicletta pinzavano i pantaloni alla caviglia con semplici mollette di legno, da bucato. Gli impiegati invece usavano un attrezzo ormai del tutto dimenticato e chiamato sbrigativamente «il ferro». Consisteva in una sottile striscia di acciaio brunito, curvata a cerchio e con le estremità ritorte all'infuori: si infilava nel risvolto del pantalone in modo da stringerlo poco sotto il polpaccio e renderlo goffamente simile al calzone alla zuava suggerito ai ciclisti dai figurini di moda.

Per gli iscritti al Partito nazionale fascista c'era un ultimo ma tassativo obbligo prima di uscire di casa: il distintivo. Per poco credibile che possa apparire, dimenticare il distintivo preoccupava ancora di più dello stato di conservazione delle scarpe. Non c'erano sanzioni penali, ma era un segno di indisciplina che a partire dal 1933 poteva costare tre mesi di sospensione dal partito o un brusco richiamo dal segretario del fascio locale con conseguenze sul lavoro, sulla carriera e sullo stipendio. All'indomani della marcia su Roma molti che si erano improvvisati fascisti, iscritti al partito o non ancora, avevano fatto man bassa di distintivi nei negozi dell'Unione Militare ma anche tra i venditori ambulanti che celebravano l'avvento della nuova era vendendo qualsiasi cianfrusaglia potesse servire a camuffarsi da vincitori. Subito dopo il delitto Matteotti milioni di distintivi finirono nella pattumiera o nel fondo dei cassetti. Ci furono alcuni – lo ricorda Antonio Spinosa nella sua biografia di Starace – che ebbero l'ardire di sostituirli all'occhiello con un soldino di rame che portava effigiato il re Vittorio Emanuele III, a simboleggiare la nostalgia per i vecchi governi liberali. Quando poi Mussolini eliminò le opposizioni e instaurò la dittatura, i vecchi distintivi – placchette ovali tricolori con il fascio littorio in mezzo – tornarono in gloria insieme ad altri di fantasia, non sempre regolamentari. Il nuovo segretario del partito, Achille Starace, stabilì infine che il distintivo doveva essere uno solo, un pentagono irregolare simile nella forma alle casette disegnate dai bambini, con il fascio littorio sormontante i colori della bandiera messi di traverso e la sigla Pnf (Partito nazionale fascista) in oro. Basta coi distintivi velleitari che potevano alludere a chissà quali devianze!

Nello stesso periodo Starace rese obbligatorio, sui luoghi di lavoro e tra colleghi, il saluto romano. Precisò che il saluto romano fatto restando seduti era una buffonata e ne escogitò una versione rigorosamente militaresca che la maggior parte degli italiani si sforzò di adottare solo davanti al fotografo. Più gradevole, quindi più accettabile e accettata, era la versione di questo saluto data da Vanna Piccini, dispensiera di consigli del buon vivere su «Mani di Fata»: «Il più semplice, il più nobile, il più espressivo è il saluto romano: alzare la mano destra col palmo disteso, a indicare che è l'amico che viene incontro all'amico, con l'animo aperto come la mano, il cuore dischiuso a ogni senso generoso, ché una mano aperta offre sempre, con lealtà, con dignità. Tanto generoso e chiaro e franco questo saluto, quanto è torvo, ostile, nemico quello comunista, col pugno chiuso, caratteristica dell'odio, tantoché si dice "mostrare il pugno" per significare l'atto dell'aggressione. La civiltà fascista ha dunque caratterizzato la primordiale forma di cortesia con un gesto che era dei nostri padri, apportatori di civiltà nel mondo. E con esso si elimina l'antigienica stretta di mano».

Curvi sul manubrio, con le mani rotte dai geloni, il cappotto sbottonato dal basso fino alla vita e le falde arrotolate nella cintura (perciò la martingala mai sostituì del tutto la cintura sui cappotti degli impiegati), il cappello abbassato sulla fronte, i colleghi incontravano i colleghi e, contro ogni regola mondana o del partito, se la cavavano con uno svelto gesto del braccio verso l'alto che somigliava soprattutto a un ciao.

III

BAMBINI, IN FILA PER DUE

Greggi di pecore e di capre infilavano le vie di molte città. Talvolta erano mandrie. Nei cortili e sui balconi non era proibito allevare galline o conigli. Cavalli, asini e muli in provincia erano più frequenti dei tram. In ogni quartiere capitava un saltimbanco con l'orso bruno o un suonatore di organino con la scimmietta. Durante le feste, che tra religiose e nazionali erano molte, i venditori di palloni offrivano anche aeroplanini tricolori con l'elica di cellulloide, ma il giocattolo da pochi centesimi più prodigioso era un canarino di cartapesta appeso con un lungo filo a un bastoncino: facendolo vorticare, il canarino cantava perché la coda di tre piume intrecciate girava insieme a un dischetto di latta che strideva contro una punta. Ne usciva un suono da far rabbrividire, simile a quello di un chiodo che graffia un vetro, ma i ragazzetti se ne deliziavano. Se invece capitava nelle loro mani un uccellino vivo caduto dal nido era condannato a minuziose torture. Passavano per la via vitelli e vecchi cavalli condotti al macello. Ogni serva sapeva strozzare una gallina allevata sul terrazzo o assestare col taglio della mano il colpo fatale al coniglio. C'erano trattorie che cucinavano gatti. Nelle fabbriche vecchi operai arrostivano topi sulle forge a carbone.

Gli animali da compagnia, meglio se cani levrieri, comparivano soltanto in certe fotografie al fianco di Gabriele D'Annunzio o di qualche scrittore decadente come Guido Da Verona. Doris Duranti, una delle stelle cinematografiche del regime, possedeva un barboncino, ma i giornali avevano l'espresso divieto di pubblicare foto di signore con il cane. Questo la gente non lo sapeva, ma in fondo condivideva il principio per cui l'affetto e le spese vanno riservati ai figli.

«Buon giardiniere/annaffia Nello/ con gran piacere/ il suo orticello», recitava una filastrocca che i bambini mandavano a memoria. Anche in città esistevano piccoli orti, assai prima dei tristi «orticelli di guerra» ricavati dalle aiuole per far fronte in qualche modo alla fame bellica. L'innaffiatoio di latta in miniatura era tra i giocattoli più comuni insieme alle formine, piccoli stampi a forma di animali, di pesci, di fiori che non si adoperavano solo in spiaggia, ma anche a casa pasticciando con l'acqua e la crusca. Assai più di oggi, che pure soffriamo di ansie ecologiche, le scolaresche di città venivano accompagnate a piantare boschetti, filari, selve di alberi: ne davano regolarmente notizia le cronache locali dei giornali.

Era poi così grande la differenza di formazione mentale tra gli scolari di città, quelli delle borgate e delle campagne? Le testimonianze orali dicono di sì, ma si smarriscono nel generico: i cittadini, per i paesani, erano «più belli ma pallidi, ben pettinati ma impacciati, parlavano italiano pulito ma erano meno furbi, avevano paura delle oche e dei maiali».

Di sicuro i cittadini ignoravano tutto sulla riproduzione sessuale mentre i contadinelli, prima ancora di andare a scuola, conoscevano la monta e il parto. Altrettanto sicuro è che i ragazzi di campagna ereditavano dai genitori ammirazione e diffidenza per la città irraggiungibile, ora immaginata come la Gerusalemme celeste, ora come Babilonia o Gomorra, contraddittorie visioni generate da un consistente complesso d'inferiorità.

Non meno contraddittorie erano le lezioni del regime trasmesse ai ragazzini attraverso la scuola. Da un lato la vita rurale eletta a modello universale di virtù e la proibizione ai rurali di trasferirsi in città se non chiamati espressamente per lavoro e sempre con il permesso delle autorità fasciste – e il divieto finiva per accrescere il fascino e il timore del proibito nei riguardi della città – dall'altro lato le favolette, gli apologhi, le sonanti e tonanti descrizioni di Roma, città per antonomasia, faro di civiltà: «Tu non vedrai/ nessuna cosa al mondo/ maggior di Roma». Roma, dove abitava e lavorava Mussolini.

Lo scrittore Luigi Meneghello ricorda il suo libro di lettura per la quinta classe, *Il balilla Vittorio*, scritto da Roberto Forges Davanzati (9 lire): «Vittorio è figlio del segretario comunale di un paesetto vicino a Orvieto: piccola borghesia paesana con addentellati rurali, c'è uno zio agricoltore già emigrante in Argentina, tornato per la guerra (arditi, medaglia) e poi restato dopo aver diretto le squadre d'azione locali. Sullo sfondo la terra, i bovi, i cavalli, i calessi, i lavori agricoli. Il padre ha un'offerta di lavoro a Roma e la famiglia si trasferisce: siamo alla fine dell'estate, in tempo perché i ragazzi vadano a scuola in città. Vittorio è l'ultimo di sei figli, un settimo nascerà a Roma e naturalmente si chiamerà Romano: tutto è didascalicamente perfetto [...] Il fascismo non è al centro: è dappertutto. Il ricordo della lotta ai sovversivi è distanziato, ora sembrano scomparsi [...] Da un lato c'è un forte senso delle radici del fascismo nella tradizione: il legame con gli antichi costumi delle campagne e delle città, con la fede semplice del popolo e quella brillante dei santi. Dall'altro un senso ugualmente forte della vigoria innovatrice del fascismo, le riforme in tutti i campi della vita nazionale, l'abolizione delle barriere daziarie, il potenziamento dell'agricoltura (la trebbiatrice, altro feticcio di quegli anni), l'arresto dell'emigrazione, le nuove strade, i treni, le belle navi...»

Sia gli scolari di campagna sia quelli di città leggevano d'obbligo questo testo ed è difficile dire quali ne fossero più suggestionati essendo altrettanto improbabile, per gli uni e per gli altri, godere da vicino, nella vita quotidiana, non solo i fasti del regime più appariscenti a Roma che altrove, ma anche le esperienze occasionali toccate al balilla Vittorio: salire su di un monoplano Breda 15, per esempio, e volare con l'asso dell'aria De Bernardi, come a lui capitava.

Era normale, invece, che per raggiungere la scuola i ragazzi delle case coloniche percorressero a piedi, con gli zoccoli cui era stata appiccicata una decrepita tomaia o con biciclette troppo grandi manovrate di sghimbescio (tutto il corpo sulla sinistra della sella, il piede destro a calcare sul pedale attraverso il telaio), dieci, quindici chilometri al giorno. Ma all'interno dei paesi le scuole elementari erano più vicine alle abitazioni degli alunni di quanto non lo fossero in città. La scritta «Scuola comunale», tracciata in nero su un fondo di calce bianca, campeggiava altrettanto vistosa dei motti mussoliniani. Era accettato che fosse il padrone della terra, al di là di ogni legge scritta, a decidere attraverso i suoi fattori o guardiani quanti figli di contadini potessero sottrarsi al lavoro e andare a scuola.

«Una brutta mattina mi venne incontro il guardiano. Subito m'interrogò: "Dove vai?" mi disse tutto arrabbiato. Io, con il berretto in mano, lo salutai: "Buon giorno sor guardiano". "Dove vai voglio sapere", disse ancora. "A scuola", appena riuscii a balbettare. "Dimmi, chi t'ha dato l'ordine? Lo sai che devi andare a parare i maiali. Quello è il tuo posto, altro che scuola!" Arrivai a casa e non dissi nulla dell'incontro con il guardiano, ma quando la domenica dopo tornò mio padre che era stato dal padrone, io ero ad aspettarlo in fondo all'aia e tremavo di paura perché temevo mi proibisse di andare a scuola. Non perché mio padre mi volesse male, ma perché in certe circostanze anche i genitori dovevano ubbidire.»

Ed è questa la disuguaglianza più concreta, più incisa nelle memorie, tra gli scolari urbani o urbanizzati e quelli rurali. Alla torpida ignoranza dei genitori si sovrapponeva l'utilitarismo padronale. «Chi leggerà queste note», continua il cronista contadino Aurelio Presciutti, «non crederà a quello che racconto, ma delle quaranta famiglie che abitavano nella parrocchia solo una decina mandavano i figli a scuola. Gli altri, o per paura del padrone o per l'ignoranza che esisteva in quegli anni, chinavano il capo di fronte all'avverso destino... Il giorno dopo la battitura, il padrone venne nell'aia e vide che i miei genitori e i miei fratelli stavano spazzandola per raccogliere qualche chilo di grano. Disse subito che per contropartita portassero a palazzo un paio di polli. Vi avverto, disse inoltre, che se volete restare nel mio podere la scuola per i vostri figli non deve più esistere. Per il lavoro che dovranno fare hanno studiato già troppo... Dopo quella sentenza decidemmo sul da farsi: solamente mio fratello più piccolo sarebbe andato a scuola.»

I ragazzi di campagna soggetti al dominio padronale, contrastato dai loro genitori in segreto a suon di bestemmie – ma guai se i figlioli non facevano la riverenza al padrone! – ritenevano egualmente diversi da loro sia i paesani sia i cittadini, né distinguevano, tra questi, borghesi e operai. Eppure dai cortili e dai marciapiedi cittadini dove le mamme borghesi raccomandavano di non giocare coi monelli, fino al sagrato della parrocchia paesana e alla stalla dove il padrone o il fattore godevano di fatto del medievale *jus primae noctis* sulle vergini, correva un filo di vaghe comuni conoscenze delle meraviglie tecniche.

Con eguale rapimento scolari di città e di campagna seguivano il raro volo degli aeroplani senza poterli vedere da vicino. Ne immaginavano proporzioni stravaganti, tutte remote dalla realtà. Discutere sulla dimensione delle ruote o delle ali di un aereo era come litigare sulla luna, se fosse grande come un piatto o come una città campata in cielo.

Tra i primissimi nati dell'era fascista qualcuno avrebbe fatto in tempo, durante la guerra, a gettarsi in picchiata con i Fiat G55, i Reggiane 2002 e 2005, i Macchi 202 e 205; gran parte di coloro che frequentavano le elementari negli anni Trenta avrebbero poi viaggiato sui jet. Ma, da bambino, nessuno di loro avrebbe minimamente creduto nella possibilità di volare su uno dei velivoli della neonata aviazione civile italiana: i Siai Marchetti 74, 75, 83 dell'Ala Littoria.

L'idea del volo in aeroplano si materializzava in un allineamento di sedie in cucina, dentro le quali i bambini si rannicchiavano come d'altronde facevano per giocare al treno. Unica differenza, due sedie in più, rovesciate ai lati con le spalliere verso l'alto per simulare le ali del velivolo.

Ad alimentare la fantasia, pur nell'intenzione di temperarla con un minimo di verosimiglianza, c'erano certi libretti diffusi a prezzi politici o addirittura distribuiti dalle biblioteche circolanti con il solito avviso: «Si prega di non spegnere il lucignolo con la copertina di questo libro». (La luce elettrica, che raramente raggiungeva i piccoli borghi, era bassa, rossiccia, limitata a una lampadina nuda sul soffitto; per leggere ci voleva il moccolo.) Erano libretti quadrotti, con la copertina cartonata a colori, i caratteri molto grandi e le pagine spesse e porose. La serie che piaceva di più agli scolari raccontava le recenti avventure dell'uomo: il *Libro dell'automobile*, il *Libro dei treni*, il *Libro dell'aviazione*. Come nel testo scolastico *Il balilla Vittorio*, la magia di questi libri per bambini era nella mescolanza di elementari nozioni e trame talmente improbabili da apparire teoricamente possibili ai ragazzi di qualsiasi ceto e ambiente.

Capolavori di manovalanza letteraria, mai firmati, i libretti seguivano un copione fisso. Il bambino protagonista, appartenente a una classe incerta e abitante in un luogo che poteva essere sia periferia di città sia paese, veniva sorpreso da uno sconosciuto (lontano parente, passante, compaesano in visita nostalgica) mentre giocava col trenino, con l'automobilina, con l'aeroplanino. A seconda del tema, lo sconosciuto si rivelava macchinista, corridore automobilistico, aviatore. Colto da paterna e subitanea simpatia l'uomo porgeva la mano al ragazzo e lo conduceva con sé a bordo di una nuova Lancia Lambda, di una Littorina (l'aerodinamica carrozza motrice funzionante a diesel, dipinta in rosso e caffelatte, con il radiatore simile a quello degli autocarri decorato con il fascio littorio), di un idrovolante, velivolo che nel 1933, dopo le trionfali traversate transoceaniche di Italo Balbo, pareva essersi assicurato un glorioso futuro – e non lo ebbe.

Il ragazzino andava, si estasiava, e nello stesso tempo veniva istruito dallo sconosciuto sulla storia e il funzionamento di quei prodigi. L'editore Salani di Firenze pubblicava invece i *Piccoli libri della Patria*: identico il formato, altrettanto semplice e cattivante il linguaggio. Il titolo di una serie era *Eroi e martiri*. Ogni volume raccontava per sommi capi la biografia di un personaggio illustre in chiave, diciamo così, familiare. Più che sulle grandi imprese o sui martirii, l'anonimo autore indugiava sulle virtù che il futuro eroe aveva manifestato da bambino o da adolescente. Di Giuseppe Mazzini (personaggio, tra l'altro, poco simpatico al regime) si raccontava la precoce pietà nei confronti degli operai genovesi e il tenero amore per la madre; dei fratelli Bandiera l'amor fraterno; di Giuseppe Garibaldi quando, ragazzetto, salvò un coetaneo dalle onde; di padre Reginaldo Giuliani (cappellano delle camicie nere ucciso dagli abissini) la tenera venerazione per il crocifisso fin da fanciullo; di Giovanni Battista Perasso detto Balilla, cui la leggenda attribuisce il primo sasso scagliato contro l'invasore austriaco a Genova nel 1746 senza che la storia sia mai riuscita a provarne neppure l'esistenza, si rivelavano struggenti aneddoti di precocissimo patriottismo. I vivi meritevoli godevano, nella serie *Eroi e martiri*, dello stesso diritto e dello stesso trattamento che celebravano gli scomparsi da secoli (Cristoforo Colombo, Ettore Fieramosca, i Crociati) o da più di un millennio (san Tarcisio, il bambino romano lapidato nel III secolo perché sorpreso dai pagani con l'Eucarestia stretta al petto).

Toccava al duce, naturalmente, il primo posto, e più di metà libretto era dedicata alla sua infanzia povera ma sentimentalmente resa esemplare dalle attenzioni e dalla saggezza di Rosa Maltoni, mamma e maestra. Ma anche Costanzo Ciano, protagonista della beffa di Buccari durante la prima guerra mondiale, poi ministro dei trasporti e padre di Galeazzo, e Italo Balbo, quadrumviro della marcia su Roma, entrarono nelle bibliotechine per ragazzi assai prima di morire. Di Balbo i giovani lettori potevano ammirare e imitare lo stoicismo: il libretto raccontava di quando, ragazzo, era caduto in una caverna spezzandosi una gamba. Se si fosse addormentato sarebbe morto congelato, ma il futuro fascista di Ferrara passò la notte a punzecchiarsi con un temperino per tenersi sveglio; e fu salvo.

Di sicuro i ragazzini di allora, se andavano a scuola,

leggevano molto di più e più appassionatamente di quelli di oggi. Volare o correre in automobile attraverso le pagine dei libri era il solo modo per avvicinare una realtà presente, ma fuori portata. Le virtù infantili degli antichi eroi, proiettate sullo stesso piano di quelle dei protagonisti viventi, dovevano provocare una sorta di illusione ottica per cui i confini tra l'impossibile e l'improbabile, tra l'improbabile e il possibile, tra il possibile e il probabile finivano per confondersi.

Al di là della natura, della scuola, del cortile, del marciapiede e dei libri, i ragazzini di quegli anni non avevano altre fonti di conoscenza. A differenza dei genitori e dei nonni era difficile che si aspettassero sorprese o novità straordinarie dalla vita. Le strade che percorrevano ogni mattina erano indifferentemente intitolate a morti e a vivi, proprio come i libricini; gli istituti scolastici pure. Come avrebbe mai potuto non essere ferma nel tempo un'epoca nella quale lo stesso marmo celebrava Giulio Cesare e il duce?

L'unità di misura immediata per valutare i prodigi della tecnica era il treno, il più antico ormai tra i semoventi mezzi di locomozione. Quando nel 1939, sulla nuova linea elettrificata, il Firenze-Milano batté il record mondiale viaggiando alla media di 165 chilometri l'ora con punte di 205 chilometri, fu ribadita la convinzione che non ci fosse nulla di più veloce su questa terra. Tant'è vero che le maestre, per spiegare a un bambino quale fosse la distanza tra la terra e la luna, non parlavano di un ipotetico aeroplano ma «del più veloce dei treni» impegnato in una corsa attraverso lo spazio dal pianeta al satellite. E certe immagini istruttive d'inizio secolo, che raffiguravano appunto un direttissimo lanciato lungo un binario oscillante nel cielo fino a scomparire nel sorriso pagliaccesco della luna, conservavano tutto il loro potere didascalico. «Correre come un treno», si diceva e si intendeva il massimo della rapidità ragionevole. «Andiamo a cento all'ora?» chiedevano i ragazzini che salivano sul treno per la prima volta; e il limite dei cento all'ora era l'equivalente dell'attuale «bang» ultrasonico.

Per le mamme, la scuola era la prima esibizione pubblica dei figlioli. Se appartenevano alla piccola borghesia ci tenevano a dimostrarlo. Imponevano ai ragazzini l'abito bello, pulito, ben stirato, e perché non si insudiciasse durante l'ora di ricreazione o per strada esigevano che lo scolaro indossasse anche il grembiule. L'ultima parola sulla tenuta scolastica toccava naturalmente ai direttori d'istituto, ma nella variegata società italiana essi furono sempre più tolleranti di certe madri. Di fatto, soltanto nelle scuole cittadine, le più signorili, il grembiule divenne la regola. Nelle elementari il grembiule dei maschi poteva essere nero o bianco a righine blu, con il fiocco azzurro. Quello delle femmine bianco o a righine rosa: fiocco rosa o bianco.

I maschi si ribellavano perché il grembiule, battendo sulle ginocchia nude, assomigliava troppo a una gonna, soprattutto se portato sotto la mantellina o il cappotto più corto. Agli occhi dei maschi l'unico vantaggio del grembiule era nelle striscioline orizzontali cucite sulla manica destra che indicavano la classe: dalla terza in su le striscioline diventavano numeri romani. Sembravano gradi militari, e uno scolaro di terza o di quarta godeva di qualche ascendente e persino di diritti protettivi sulle bambine più piccole. Come fare se si rifiutava il grembiule? Qualcuno di loro ebbe l'idea risolutiva: cominciò a infilare il grembiule nei pantaloni così da farlo sembrare una camicia un po' sblusata, meglio se nera. Il fiocco azzurro, così squallidamente infantile, con un po' di fantasia si poteva sciogliere e guarnire con un medaglione dell'Opera nazionale balilla raffigurante il duce, e l'in-

sieme sembrava alla fine una mezza divisa. L'autentica
onta era il colletto bianco applicabile: ricordava vergognosamente il bavaglino e talvolta, per pura perfidia, le
madri arrivavano a ricamarlo con i fiorellini. Finite le lezioni, coloro che infilavano il grembiule nei pantaloncini
nascondevano il colletto in tasca: rimaneva l'insidia dei
lembi del grembiule, che nel correre tendevano a sgusciare al di sotto dei pantaloncini. Qualcuno sogghignava «Perdi la sottoveste!» ed era finita.

A tutt'oggi è difficile capire come le autorità scolastiche potessero imporre attraverso il grembiulino umiliazioni così contrastanti con il precoce maschilismo dei ragazzi di allora, unico messaggio fascista veramente sentito in profondità. D'altronde una vera uniformità esteriore non l'avrebbero mai ottenuta: tra il berretto alla marinara con il fiocco e la scritta «Patria» o «Regia Marina»
(14 lire nel 1930) e la testa rapata del figlio di un operaio, tra chi andava a scuola da solo e chi era accompagnato dalla serva (non parliamo dei pochissimi accompagnati dallo chauffeur: le loro scarse memorie concordano
sul vertiginoso imbarazzo in cui finivano per trovarsi),
tra chi saliva sul tram pagando il biglietto (50 centesimi)
e chi lo rincorreva per aggrapparsi come un acrobata ai
respingenti, c'erano abissi sociali che il grembiulino non
avrebbe mai potuto mascherare.

Alle 8,15 del mattino però, quando in tutta l'Italia fascista incominciavano le lezioni, una sola, netta, perentoria discriminazione si ergeva a norma di legge e di morale: di qua i maschi, di là le femmine. Classi separate,
ali dell'edificio diverse, possibilmente portoni d'ingresso
indipendenti gli uni dagli altri. I bidelli avevano il compito di redarguire i maschietti che per qualsiasi motivo
rivolgessero la parola a una bambina; il nome dei recidivi finiva annotato; venivano informate le famiglie. Per
averlo fatto, bambinelli di sette-otto anni si ritrovarono

confusamente ammoniti dall'insegnante, sgridati dalla mamma come se si fossero sbottonati i pantaloni in pubblico, segretamente complimentati dal padre. Infiniti complessi di maschilismo esasperato, immeritate reputazioni di casanovismo assatanato e, per converso, chissà quali anomalie sessuali nacquero così.

Nelle scuole di campagna, dove le aule erano ricavate accanto agli uffici postali, nelle soffitte del municipio, nelle stalle abbandonate, la segregazione sessuale fu tacitamente trascurata, ma i cittadini non lo seppero oppure, se lo seppero, attribuirono l'oscena promiscuità alla primordiale mentalità contadina, quella per cui anche i bambini assistevano alla nascita dei vitelli. Nei centri urbani i direttori d'istituto che per necessità o avventatezza sperimentarono una classe mista ricevettero lettere anonime d'insulto, moniti angosciati da parte del parroco, ma soprattutto si trovarono di fronte e contro la sdegnata protesta delle mamme. Per i genitori, assai più che per le autorità politiche locali, le poche classi miste furono come il primo sintomo infettivo in un corpo destinato alla degenerazione: gli alunni che ci cadevano dentro erano giudicati virtualmente i peggiori, i più trascurati dalla famiglia, gli eterni ripetenti. E l'intero istituto, prima o poi, avrebbe perduto ogni reputazione.

Una discriminazione così severa mise in testa ai maschi un'idea fissa difficile da estinguersi con gli anni: sicuramente gli studi delle bambine erano diversi dai loro, indegni di loro. Le bambine avevano bisogno di classi particolari non solo perché, immaginavano, dovevano imparare a cucire, a lavare i piatti, a ricamare, a diventare insomma donne di casa, ma anche perché erano meno intelligenti e più lente nel capire. D'altronde, cosa studiavano a fare le bambine se soltanto le donne povere erano costrette a lavorare – e per quei lavori non c'era bisogno di studi – mentre le altre si sarebbero sposate per restare in casa?

Così, con assoluta naturalezza, senza alcuna pressione diretta da parte del regime, gli scolari degli anni Trenta facevano proprie le teorie che gli intellettuali fascisti andavano elaborando e che ben pochi avrebbero letto non foss'altro che per lo stile con cui erano scritte: «...Nell'etica fascista è precluso il passo al manifestarsi del femminismo, cioè di quel fenomeno morboso e malsano che si sintetizza in una emancipazione dell'individuo-femmina perfettamente identificabile all'emancipazione dell'individuo-maschio. Sorto in altri tempi, ma dilagato in modo impressionante soltanto in questo inizio di secolo anche come conseguenza della guerra mondiale che allontanando per molto tempo l'uomo dagli affari e dalla casa ha permesso alla donna di occuparne il posto nell'uno e nell'altro luogo, ci si presenta come la celebrazione di un'autonomia individuale che renderebbe la donna capace di dettare a sé da se stessa tutte le forme del suo operare e del suo vivere in una visione e con un calcolo nettamente egoistici ed edonistici dell'esistenza. Basta, del resto, por mente alle manifestazioni femministiche più facilmente identificabili: il lavoro fuori casa, in posti anche non convenienti al fisico e al morale della donna... l'aspirazione alla mascolinizzazione più assoluta che si compendia in una presunzione di uguaglianza di titoli e di diritti nei confronti dell'uomo, che si esalta nella pratica degli "sports" anche meno convenienti alla grazia muliebre; che si rispecchia infine in uno stupido mimetismo (fisico e mentale) tale da travolgere un non ridicolo pudore e calpestare una ben seria virtù; il desiderio di costituire con l'uomo non la vita coniugale che arreca le noie della maternità e i pesi di un vincolo giuridico, ma molto più semplicemente una società di godimento e di piaceri, a parità di condizioni reciproche, più o meno prolungata nel tempo e nello spazio. Contro questa concezione il Fascismo ha reagito sin dal suo sorgere...» («Critica fascista», 15 febbraio 1939).

Contro chi e che cosa precisamente avesse reagito il fascismo al suo apparire, i maestri lo spiegavano con estrema approssimazione, o per niente. Come i libretti della serie *Eroi e martiri* rimescolavano biografie di condottieri storici a quelle di gerarchi viventi, come le strade erano intitolate indifferentemente a vivi e a morti, così l'insegnamento scolastico primario dava per scontato che il fascismo fosse la naturale eredità degli antichi fasti romani filtrata attraverso la vittoria italiana nella prima guerra mondiale. Non c'era nessun bisogno di chiarirne le ragioni; e lo stesso valeva per la disciplina che divideva maschi e femmine. Importante era che i ragazzini trovassero naturale questo stato.

Dopo le prime esperienze, gli scolari imparavano il cerimoniale attraverso il quale si andava in classe. Entravano silenziosamente nel corridoio prospiciente l'aula col berretto in mano. Appesi i cappotti, si allineavano e si inquadravano come sapevano agli ordini del coetaneo nominato dall'insegnante capoclasse. Costui aveva un'autorità reale, era rispettato e obbedito: durante le lezioni, in assenza dell'insegnante, era responsabile della disciplina e segnava sulla lavagna – ma sul serio – i nomi dei «buoni» e dei «cattivi». Non sempre era il più bravo e non sempre era carogna, ma se avesse fallito nel compito e fosse stato destituito avrebbe affrontato giorni amari. Il capoclasse, sempre in corridoio, passava in rassegna il plotoncino elementare, all'apparire della maestra ordinava l'attenti e presentava la minuscola compagnia. Quindi l'insegnante si insediava in cattedra e ordinava a tutti di entrare. Non è detto che fosse così in ogni scuola, non lo era in prima elementare dove la maestra si comportava come una seconda mamma e si preoccupava più della pulizia delle orecchie che della disciplina, ma dalla terza classe in su, quando i maestri subentravano alle maestre, certe regole cominciavano a diventare importanti, ed essenziali nelle scuole medie.

L'ora di lezione incominciava al suono conventuale di una campanella scossa dal bidello. La maestra aveva già spalancato le finestre, ma prima dell'esercizio di respirazione c'erano altre cose da sbrigare.

«Cartelle e cestini sotto il banco!»

I banchi erano angusti, con lo schienale disposto spietatamente ad angolo retto: in origine dipinti di nero recavano i graffiti lasciati da generazioni di temperini; talvolta dei buchi larghi un dito che passavano da parte a parte, faticose opere devastatrici che costavano anche più di un anno (scolastico) di lavoro paziente e segreto, compiuto nascondendo il temperino e la mano destra nell'incavo dell'avambraccio sinistro. Ogni banco aveva la sua ribaltina sotto la quale riporre la cartella e il cestino della merenda: i calamai erano boccette di vetro, dal fondo ricurvo, inserite nei fori ai lati dell'avvallamento portapenne. Non tutti gli scolari usavano una vera cartella, cioè una borsa di tela incerata; molti, e non solo i meno abbienti, nella prima metà del ventennio portavano ancora le assicelle: due piccole tavole di legno lucidato che un sistema di spaghi rinserrava attorno ai libri e ai quaderni.

Il cestino della merenda per la ricreazione era più che altro un vezzo, un'imposizione delle mamme borghesi che identificavano anche in questo oggetto da poco prezzo un segno di distinzione. Le bambine lo portavano più volentieri nell'illusione che fosse una borsetta, ed era la stessa ragione per cui i maschi lo detestavano e preferivano un sacchetto di carta da buttare dopo l'uso. Sul contenuto dei cestini e dei sacchetti c'è quasi una letteratura. Ne hanno scritto o raccontato a voce memorialisti poveri e ricchissimi, tutti concordi su un particolare: non solo i poveri invidiavano la merendina dei ricchi, che non sarebbe una rivelazione, ma i ricchi cercavano di allungare le mani su quelle dei poveri. Susanna Agnelli: «Alle dieci c'è l'intervallo. Le ragazze vanno tutte in uno stanzone squallido che dà su un balcone con ai due lati un gabinetto sporco e puzzolente. La puzza filtra nello stanzone vuoto dove è permesso mangiare, durante l'intervallo, il proprio panino. Le ragazze guardano con invidia il mio pacchetto bianco che contiene un sandwich di pane bianco ripieno di burro e pollo bianco che io detesto. Io guardo con invidia il loro pane scuro con due fette di salame e la loro fetta di castagnaccio e il loro pane e cioccolato. Col tempo imparai a barattare la mia merenda con la loro».

Più curiosa ancora appare l'invidia di coloro che davano via il loro pane e cioccolato per un mezzo panino, a volte secco, intinto nell'olio e cosparso di sale. Eppure succedeva, molti figli di operai o di contadini inurbati ricordano fior di merende consumate così alle spalle dei borghesi. I figli degli impiegati conoscevano la polenta altrettanto bene dei figli degli operai, ma assaporarla fredda, indurita, insaporita da frammenti di lardo acidulo, pareva tutt'altra cosa, come gustare pane strofinato con l'aglio o con la cipolla. Lo scambio delle merende in perdita era severamente proibito dalle madri, non solo per motivi igienici o alimentari, ma morali. I figli degli impiegati dovevano sapere, se avevano «un po' di cuore», che per una tavoletta di cioccolata, anche autarchica cioè senza cacao, per un'arancia o un grappolo di uva moscatella, i genitori avevano fatto un sacrificio: «Quale non ti riguarda, ma se ci pensi... Guarda come lavora tuo padre!» E il ragionato rimprovero si complicava di argomenti sociali: «Una merenda come quella che hai regalato, i bambini poveri non ce l'hanno nemmeno a Natale!» Replicare che proprio un bambino più povero aveva goduto del pane e cioccolata, non valeva: «Oh bimbo mio! I veri poveri tu non li conosci; non sono quelli che vanno a scuola! Quelli hanno più soldi di te».

Paradossalmente c'era del vero. Gli scolari più poveri e peggio vestiti, quelli che si aggrappavano ai respingenti del tram, qualche monetina da pochi centesimi in tasca l'avevano sempre, insieme al fazzoletto ingrommato, il temperino col manico di legno (il temperino dei borghesi era di finta madreperla, talvolta con la limetta per le unghie), un po' di spago, una cicca e dei fiammiferi da cucina sparsi. I figli degli impiegati mai. Mai un centesimo per non farselo rubare; mai perché «i soldi non stanno bene in mano ai bambini», mai perché «se hai bisogno di qualcosa dillo alla mamma o alla signora maestra», mai perché «i soldi sono sporchi, pieni di microbi». C'erano scolari poveri che rubacchiavano nel cappello dei ciechi agli angoli delle strade; ce n'erano che giocavano a soldi con i monelli acquattati nei portoni e nei sottoscala; ma per lo più avevano avuto le loro monetine dalla mamma, quasi fossero amuleti o passaporti per oltrepassare le soglie protettrici del quartiere, del paese, del villaggio o del campo. Soldi risparmiati sull'acquisto di un quaderno che la maestra, impietosita, aveva regalato o su quello dei pennini sottratti a un compagno di scuola per furtiva abilità o per scommessa al gioco delle biglie. All'interno della cerchia scolastica i pennini erano moneta corrente, toccava alla furbizia dei poveri trasformarli in soldi autentici.

L'insegnante impartiva gli ordini tamburellando il righello sulla cattedra. Un colpo secco precedeva gli ordini più severi. «Finitooo?» e così smetteva il tramestio dei cestini e delle cartelle riposti sotto la ribaltina. Nel frattempo nessuno si era seduto. Impensabile sedersi senza permesso esplicito.

«Bambini, la preghiera. Nel nome del Padre.»

Non sempre per obbligo le insegnanti inauguravano la giornata con l'orazione collettiva, e neppure perché fossero profondamente devote. La preghiera recitata al mattino e alla sera, per i bambini d'allora, era una norma del buon vivere come il comportamento a tavola, «buon giorno», «buona sera» e «grazie», «sissignore» e «nossignore» invece di sì e no, lavarsi le orecchie e soffiarsi il naso: rudimenti che non tutte le mamme avevano tempo o educazione per impartire. Lo facevano le maestre, per coscienza professionale e sincero spirito egalitario. Recitavano quindi il segno della croce e il Padre Nostro a mani giunte e sorvegliavano gli scolari a uno a uno affinché facessero lo stesso, correggendoli silenziosamente con l'espressione, con un cenno, perché assumessero un atteggiamento pio, convinte così di sanare l'ingiustizia per la quale soltanto i più fortunati avevano già compiuto le devozioni a casa.

Nelle scuole medie il minuto di preghiera era più impacciato. Se ne occupava il prete incaricato dell'ora di religione e tutto si risolveva in un pudico brusio denso e grave. Il coro del Padre Nostro recitato nelle elementari invece traboccava dalle finestre delle aule con un che di giulivo, come di girotondo, per riversarsi sulle strade, assai più silenziose di quelle di oggi, insinuarsi nella mente delle massaie che andavano a fare la spesa e provocare spontanee adesioni a fior di labbra. Né sembrava troppo forzato il passaggio che raccomandava al Signore «la cara patria nostra, i sovrani e il nostro duce».

A un ordine del righello la preghiera diventava canto che stonatamente intonava «Giovinezza primavera di bellezza», «Sole che sorgi libero e giocondo» o «Fischia il sasso/ il nome squilla/ del ragazzo di Portoria/ e l'intrepido balilla/ sta gigante nella storia./ Fiero l'occhio/ svelto il passo...» secondo le occasioni celebrative, gli umori e le capacità vocali della maestra che dirigeva roteando il righello. Poi l'insegnante richiudeva le finestre.

«Seduti. Mani in seconda.»

L'ordine, oggi dimenticato, significava: schiena eretta contro la spalliera del banco, braccia sovrapposte dietro le reni, palmi all'infuori. Era la versione seduta del «petto in fuori, pancia in dentro» scandito nelle scuole medie dal professore di ginnastica; era anche una posizione utile a prevenire la scoliosi. I polmoni provati dal canto si riassestavano mentre la maestra chiamava all'appello. Ciascuno, nell'udire il proprio nome, scattava in piedi: «Presente!» Qualche maestra più esigente pretendeva che l'alunno scendesse dalla pedana del banco e si mostrasse per intero prima di tornare seduto con le mani in seconda.

Decenni più tardi certi insegnanti d'avanguardia avrebbero scoperto il teatro gestuale: le maestre del ventennio fascista ne furono le pioniere inconsapevoli ma severe. Una gestualità scorretta incideva sul rendimento scolastico, pesava sui voti. All'ordine «mani in seconda» seguiva quello «mani in prima». Era un po' l'equivalente del «ginocchio a terra» dei centometristi al via. Il via della lezione. La posizione «in prima», scandita da una battuta di bacchetta sulla cattedra, imponeva che le braccia si incrociassero sul davanti, che i gomiti posassero sulla ribaltina e le dita sfiorassero le ascelle. Così gli alunni ascoltavano il programma della mattinata e l'introduzione al compito cui erano destinati.

«Bambini, mani sul banco.» Non era ancora il via, ma l'attimo che lo precede: quando i podisti rizzano il sedere e fissano il traguardo. I gomiti si serravano sui fianchi, gli avambracci posavano paralleli sulla ribaltina, con le dita unite e ben tese. Più o meno era la posizione che le mamme della buona borghesia insegnavano ai figlioli perché la mantenessero nell'attesa tra la minestra e la pietanza: alla fine del primo anno scolastico la conoscevano anche i ragazzi di campagna.

«Quaderno a righe». Oppure: «Quaderno a quadretti». Negli anni Venti i quaderni avevano la copertina nera traslucida con l'etichetta dagli angoli arrotondati applicata. I figli dei borghesi potevano comprarsi quaderni con la copertina cartonata color carta da zucchero e la costa in tela, del tutto simili ai libri mastri dei contabili. Negli anni Trenta, invece, certe disuguaglianze furono meno tollerate. Comperati in cartoleria, distribuiti a pagamento dall'insegnante o regalati dalla Cassa scolastica, i quaderni regolamentari avevano 36 fogli e la copertina in carta consistente (non cartoncino né cartone) maculata di nero, come tanti schizzi d'inchiostro, su fondo giallo, verde o rosso, e l'etichetta stampata. Soltanto alla vigilia degli anni Quaranta la peggiore qualità della carta autarchica – giallognola, porosa, nemica dell'inchiostro come le lavagne di legno dipinto lo erano del gesso – fu compensata da qualche tocco di fantasia sulle copertine bicolori: non figure, ma motivi grafici rudimentali come quelli delle tappezzerie a poco prezzo.

All'inizio dell'anno i quaderni necessari agli alunni della prima classe erano due: uno a righe, uno a quadretti. Al secondo trimestre si adottava un terzo quaderno, quello «di bella», sul quale ricopiare a casa gli esercizi eseguiti a scuola. Ogni alunno era libero di personalizzare la prima pagina del quaderno di bella. Ecco un esempio: in alto, in stampatello verde, le scritte «W il Re - W il Duce». Sotto «W il Re», la bandiera tricolore con lo stemma sabaudo. Sotto «W il Duce», il gagliardetto triangolare nero, frangiato, con il fascio littorio. Al centro della pagina, in grande, il fascio con i legacci tricolori, giallo con la scure azzurra. Alla base del fascio, «A noi!». In fondo al foglio, lo stemma dei Savoia.

Più semplici, più schematici ma anche più efficaci, erano i disegni che corredavano il quaderno a quadretti, anche se non di bella. La maestra, nel suggerirli, traeva ispirazione da certi album che riportavano, su una trama di quadretti grandi come quelli di prima elementare, angolosi profili di oggetti, di simboli, di persone. Anzi, di una persona sola: Mussolini con l'elmetto. L'elmetto appariva forzatamente un po' bitorzoluto, come segnato da martellate, ma la somiglianza del ritratto al duce era sufficiente.

Quel che veramente colpisce chi va a curiosare nei quaderni elementari di allora è la precocissima qualità calligrafica, l'eleganza fin troppo leziosa dei ricciolini e delle grazie nelle maiuscole, l'armonico equilibrio fra i tratti calcati e quelli leggeri. All'inizio della seconda elementare uno scolaro maneggiava la penna (mai la stilografica, proibita anche a casa, sebbene questo fosse il regalo consueto della prima Comunione: più piccola del normale, di finta madreperla, con il clips per i maschi e una nappina di seta per le ragazze) con la maestria del piccolo scrivano fiorentino, e si capisce perché tante persone cresciute allora continuino a chiamare «calligrafia» quella che dovrebbe dirsi soltanto grafia. Si immagina, dietro tanto lindore, un'altra lezione di gestualità: come impugnare la penna, come sgrassare il pennino nuovo umettandolo tra le labbra, fino a qual punto intingerlo nel calamaio e farne sgocciolare l'inchiostro eccessivo sul bordo della vaschetta, come posarlo sul filo rosso alla sinistra della pagina per poi manovrarlo lievemente lungo un percorso che si poteva interrompere solo a parola compiuta.

Ogni quaderno era corredato da un foglio di carta assorbente: eventuali macchie si schiarivano con un pezzetto di gesso o col borotalco, ma il segno rimasto provocava un abbassamento del voto o meglio un rialzo, perché nelle prime classi elementari i voti non scritti in parola (lodevole, buono, discreto, sufficiente, insufficiente) andavano a rovescio, da 1 a 5. Uno era l'equivalente di lodevole o ottimo. Una pagina strappata dal quaderno di bella, sia pure perché macchiata, costava la stessa sanzione: ma i più abili riuscivano a sollevare col temperino le graffette del quaderno, a scompaginarlo, togliere o addirittura sostituire il foglio, rimetterlo insieme.

La scelta della cannuccia della penna era libera, come quella dei pennini le cui forme più fantasiose simulavano una manina con l'indice puntato, un fascio littorio, la lancia di un'asta di bandiera, una guglia, la Mole Antonelliana. Ma il tipo più diffuso perché più efficiente e morbido era quello bianco, che assomigliava a un pennino e basta: si compravano per pochi centesimi ogni decina da cartolai che avevano per insegna la faccia eccessivamente ridanciana di un tale i cui capelli erano formati da una selva ritta e iridata di matite. Matite Presbitero.

Le penne comprate dal cartolaio erano le più eleganti e ben bilanciate. Molto affusolate erano ricoperte di uno smalto sovrapposto a uno strato gessoso, di un solo colore oppure di colori contrastati e filamentosi: invogliavano a mordicchiarne la sommità, ma prima di raggiungere il legno occorreva sgranocchiare lo smalto che era sgradevole. Più gustose le penne povere, facili da aversi gratis come premio per un buon compito o per una buona azione. Erano cannucce semplicissime, perfettamente cilindriche, dipinte a tre bande, naturalmente con i colori della bandiera. Il legno si poteva addentare subito, ed era morbido, come quello delle matite.

Le matite colorate non erano obbligatorie, ma dal momento che le avevano quasi tutti per corredare di disegnini i dettati e gli esercizi del quaderno di bella, nessuna maestra aveva il cuore di lasciarne privi i più poveri. Il tipo preferito erano le Giotto, con l'artista intento a dipingere stampato sulla scatola. C'erano le corte e le lunghe, in scatole da cinque, da dieci, da dodici. Le insegnanti più fantasiose suggerivano di alternare scarabocchi a sagome significanti una barca, un uccello, il tetto di una casetta, eccetera, ritagliate da un foglio colorato con il retro gommato. Anche gli album di carta colorata, un colore ogni foglio, si compravano dal cartolaio ma, in classe, le maestre distribuivano fogli a chiunque.

Incominciava, allora, il problema delle forbici che non potevano essere se non di metallo e che, per ragioni di sicurezza, dovevano avere le punte arrotondate. Chi le aveva, e molti le avevano, doveva passarle agli altri. Oltre alle forbici, del tutto opzionali, alla penna, ai pennini e alle matite, la cancelleria scolastica elementare esigeva la gomma per matita e inchiostro, il temperamatite (fapunte), perché il temperino era meglio non mostrarlo, e un righello di venti centimetri. I portapenne (pennali) più eleganti portavano il righello sfilabile incorporato nel coperchio di legno. Soltanto alla fine degli anni Trenta compare qualche novità: i portapenne, con l'aria di ammodernarsi, diventano astucci di pessima tela pesante a forma di borsetta mentre sul banco arriva la matita che non ha bisogno di essere temperata, costituita com'è da una serie di trucioli sovrapposti e avvoltolati attorno alla mina. Si sfilava un ricciolo grazie a un filo inserito nei trucioli e la mina ricompariva.

La tecnologia stentava a entrare nella scuola. Il regio decreto del 30 aprile 1924 per l'istruzione secondaria richiedeva per i gabinetti di chimica e di fisica dei licei e degli istituti tecnici «una conduttura d'acqua e una conduttura di gas» aggiungendo «dove sia possibile».

A metà degli anni Trenta, nel 1934 per l'esattezza, Mussolini estese alle scuole elementari la radiodiffusione che già raggiungeva i contadini, attraverso l'Ente Radiorurale. Radiorurale si chiamava anche il modello di apparecchio che venne installato nell'ufficio di alcuni direttori scolastici e collegato alle aule grazie a un sistema di amplificatori a tromba. Il primo apparecchio Radiorurale, modello unico costruito da varie ditte, aveva il prezzo politico di 600 lire, la metà esatta del valore commerciale, puramente teorico perché in commercio non si trovava. Era un mobile di legno lucido (25,5 per 40 per 50) con due manopole, un piccolo quadrante a mezzaluna e una vistosa griglia altoparlante, di stoffa marrone, attraversata verticalmente da due fasci littori, uno con la scure in su, l'altro in giù, in alluminio. In alluminio erano anche i fregi che incorniciavano l'altoparlante: a sinistra la scritta stilizzata «Radiorurale», a destra una spiga di grano.

Al 31 dicembre del XIII anno dell'era fascista gli apparecchi radio distribuiti nelle scuole italiane erano 3768 e valevano, secondo le statistiche fasciste dell'epoca, per quasi novecentomila scolari. Qualche anno più tardi i programmi di Radiorurale per le scuole raggiunsero l'optimum di mezz'ora ogni mattina: dalle 10,30 alle 11 lunedì e venerdì; dalle 10 alle 10,30, durante la ricreazione, gli altri giorni.

Mentre gli scolari guatavano reciprocamente i cestini della merenda gli altoparlanti offrivano supplementi di companatico come «Cantiamo insieme – esercitazioni di canto corale» e i «Radioscena». Anche la radio annientava la prospettiva storica: da «La fondazione di Roma» si saltava d'un solo balzo a «Terrore rosso – radioscena imperniato sulle infamie dei comunisti durante la guerra civile di Spagna», da «La battaglia di Legnano» a «Carabiniere del re – uno dei molti eroi dell'Arma Fedelissima: il carabiniere Bussacchelli Giuseppe», da «Pietro Micca – esaltazione del sacrificio più che eroico dell'umile soldato Pietro Micca dell'esercito piemontese» a

«L'eroico portaordini – l'umile soldato bolognese Alfonso Samoggia», da «San Francesco d'Assisi – l'episodio della predica agli uccelli» a «Il re alla guerra – episodi della vita del re soldato sul fronte della grande guerra 1915-1918». In qualche modo più attinente alla didattica era la mezz'ora di «Disegno radiofonico» che induceva a riportare sul quaderno scenette ispirate alle trasmissioni. Unica lezione vera e propria, l'insegnamento dell'alfabeto Morse, a concorso.

Radiorurale per le scuole suppliva, in periferia, all'eventuale carenza di libricini tipo *Eroi e martiri*, aggiungendovi il fascino del mezzo tecnico. Per contropartita gli insegnanti di città, nei dettati e negli esercizi assegnati, si regolavano sul trascorrere delle stagioni e sui raccolti. Un'occhiata ai quaderni di allora conferma il superficiale amalgama tra cultura scolastica urbana e rurale.

Da un quaderno cittadino di seconda elementare, 1939: «Dettato. L'uva è un frutto autunnale. È formata di tanti acini. Nel mezzo c'è il raspo. La pianta dell'uva si chiama vite».

Da un quaderno rurale di seconda, stesso anno: «Che giorno è il 31 ottobre? Che cosa ti ha detto la maestra? Risposte. Il 31 ottobre è la "Giornata del Risparmio". La maestra mi ha detto che bisogna risparmiare perché chi sciupa il denaro, quando sarà vecchio farà una vita misera. Anche da bambini bisogna risparmiare!»

Da un quaderno di paese (stessa classe, 1936): «Nozioni varie. I corpi si distinguono in solidi, liquidi, gasosi. Sono corpi liquidi l'acqua, il vino, l'olio, l'aceto e il sangue. Sono corpi solidi il legno, il ferro, il carbone e la porcellana. Sono corpi gasosi il vapore della pentola e l'aria».

Da un quaderno di città del 1940, stessa classe: «Esercizio. L'albero che forma i castagneti è il castagno che produce le castagne. In esse io conosco le seguenti parti: il riccio, la buccia, la sansa e la polpa. Si mangiano in vari modi: ballotte, bruciate e mondine. I montanari mettono le castagne nel forno a seccare. E si chiamano allora secchine. Con la farina si fa il castagnaccio. Con i rami si fa il carbone. Col tronco si fanno i mobili di lusso».

Da un quaderno di paese, seconda elementare, 1938: «Il passero. Il passero è un uccello e come tutti gli uccelli è ricoperto di penne, è munito di ali, è bipede ed ha il becco. Cinguetta e svolazza di ramo in ramo o saltella qua e là in modo grazioso in cerca di cibo. Il passero è un uccellino molto carino e buono perché non abbandona il suo nido nemmeno d'inverno».

Da un quaderno di città, 1940: «Oggi 21 marzo è il primo giorno di primavera. L'aria è tiepida, il sole è luminoso, sono già venute le rondinelle che intrecciano voli cinguettando. Nei prati spuntano le erbette tenere e le violette. Gli alberi si coprono di gemme e la nostra campagna si copre di un bel verde tenero. W la primavera!»

Dallo stesso quaderno: «La ciliegia è come una pallina rossa attaccata al picciolo. Le parti della ciliegia sono: la buccia, la polpa, il nocciolo e il picciolo. La ciliegia è un frutto che matura d'estate. A me piacciono molto le ciliegie e ne mangerei una cesta al giorno. Per me le ciliegie sono il frutto che preferisco. Le ciliegie hanno le foglie con il margine dentellato».

Da un quaderno di campagna, seconda classe, 1940: «C'erano una volta due galletti che vivevano nello stesso pollaio e che si odiavano. Non potevano stare insieme, appena l'uno scorgeva l'altro gli andava incontro con le ali e il becco aperto per cacciarlo via. Il secondo si piantava fermo sulle zampe aspettando la lotta, un attimo dopo i galletti si azzuffavano lasciando sul terreno non poche piume. E tutto ciò andrà a finir male! diceva una vecchia gallina. Un bel giorno andò sull'aia la cuoca con un coltellaccio in mano, fu un fuggi fuggi generale, ma i due galletti non si mossero, come al solito si beccavano, arrivò la cuoca e li afferrò tutti e due. Il giorno dopo giacquero tutti e due nello stesso piatto del padrone uno accanto all'altro senza beccarsi, erano finalmente in pace ma arrostiti».

Dallo stesso quaderno: «Domanda. Il giuoco che più mi piace? Il giuoco che più mi piace è alla guerra. I miei compagni di giuoco sono: Sergio, Giancarlo (che è il mio fratellino), Giorgio, Licia e, qualche volta, Battilana. È il giuoco che più mi piace perché mi pare di essere anch'io un soldato del DUCE che combatte. W l'Italia!»

I residui di un'eventuale educazione antifascista proposta dai genitori e dai nonni meno arrendevoli, così come il liberalismo e il socialismo che molti insegnanti portavano segretamente dentro di sé, da tempo non arrivavano più agli scolari il cui disimpegno politico – ammesso che di impegno e disimpegno si possa parlare a quell'età, fuori dei luoghi retorici e faziosi – era massimo e naturale.

Guglielmo Zucconi, figlio di un antifascista e anticlericale che bestemmiava «Dio Mussolini!», racconta in un suo libretto di memorie: «Benché io fossi balilla tesserato com'era d'obbligo allora nella scuola, mio padre non aveva voluto comprarmi la divisa, sicché nelle adunate facevo sempre la figura della recluta appena arrivata da casa. Ed ero escluso dalla sfilata, il momento più bello, quando gli altri cantavano "L'occhio del duce brilla fisso sui suoi balilla" e io immaginavo un occhio immenso e gonfio come un dirigibile che navigava a mezz'aria precedendo e scrutando la schiera marciante. Mia madre diceva: "Meglio! Se tirano una bomba, tu scappa via e nessuno se ne accorge". Ma io ero seccato che l'occhio del duce vedesse tutti tranne me che non c'ero e che se ci fossi stato non mi avrebbe riconosciuto perché ero senza divisa. Così, quando all'esame di ammissione alle medie il tema d'italiano fu: "Se avessi una sommetta che cosa comprerei", io scrissi: "*Le mie prigioni* di Silvio Pellico e la divisa da balilla". Il tema fu segnalato al segretario del fascio, ebbi *Le mie prigioni*, la divisa da balilla e un libretto con cento lire della Cassa di Risparmio, vincolato fino a 18 anni. Mio padre dovette accompagnarmi al Gruppo rionale fascista dove si svolse la breve cerimonia, per firmare la bolla di scarico della divisa, del libro e del libretto e lo fece, lacerato tra l'orgoglio del padre e la rabbia dell'antifascista. Tornato a casa io volli a tutti i costi indossare subito la divisa per andare a pavoneggiarmi in cortile. Mio padre mi osservò a lungo dalla finestra, poi improvvisamente disse a mia madre: "Quel ragazzo si rovina, mandiamolo dai preti. So che ai ragazzi non gli parlano del fascismo". Così per volontà di un padre, ancora ateo, entrai nell'Azione Cattolica come aspirante e fui segnato per sempre».

Non è vero che l'iscrizione dei bambini all'Opera nazionale balilla e, più tardi, alla Gioventù italiana del littorio (Gil) che assorbì l'Onb, fosse obbligatoria. Non aderire, però, era cocciutamente provocatorio (una provocazione della quale il bambino avrebbe subito le conseguenze crescendo) perché inopportuno dal punto di vista assistenziale. Sulla terza pagina del tesserino, in bella evidenza, c'era scritto: «I possessori della presente tessera usufruiscono delle provvidenze stabilite dallo statuto della Cassa mutua assistenza "Arnaldo Mussolini" della Gil sempreché ricorrano le condizioni dell'apposito regolamento per le concessioni assistenziali e secondo le norme in esso contenute. I benefici di massima sono per il caso d'infortunio e consistono in lire 2 al giorno per invalidità temporanea a partire dall'undicesimo giorno da quello in cui la lesione ha avuto inizio fino a un periodo massimo di giorni 70. Lire 5000 in caso di morte. Lire 30.000 in caso di invalidità permanente totale o una indennità proporzionalmente ridotta in caso di invalidità parziale».

Dalla refezione scolastica ai libri e ai quaderni gratuiti per i bisognosi, dalle colonie marine estive ai campeggi estivi e invernali, dall'insegnamento della ginnastica ai tubercolosari, l'Opera balilla promuoveva ogni settore dell'assistenza sociale per i giovani come nessun governo precedente aveva mai fatto: dei benefici essenziali godevano di diritto anche i non iscritti.

Nel 1935, dichiarata la guerra all'Etiopia e avutene come contropartita le sanzioni internazionali, Mussolini ebbe l'idea propagandisticamente più felice di tutto il ventennio per dimostrare non solo agli stranieri ma anche agli italiani tiepidi quale fosse la forza del consenso che lo circondava. Oro alla patria: gli sposi furono invitati a donare le fedi d'oro e d'argento (e non solo quelle) allo stato in cambio di fedi di ferro. È risaputo. Pochi invece ricordano che in quell'occasione decine di migliaia di genitori-donatori chiesero qualcosa di più: l'iscrizione all'Opera balilla dei figli che non avevano ancora compiuto gli otto anni regolamentari. Probabilmente le richieste furono guidate. È certo che, in questi casi, la ricevuta delle fedi, recante la grammatura delle offerte in metallo e la caratura di eventuali pietre, era accompagnata da una lettera intestata Partito nazionale fascista il cui testo, firmato dal segretario del fascio locale, diceva: «Pregiatissimo signor... Le rimetto la ricevuta per il versamento dell'oro da lei effettuato e La ringrazio vivamente. Ho dato disposizioni all'Opera balilla perché il suo piccolo... sia iscritto con la data del... corrente mese. La prego perciò di rivolgersi alla Presidenza dell'Opera balilla per il ritiro della tessera».

Sul finire del 1935 Mussolini decise dunque che l'iscrizione all'Opera poteva essere estesa anche ai neonati. Da quel momento le puerpere e i loro mariti ricevettero a ogni nascita di figlio un biglietto d'auguri prestampato che vale la pena di rileggere per intero anche perché, come l'atto di ricevuta dell'oro alla patria, non risulta sia menzionato dagli storici. «L'Opera balilla di (nome della città) ha appreso con vivo piacere la nascita del bambino (nome del bambino) venuta ad allietare la sua Famiglia ed a portare il suo promettente sorriso nella gaia schiera dei ragazzi di Mussolini, e, certa di far cosa gradita, porge insieme agli auguri più sinceri la Tessera di iscrizione all'Opera balilla per l'anno...» In carattere molto più piccolo seguiva un «nota bene»: «Le SS.LL. vorranno versare la somma di lire 5, corrispondente al prezzo della Tessera, a mezzo dell'unito modulo di versamento in CC postale, od altrimenti alla Tesoreria dell'Opera balilla in via... In caso diverso la Tessera sarà cortesemente restituita al Comitato provinciale dell'Opera balilla, via...»

Da notare – e non per superficiale curiosità – che sia la ricevuta dell'oro alla patria sia la cartolina che proponeva ai genitori l'iscrizione del neonato largheggiavano nell'uso del «lei» e di «Signorie Loro». È luogo comune che in era fascista il «lei» fosse bandito a vantaggio del «voi». In realtà questo accadde per un'ultima ubbia di Achille Starace solo nel 1938, quando il regime aveva già bruciato tre quarti della sua esistenza ed era, storicamente, in fase preagonica. Fino ad allora, nei documenti riservati alle famiglie, rimase un che di ammiccante, di intenzionalmente estraneo alla disciplina del regime, di rispettoso per i sentimenti di quanti, pur «buoni italiani», potevano non essere del tutto persuasi dal fascismo.

La scolara Anna Barelli, marchigiana, iniziò la prima elementare nel 1938 ed era l'unica della classe a non avere ancora la tessera. «Forse l'unica di tutta la scuola.

La maestra, per consegnarmela, voleva 5 lire, ma i miei genitori comunisti non volevano. "Mi sono dimenticata i soldi", ripetevo alla maestra ogni giorno. Lei credette che fossimo troppo poveri. "La vuoi lo stesso?" mi domandò. Strillai di sì e me la regalò. Ricordo che mi voltai dalla cattedra verso le mie compagne con la tessera alta come una bandiera. Sulla copertina c'era il viso di Mussolini. Mia mamma, a casa, gli bucò gli occhi con il ferro da calza e me la restituì. "E adesso valla a far vedere in giro", mi disse.»

La divisa da balilla o da piccola italiana (con tutte le varianti a seconda dell'età: figli della lupa, balilla escursionisti e balilla moschettieri, avanguardisti, piccole italiane e giovani italiane) nella stragrande maggioranza dei casi fu il primo abito comprato fatto. La mamma o la sarta provvedevano ai ritocchi; i maschi più grandi, ritirata la divisa alla Casa del balilla o alla sede della Gioventù italiana del littorio, se la scambiavano fino a trovare una misura meno approssimativa. Costava una ventina di lire, prezzo politico, e preludeva alla vergognosa qualità dei panni militari. I calzettoni erano il capo più infame. Mancavano totalmente del piede: consistevano in un gambaletto di cotone grigioverde (anzi, cafioc) che arrivava fino al malleolo, poi era sotteso da un elastico da infilare sotto la pianta. Per un minimo di decenza occorreva sistemarli al di sopra di un calzino normale. Per di più avevano un elastico al polpaccio che non teneva: milioni di balilla, contro il regolamento, marciarono a gambe nude con il calzettone afflosciato sui lacci delle scarpe.

Le misure delle divise distribuite ufficialmente prevedevano che ad indossarle fossero anche bambini in età prescolare: dai tre anni in poi. Al sabato, giorno della divisa per gli scolari di ogni ordine, i bimbetti dell'asilo indossavano la camicia nera, i calzoni grigioverdi al ginocchio e le bretellone bianche da figli della lupa dopo essere stati afflitti per tutta la settimana dal pagliaccetto a pois, un capo con gli elastici alle cosce che ricordava l'ingombro dei pannolini e che, con poche varianti, le mamme borghesi si ostinavano ad imporre fino a sei o sette anni. Nulla vietava che la divisa la cucisse la mamma o la sarta di famiglia, con stoffa di buona qualità e misure più appropriate, ma accadeva di rado anche nelle famiglie borghesi: l'uso era limitato, il modello si evolveva a seconda della «leva fascista» che ogni anno, nel giorno del Natale di Roma, festeggiava il passaggio degli iscritti da una fascia all'altra. Se lo stato provvedeva a minor prezzo, perché rifiutare?

Nelle grandi città i primi negozi di lusso di abiti fatti offrivano divise da balilla e da piccola italiana già nel 1928. I magazzini La Rinascente ne presentavano un modello di buona qualità a lire 29,50 per bambini di tre anni e di lire 39 per quelli di dieci anni. Ma il fez «in feltro di lana» veniva venduto a parte: 5 lire e 90 centesimi. Molto più cara la divisa delle piccole italiane: da 45 lire in su, più 4,90 per il «berretto a maglia di seta artificiale». Si trattava però di divise puramente simboliche perché a quell'epoca, come s'è detto, l'iscrizione all'Opera balilla era consentita soltanto dopo gli otto anni. Quando poi Mussolini estese il diritto d'iscrizione a partire dal primo giorno di vita, le divise dei grandi magazzini scomparvero dai cataloghi.

La mattina del sabato, a scuola, liberi dal grembiule e dagli abitini azzimati di maglina, i bambini si somigliavano finalmente quasi tutti. Se non per eleganza, per i calzettoni precipitati, le bretellone da figli della lupa smacchiate col gesso, l'orlo dei pantaloncini ripiegato verso l'alto e puntato con lo spillo da balia perché sfilacciato. Al sabato era sempre attesa la visita del direttore o di un'autorità in divisa. Attenti, un saluto romano più convinto, un'altra cantatina. La maestra, spesso in divisa anche lei, chiedeva al primo della classe di leggere una pagina del libro di lettura edito, uguale per tutti, dalla Libreria dello Stato. Ci si accorgeva allora che oltre al dialetto italianizzato dei contadini, l'italiano approssimativo dei cittadini, i consueti dettati e gli esercizi, i temi, i pensierini che imitavano i dettati, un'altra lingua esisteva, quella del libro appunto, che pronunciata ad alta voce sollevava tra se stessa e la comprensione immediata una cortina vischiosa nella quale il piccolo lettore finiva impigliato, sbagliando accenti e punteggiatura, incespicando in costruzioni verbali toscaneggianti e sempre irte di lirismi barbari.

Se la classe era solo la seconda elementare, la maestra offriva all'ospite la filastrocca sui mesi imparata a memoria e da recitarsi in coro. Ma anche qui l'accoppiamento semplicissimo tra la successione dei mesi e la natura era complicato da metafore concrete e arzigogolamenti letterari bisognosi di spiegazioni e di figure esemplificative: «Gennaio mette ai monti la parrucca (cioè, sulle montagne nevica)/ Febbraio grandi e piccoli imbacucca/ Marzo libera il sol di prigionìa/ Aprile di bei fior orna la via...»

L'ospite chiedeva quindi di dare un'occhiata a un quaderno, la maestra sapeva già chi chiamare alla cattedra e colui che stava per essere chiamato pure. Un'immaginetta del duce chino a baciare un balilla era il premio. «Il duce ama i bambini.»

E i bambini lo amavano? La domanda prima o poi saltellava di banco in banco e prevedeva non soltanto il sì, ma anche un perché qualsiasi che complicava tutto. Nella fantasia degli scolari Mussolini era il termine fisso d'eterno consiglio, l'incarnazione delle virtù ineguagliabili, il miracolato che faceva miracoli, la garanzia del presente e di un futuro che non avrebbe potuto essere diverso dal presente. Si può davvero amare ciò che è insostituibile, ciò che è impensabile possa non esistere? Si può amare il cielo o il pianeta terra? I bambini sapevano chi è un orfano e se ne impietosivano perché era stato privato dell'amore dei genitori, ma un'Italia orfana di Mussolini sfuggiva alla percezione infantile. Certo, la domanda «E se Mussolini muore?» affiorava talvolta, più alle coscienze che alle labbra, ma suonava come un blasfemo dubbio sull'esistenza di Dio. D'altronde il libro di lettura preveniva simili dubbi: «Sul mare come nel cielo, la giornata del Duce è sempre un trionfo luminoso di fresca e virile giovinezza. Dominatore della Storia, Mussolini è anche dominatore del proprio organismo, che risponde ai suoi ordini come un sicuro e perfetto motore. Dai più importanti e delicati affari dello Stato, la giovinezza di Mussolini passa alle più multiformi manifestazioni di sana e gioviale attività sportiva. Sempre fresco, sempre agile, con una vivacità sorprendente».

Attraverso le pagine del libro di lettura il passaggio di Mussolini dall'infanzia al potere appariva misterioso come una trasfigurazione. Mussolini bambino non aveva neppure un nome; lo assumeva soltanto alla fine del raccontino, quando si rivelava duce: «C'era una volta un bambino di modesta famiglia. Suo padre batteva il ferro, sua madre era maestra. Il bambino era vivace e irrequieto, ma generoso e intelligente. Divenuto grande, egli scrisse sui giornali, si fece conoscere per il suo genio. Quando la nostra patria fu in pericolo, il figlio del fabbro la salvò. Il Re lo chiamò e lo fece Capo del governo. Questa non è una favola: è storia vera. È la storia del Duce: Benito Mussolini».

Una poesia di Carlo Martini, pubblicata nel libro di lettura della quinta classe elementare del 1939 (anno XVII, lire 8) e mandata a memoria dagli scolari proprio nella prospettiva delle visite del sabato, evocava senza mezzi termini la nascita di Gesù Bambino: «Quanta luce sull'umile casetta!/ C'è una mamma curvata/ sulla piccola culla benedetta/ nella quercia scavata./ E vicina è l'incudine del padre./ Il raggio della luna/ bacia il volto del bimbo e della madre./ Tutta lume è la cuna./ O forte terra di Romagna, terra/ dell'imperial Destino,/ alza il tuo grido di pace e di guerra,/ e curva sul bambino/ i tuoi fieri stendardi e il maschio cuore./ Incorona la mamma/ con le tue rose e col tuo grande Amore./ È nata una gran Fiamma!/ Dorme la mamma: è tanto, tanto stanca./ Nel cuor del suo tesoro/ è il suo gran cuore: con la mano bianca/ sorregge un lume d'oro./ Sogna la mamma... (Assurto è il suo bambino/ in un gorgo di luce:/ gli batte in fronte il segno del Destino./ E la paterna incudine sonora/ maglio dismisurato/ diviene, che ridesta nell'aurora/ imperiale il Fato.)/ Balza la madre a quel rombo improvviso,/ e serra il suo bambino/ al cuore, spaurita, e bacia il viso/ chiaro come un rubino./ Quanta luce nel cielo di Romagna!/ Non c'è di nubi un velo./ Brilla un aratro. Un'aquila grifagna/ grida il Presagio al cielo./ La mamma di Predappio è in Paradiso./ Ma quando Mussolini/ carezza un mutilato o asciuga un viso,/ quando bacia i bambini/ ritorna la sua mamma nel gran cuore./ (Oh volto come un giglio!)/ Nella tremenda strada arsa d'Amore/ regge e conforta il Figlio».

Talmente spropositato fu l'uso della parola «amore» riversata sugli scolari dell'era fascista che più di una generazione, fattasi adolescente o adulta, stentò a dire «ti amo» all'innamorata, preferendo espressioni più schiettamente familiari: «Ti voglio bene», «Mi piaci tanto».

Il tempo, a scuola e fuori, aveva un sussulto gaudioso a mezzogiorno, soprattutto di sabato. Suonavano le campane di tutte le chiese, non c'erano clacson ad attutirne o vanificarne i rintocchi. Persino le sirene manovrate a mano delle fabbriche che avevano concluso il turno venivano zittite dallo scampanio contemporaneo del quartiere, della piazza del duomo, della parrocchia paesana che celebravano la pasqua quotidiana. L'insegnante controllava l'orologio, il bidello il pendolo. Mezzogiorno era veramente metà giornata, l'annuncio della pausa dopo il lavoro più intenso. Ai pigri inarrendevoli, una filastrocca conosciuta da tutti i bambini ricordava: «La Pigrizia andò al mercato/ ed un cavolo comprò/ Mezzogiorno era suonato/ ed a casa ritornò».

IV
I CONTI DELLA SPESA

Un giorno di maggio del 1930 la servetta milanese Tersilla Rinoldi tornò dal mercato con molto ritardo perché si era fermata a guardare l'incendio dei tram a San Siro. Vide di lontano le dense volute di fumo oleoso e con la sua sporta a triangolini di pelle neri e marrone seguì la folla. Ricorda gli operatori del cinema che filmavano il rogo.

La riforma tramviaria nazionale era cominciata proprio a Milano quattro anni prima, nell'anno IV dell'era fascista. La notte tra il 2 e il 3 agosto 1926 migliaia di milanesi rimasero al balcone non solo per il caldo. «Lo stridore delle fiamme ossidriche sugli aghi e sui cuori degli scambi (in numero di 310)» raccontava il quotidiano «La Sera», «il battere della mazza di ferro sui bulloni delle rotaie, il rotolare delle scale-porta per invertire la disposizione dei cartelli di fermata, il brusio dei curiosi che si son fermati a frotte ad ammirare quello spettacolo gratuito, non hanno lasciato chiudere occhio a coloro che hanno la disgrazia di abitare nel centro.» (In centro, con le finestre sulla strada, abitavano piccoloborghesi, negozianti e operai: i bei nomi aristocratici e industriali vivevano protetti nei loro grandi parchi interni ruscellanti di silenziose fontanelle o nelle prime, stravaganti, ville fuori porta.) L'ordine era venuto da Roma, direttamente da Mussolini: dall'alba del 3 agosto tutti i veicoli milanesi che fino ad allora avevano circolato a sinistra dovevano passare a destra. «Milano non è una cavia sulla quale sperimentare idee balzane», protestò il direttore dell'azienda tramviaria e si dimise dal posto che teneva dal 1898. Alle 4 del mattino del 3 agosto, 41 convogli di tram tentarono la nuova direzione di marcia per non lasciarla più. La scritta «Veicoli a destra» venne apposta all'inizio di ogni strada e lì rimase finché i cartelli arrugginirono. Come nel resto d'Italia.

Nel novembre dello stesso anno un'altra «idea balzana» da applicare a Milano prima che altrove: via da piazza del Duomo i capolinea di tutti i tram cittadini. Con i vecchi milanesi offesi e disorientati, «Il Secolo» fu severo: «L'orribile giostra che aveva fatto di Milano un paese intorno al Duomo e alla Galleria era frutto di un inveterato abito mentale». In cronaca, in poche righe, la notizia che il signor Ernesto Lesmo, «non apprezzando evidentemente i vantaggi della riforma» prima tenta di buttarsi dalle guglie del Duomo, poi «impazzisce per il dolore».

Altri tre mesi, febbraio 1927, e compaiono sui binari i primi tram a otto ruote, più larghi di venti centimetri: una novità che avrebbe interessato solo i patiti della meccanica se il bigliettaio, dall'ingresso, non fosse stato spostato a metà vettura e poi di nuovo più indietro, quindi ancora più avanti con serio imbarazzo dei passeggeri timorosi di dover pagare la multa per non aver fatto il biglietto in tempo, prima di guadagnare l'uscita. Intanto venivano eliminati gli antesignani degli autobus, i semoventi ad accumulatori elettrici, gli elettromobili color bianco opaco, con ruote gommate dure, che erano stati inaugurati nell'anno stesso della marcia su Roma, il 1922, e accolti assai peggio per il loro aspetto funereo nonostante la tinta. Li fabbricava la ditta Rognini & Balbo: la gente lo sapeva perché questa era l'unica scritta che compariva vistosa sul tetto, al posto della pubblicità Campari. Già nel 1925 erano stati in parte soppiantati dai primi veri autobus a benzina colorati di blu, rumorosissimi, dal muso mostruosamente sporgente e alto, i parafanghi protesi come artigli; nel 1927-1928, votati dalla nascita alla tetraggine e alla lentezza, gli ultimi elettromobili furono ridipinti di nero e sponsorizzati dal comune per il trasporto gratuito dei morti al cimitero. Nemmeno in questo ruolo ottennero un po' di comprensione da parte dei cittadini. Il tradizionale nome consolatorio che i milanesi avevano inventato per il tram dei morti, «La Gioconda», agli elettromobili fu negato.

Nel 1929, rivoluzione cromatica nazionale. Fino ad allora ogni città aveva colorato i tram e i taxi secondo il proprio gusto, come i vetturini le carrozze e i finimenti del cavallo. Dominavano il rosso, il giallo paglierino, il giallo crema, il bianco, il caffelatte, il blu. Entro la fine del 1929 tutti i parchi tramviari diventarono verde bandiera nella parte inferiore e verde veronese nella parte superiore. Verdi col tetto nero i taxi. E nel 1930, a Milano San Siro, il pubblico rogo del vecchiume ripreso dal cinegiornale.

Demolizioni e sventramenti, nell'Italia di allora, facevano spettacolo come le inaugurazioni. Per distruggere gli ormai superati tram Edison a due assi sarebbe bastata la fiamma ossidrica, un lavoro discreto all'interno dell'officina. Il direttore dell'officina, certo Buraschi soprannominato Alberto da Giussano, che era stato anche l'ideatore del modello Edison, chiese per iscritto di risparmiare ai milanesi e ai dipendenti dell'azienda la teatrale messinscena. Gli fu risposto che «per ordine superiore» i vecchi tram dovevano essere distrutti «in neroniano rogo», in luogo aperto e pubblico, «con preavviso alla popolazione».

Incatenati l'uno all'altro, trascinati verso il supplizio fino al muro esterno dell'ippodromo di San Siro, irrorati di petrolio e circondati da barili incendiati che alimentassero la fiammata, i vecchi tram gialli morirono tra sfrigolii di grasso rappreso, schiocchi di bolle di vernice, schianti di legno di noce, mostrando sempre più lo scheletro arroventato. Qualche chioma di ippocastano prese fuoco insieme a loro.

Tersilla Rinoldi, allora quindicenne, capì d'essere in ritardo quando le gote cominciarono a scottarle. Nel correre verso casa si meravigliò che il tanfo del fumo la inseguisse anche lontano dal rogo. Ne aveva i capelli pregni. Così non inventò bugie e la padrona la prese a schiaffi: «Il resto quando torna il padrone». Era normale punire la serva con qualche schiaffo; altrettanto normale che la colpevole non si mettesse a piangere sul lavoro. Qualsiasi difesa verbale veniva interrotta dall'ordine «Non rispondere!» che sottintendeva «male», ma non occorreva dirlo perché tutto sarebbe stato preso per male. Tersilla ricorda che la signora tolse i pacchetti dalla borsa della spesa e li annusò a uno a uno prima di sbatterli sul marmo del tavolo di cucina. Puzzavano di petrolio bruciato come i capelli. «Mi hanno fatto saltare pranzo e cena; ma la mia paura era che non mi mandassero più a fare la spesa.»

Per una giovane serva la spesa era la vacanza quotidiana dal servaggio, un riconoscimento di fatto della sua intelligenza e della meritata fiducia. Toccava a lei scegliere la qualità delle verdure e della frutta, annusare la fragranza del pane, controllare il peso attraverso l'inclinazione della stadera e fermare la mano del negoziante se manovrava troppo in fretta il contrappeso. Doveva controllare cifra per cifra il conto scarabocchiato dal venditore sulla carta straccia con la grossa matita a sezione ovale fatta apposta per essere sistemata dietro l'orecchio. Spesso non sapeva leggere, ma le operazioni elementari sì, le sapeva. Infine trattava lo sconto. Nonostante le leggi del prezzo fisso e del calmiere («Al Calmiere» si intitolavano le botteghe di generi vari, non alimentari, che fin dalla facciata promettevano il rispetto dei prezzi indicati dal regime) il tira e molla dello sconto si perpetuava con accanimento, e finiva per sancire un rapporto d'amicizia tra negoziante e cliente. La padrona sapeva quale fosse lo sconto praticato a lei da un certo bottegaio, ma le serve più sapienti riuscivano a ottenerne uno maggiore e intascavano la differenza. La «cresta sulla spesa» non era un modo di dire. La signora che voleva licenziare in tronco una serva non aveva bisogno di giustificazioni, ma per raccontarlo alla vicina sentenziava «cresta sulla spesa» e, senza saperlo, raramente sbagliava. D'altronde lo aveva fatto anche lei, nei confronti del marito.

Il disordine nel commercio dei generi alimentari stimolava la furbizia delle serve più abili e alla fin fine, nonostante la cresta, giovava all'economia familiare. Le padrone preferivano servirsi in negozi dov'erano conosciute, anziché presso gli ambulanti o i carretti dei contadini. Il mercato era disdicevole, perseguitato da mosche e tafani, fangoso, affollato. Ma una serva di fiducia, con un occhio al borsellino e l'altro alla qualità della merce, prima o poi riusciva a superare la cerchia dei negozi abituali per addentrarsi nell'intrico di mercati, mercatini, bottegucce ricavate dagli scantinati, grossisti che avevano avanzato un po' di merce e sostavano a un angolo di strada prima di lasciare la città; era il labirinto del piccolo commercio che mandava in bestia gli economisti e i compilatori di statistiche. Perché, secondo le statistiche, il 92 per cento del volume globale delle vendite in Italia risultava essere in mano ai «commercianti stabili», il 4 per cento agli ambulanti e solo il resto alle cooperative e all'organizzazione «La Provvida». Ma il «volume globale delle vendite» era una risonante astrazione rispetto alla realtà ingarbugliata del piccolo commercio alimentare.

La vecchia che ogni mattina allineava le sue cassette davanti a uno stabbiolo abbandonato, poi scompariva per ricomparire in una diversa stagione, chi era? Stabile o ambulante? Su di un solo punto le statistiche concordano con la memoria: le donne che andavano a far spesa non trattavano con commessi e garzoni, semplicemente perché non esistevano. Il titolare del negozio faceva tutto da sé, al massimo aiutato da un parente. (Nel 1931, la media nazionale degli addetti a ciascun negozio alimentare era 1,7.) E soprattutto nei paesi il commercio degli alimentari veniva esercitato dalle donne (media nazionale, 40 per cento). La varietà dei prezzi, la doverosa abitudine di trattare lo sconto, l'ampia possibilità di fare la cresta sulla spesa dipendevano sia dalla mancanza di commessi, sia dalla rassegnazione delle bottegaie che ritenevano il loro mestiere di secondaria importanza nell'economia familiare, se non umiliante. «A mandare avanti molte botteghe erano donne di casa, con l'aiuto degli anziani o dei figli minori: agli uomini, compreso il titolare della piccola impresa, erano possibilmente riservate altre mansioni» (Bruno Caizzi). Città difficilmente paragonabili tra loro come Torino e Napoli erano similmente invase dagli ambulanti che facevano i prezzi a modo loro: Torino, 3600 bancarelle contro duemila negozi; Napoli, 1060 dettaglianti con negozio contro «una schiera di ambulanti così folta che riusciva impossibile contarli» (Caizzi).

Anche le signore della piccola borghesia, quelle che da poco potevano permettersi la serva, cominciarono a capire che la ricerca dell'ambulante conveniva e consentirono un po' più di tempo per la spesa. Così le serve si incontravano tra loro, potevano entrare in chiesa per un fuggitivo atto di devozione «che portava bene per tutta la giornata», talvolta salire sul tram, sull'autobus, sui primi filobus entrati in servizio nel 1935 riportando alla padrona, come prova, il «biglietto combinato» da 70 centesimi. E se non avevano voglia di pulire il pesce bastava che tornate a casa dicessero: «Signora, non l'ho preso perché aveva l'occhio bianco».

Le pescivendole o pesciaiole avanzavano spingendo carretti ricoperti di zinco e urlavano senza ritegno, più di qualsiasi altro ambulante. «Strilli come una pescivendola», si usava dire; mai «come un'ortolana». Portavano un grembiulone nero iridato di sangue e di scaglie, e scaglie e sangue avevano sulle mani e sulle braccia. Lanciavano una sfida che spesso si ritorceva contro di loro: «Che occhi donne! Guardategli gli occhi!» I pesci erano rinserrati tra sbarre di ghiaccio. All'ora delle pescivendole ambulanti – il mattino presto, prima che il sole fosse alto — circolavano anche i carri del ghiaccio. Trainati da cavalli panciuti e rintronati dalle lunghe soste, i carri gocciolanti rifornivano macellai, lattai, gelatai con negozio, qualche ristorante di lusso, i chioschi delle granatine, ma il venditore strillava lo stesso «ghiaccio!» verso le finestre casomai qualcuno si fosse arricchito al punto da comprarsi la ghiacciaia, che poi era un cassone foderato di sughero e zinco.

Con poca fortuna nonostante l'elevato prezzo della carne (9 lire al chilo nel '34, ma già 12 nel '37; più stabile il filetto, ma anche difficilmente raggiungibile, sempre sulle 17-18 lire) le pescivendole battevano anche le città lontane dal mare rifornendosi ai mercati all'ingrosso. Neppure le diete ossessivamente ripetute dal regime attraverso giornali e ricettari convinsero gli italiani dell'interno a mangiare più pesce fresco. Nel 1935 Milano inaugurò il più moderno, grande e attrezzato mercato del pesce della nazione: collegato alla ferrovia da un raccordo esclusivo, vicino alla stazione centrale e quindi accessibile, esteso su un'area di 5800 metri quadrati e dotato di 6000 metri cubi di magazzini refrigerati, vendette e continuò a vendere meno di un terzo di quello di Napoli, la metà più piccolo e sfornito di attrezzature.

Paradossalmente mangiavano più pesce i montanari dei cittadini: il merluzzo secco, che costava 2 lire e mezzo al chilo, era il piatto festivo più diffuso nelle zone più povere. In città l'unico pesce conservato degno di qualche attenzione era il tonno sott'olio, il cui prezzo, però, era di poco inferiore a quello della carne di filetto e superiore a quello del salame cotto: 14 lire al chilo il tonno normale, da 20 a 27 la ventresca.

Le serve non erano mai abbastanza consapevoli di quel che significasse, per il normale fluire della mattinata, una spesa troppo prolungata. Il rimprovero «quanto ci hai messo!» apparteneva al rituale della disciplina casalinga, ma da parte delle signore piccoloborghesi non erano parole a vanvera. Davvero temevano che la serva smarrisse il borsellino o, forse peggio, che facesse amicizia con uomini. Cucinare significava sul serio trafficare ai fornelli per due o tre ore: le verdure arrivavano fresche di terra e andavano lavate a fondo, le galline, sempre più convenienti della carne, sulle 7 lire al chilo, e i conigli, massimo 5 lire, il più delle volte si vendevano con le interiora. E, in casa, di conservabile o conservato non c'era praticamente nulla a eccezione delle conserve e delle confetture Cirio – il cui centenario coincise con la fondazione dell'impero (maggio 1936) e fu celebrato con la «vendita straordinaria e irripetibile» di una scatola da mezzo chilo a lire 2,25 – e dell'estratto Liebig, ritenuto un lusso da riservare ai convalescenti o agli ospiti di capodanno. (Al contrario, i dadi Liebig – che erano proprio piccoli cubi venduti in bicchieri di vetro o in barattoli di latta e si chiamavano «Italdado» – suscitavano la diffidenza delle signore più anziane e finivano nel brodino concesso alla serva quando pranzava da sola.)

Inoltre nessuna signora piccoloborghese si fidava delle capacità culinarie della serva, quindi sapeva di non potersi occupare d'altro finché il pranzo non fosse in stato d'avanzata cottura. Uscire prima del ritorno della serva era impossibile. A meno che non avesse superato l'età sinodale e servito nella stessa famiglia per un ventennio, la serva non aveva la chiave di casa né del portone. Benché i crimini contro la proprietà fossero estremamente rari nell'epoca di maggior efficienza del regime, una signora che avesse osato dare la chiave alla servetta non avrebbe trovato comprensione neppure tra i carabinieri.

L'orario del pranzo era poi tassativo. Soltanto gli operai e gli impiegati cittadini che lavoravano in aziende molto lontane dall'abitazione rinunciavano, nelle piccole città, al diritto di pranzare a casa. L'inesistenza del traffico, gli orari precisi dei tram, l'abitudine alla bicicletta anche tra gli anziani, le campane di mezzogiorno e le sirene assicuravano la puntualità; e la mancanza del telefono nelle abitazioni toglieva ogni possibilità di variare il programma quotidiano. Quindi, per l'una al massimo, il pranzo doveva essere in tavola. L'abitudine dei padri prefascisti che giudicavano la disciplina della famiglia dal minuto secondo in cui ci si sedeva a tavola divenne durante il fascismo un'istituzione impiegatizia, il diritto a sottrarsi alla promiscuità (relativa) della mensa e all'onta del tascapane operaio.

Nell'attesa che la serva ritornasse, la nostra signora piccoloborghese in vestaglia di panno azzurro con ricami rosa a riporto finiva di acconciarsi i capelli indecisa su come continuare a vestirsi e quando farlo. Lasciava il puf damascato e il mobile-toilette di camera da letto. Riguardava in cucina il memorandum di latta appeso al muro accanto alla credenza sovrastato dalla scritta «Cosa manca oggi?». Era un oggetto indispensabile, come il libro dei conti sul quale trascrivere, appena la serva fosse ritornata, le somme del droghiere e del verduriere.

Il «Cosa manca oggi?» aveva il valore perentorio di uno scadenzario e, nello stesso tempo, avvertiva degli eccessi di consumo. Era un riquadro con le voci essenziali e inessenziali per una dispensa morigerata: pane, burro, vino, latte, uova, carne, salumi, cereali, verdure, riso, pasta, aceto, olio, fiammiferi, farina, polenta, zucchero, sale e in fondo, a sottolinearne la superfluità, spezie: ripartite in noce moscata, zafferano, peperoncino, origano eccetera. All'esterno del riquadro, su minuscole cerniere di latta, ruotavano freccette triangolari con una faccia bianca e l'altra rossa. Rigirando la faccia rossa verso la voce corrispondente si indicava appunto cosa mancava in casa, e più erano le freccette, più la signora era ansiosa di controllare sui conti se aveva azzeccato il preventivo di spesa calcolato nel dare il denaro contato alla serva ma programmato già all'inizio della settimana.

Anche se costrette a uscire prima di mezzogiorno, le oculate signore della piccola borghesia terminavano di vestirsi solo all'ultimo momento. L'aiuto che davano in cucina era incompatibile non tanto con l'abito da passeggio – che poi, nella buona stagione, si riduceva a un «tailleurino», oppure a una giacchetta stretta in vita e corta sui fianchi con le mezze maniche o addirittura a un vestitino stampato guarnito da jabod fantasia – quanto con i bustini, i corsetti, i pagliaccetti, i reggicalze: tutte mercanzie che il regime ufficialmente aborriva perché fatue e poco confacenti alle pinguedini postmaterne, ma che le mogli degli impiegati negli anni Trenta avevano maliziosamente riscoperto a corredo delle nuove calze velate in seta e raion.

A differenza degli uomini, le signore portavano la distinzione di classe sotto la gonna. E questo costava sacrifici in denaro che non potevano finire sprecati tra gli odori e le lordure della cucina. Nel 1939 l'elegante «corsetto marca Bernè, resistente e fine traliccio damascato, fianchi d'elastico, reggipetto di fine pizzo» costava cento lire secche; le «mutandine con reggicalze unito, fine e resistente pizzo rosa o celeste, reggicalze Lastex» andavano sulle 40 lire e oltre; uno straccetto di pagliaccetto in raion 16 lire. I colori esposti in vetrina erano invariabilmente il rosa e il celeste, essendo il nero ritenuto peccaminoso e forse anche blasfemo nei confronti del regime se così adoperato; ma le signore conoscevano per intuito il potere seducente del nero e, dentro il negozio, trovavano ciò che cercavano. A prezzi superiori.

Poche italiane in quell'epoca erano o apparivano veramente belle: esserlo, d'altronde, non era un titolo di merito per il regime che scambiava l'avvenenza con la leggerezza e quindi con una scarsa vocazione matrimoniale e ancor minore propensione a maternità precoci e ripetute; non lo era neppure agli occhi dei fidanzati e dei futuri suoceri, sospettosi delle eccezioni in un popolo femminile che non conosceva la cosmesi e solo dopo il matrimonio usava un po' di rossetto. Ma forse, proprio perché generalmente bruttine all'esterno, le signore curavano la segreta seduzione della biancheria assai più di quanto avrebbero fatto in seguito. Raramente esaltato dagli abiti cuciti in casa o dalla sarta, il corpo doveva rivelare sinuosità e giuste abbondanze sotto la sottoveste, e la sottoveste era allora la vera, trionfale divisa della seduzione.

Corte negli anni Venti, più lunghe negli anni Trenta, poi cortissime nel Quaranta, le gonne non fasciavano i fianchi delle signore. L'immagine così ben conosciuta delle donnine disegnate da Barbara o da Walter Molino per «Grandi firme», «Il Travaso» e il «Bertoldo» – gambe lunghissime e polpacciute, glutei che la stoffa non riusciva a mortificare – non aveva reali rispondenze nei ceti medi tranne che in un particolare: l'ineffabile provocazione della riga delle calze. Comunque vestissero, quelle donne disegnate avevano irresistibili polpacci solcati dalle righe delle calze. L'intelligenza femminile colse l'essenzialità del messaggio: la sottile nervatura nera emergente dal rinforzo, che in breve smise di essere strumentalmente tozzo per prendere slancio verso l'alto, fungeva da suggerimento a indovinare segrete cose non sempre eccellenti come doni naturali ma ben avvolte nei bustini, nei corsetti, nelle mutandine raffinate a calzoncino scampanato con l'orlo a ricami. Si fa presto a obiettare che tutte le calze erano così, quindi non c'era secondo fine. Le calze delle serve parevano di tela o di lana e comunque sia la riga naufragava nell'opaco color caffelatte; quelle delle donne fasciste in divisa erano bianche o grigiastre; le calze velate erano sconsigliate alle ragazze in genere e quasi sempre proibite dalla disciplina scolastica. La canzone sfacciatella «A chi piaccion gli occhi neri/ a chi piaccion gli occhi blu: ma le gambe, ma le gambe/ a me piacciono di più» furoreggiò in quegli anni e, salvo confutazioni, fu l'unica mai dedicata a questa parte del corpo femminile.

Il reggicalze che qualche decennio prima era del tutto sconosciuto e agli albori del fascismo consisteva solo in una cinturina d'elastico con due fibbie ciondolanti, negli anni imperiali si perfezionò, divenne lezioso e prezioso, trasparente o trapunto «di resistente pizzo rosa, fodera in tulle, guarnizione in nastro di raso, a richiesta anche in nero, lire 12,50» presso i magazzini La Rinascente.

Le calze femminili degli anni Trenta dovettero la loro gloria alla trasparentissima velatura e all'effimera fragilità per cui gli uomini pensavano che non avessero altra utilità se non quella di far notare di più le gambe. La rudimentale pubblicità dell'epoca aiutò: tra inserzioni di magnesia bisurata, conserve, ernie senza operazione (Super Neobarrere), quelle delle gambe calzate furono le più accattivanti e le sole vagamente erotiche. Lo sapevano i ragazzi, ma ancor più le signore che non rinunciarono all'occasione di sperimentare un linguaggio sempre oscillante tra il pratico e l'equivoco. «Devo tirarmi su le calze», sussurrava l'amica all'amica, ma se lo diceva in presenza di un amico già superava, intenzionalmente, i limiti dell'amicizia. Compiere l'operazione in pubblico era consentito soltanto alle attrici nei film: anche le provocatrici di professione avevano la prudenza di farsi seguire fino in un portone prima di agire. Indipendentemente dalla lunghezza della gonna le calze avevano un ruolo particolare e autonomo negli approcci; la domanda: «Com'è la riga, dritta o storta?» concludeva incontri clandestini, ma poteva anche esserne la premessa. «Mi hai rotto una calza» talvolta era un addio.

Nell'inferno della guerra, ancor prima che una riserva di calze di seta fosse assegnata in dotazione ai soldati occupanti per ottenere facili amori e informazioni, le signore della piccola borghesia accolsero l'invito geniale di chi mise sul mercato il necessario per la «fintacalza»: una tintura da spalmare fino alle cosce e una matita a carboncino per disegnare lungo il polpaccio la riga. Sarebbe stata una trionfale soluzione per quanti, soprattutto maschilisti ma anche beghini e moralisti, avevano sostenuto che le calze servivano soltanto a far vedere le gambe.

La paura di smagliare le calze era vera, costante e malamente vissuta proprio perché le signore piccoloborghesi sapevano di far ricadere sull'economia domestica una spesa dedicata a ben figurare fuori di casa. Perciò non infilavano le calze se non un minuto prima di uscire. Ma talvolta anche questa preoccupazione dava luogo a un gesto equivocabile. Una signora che in tram, seduta accanto a un viaggiatore, d'un tratto si umettava un dito e lo passava dal collo del piede fino a un punto del ginocchio, quale messaggio intendeva trasmettere? Il gesto, abituale, poteva avere la più ovvia delle giustificazioni: la saliva era il provvisorio collante per arrestare il corso di un'invisibile smagliatura (non ci si poteva portare dietro il bianco d'uovo o il barattolo della colla cocoina, i rimedi più diffusi). Ma tant'è, quella lunga, attenta, lentissima carezza del dito umettato diventava argomento di conversazione. Non foss'altro che sul costo della vita, per cominciare.

Per riserbo, gli uomini non avrebbero mai regalato alla signora corteggiata un paio di calze. Non ne conoscevano il prezzo, che viceversa era argomento di serrate confidenze tra donne. Con 10 lire si comprava un paio di Bemberg oro che, nonostante l'aurea marca, erano quelle delle serve vestite da festa e delle studentesse che più di tanto non potevano spendere. Le signore con meno velleità usavano quelle col «rinforzo indemagliabile» da 15 lire, ma la vera «calza per signora, seta pura, velatissima, tipo finissimo, speciale per passeggio» saliva a 22, più del «tipo speciale per sera» che si barcamenava tra le 18 e le 20 lire.

Nella primavera del 1936, in fortuita coincidenza con la conquista dell'impero, la ditta Noemi lanciò l'idea della calza italianissima ispirata alla massima valorizzazione estetica della cucitura arditamente portata sul davanti. La campagna pubblicitaria mostrava un paio di gambe accavallate, ginocchia molto arrotondate, con un drappeggio di gonna sollevata fino all'inguine che lasciava scorgere sulla coscia sinistra il fermaglio del reggicalze. «Cucitura anteriore, avanguardia della moda», diceva lo slogan principale, e i dettagli illustravano: «La cucitura sul davanti accomuna l'estetica alla praticità. Non si gira. Non si smaglia. Snellisce la gamba. Assottiglia la caviglia». Non fu una trovata di successo. La garanzia «non si smaglia» non bastò a compensare lo sfondone psicologico della «cucitura anteriore» che vanificava tanti pretesti per osservare le signore di spalle. Quel tipo di calze Noemi restò invenduto; l'ansia delle smagliature rimase.

«Non era accettabile, non era decente che una signora girasse con le calze rotte. D'altra parte un paio di calze di seta costava caro e almeno le prime smagliature bisognava provvedere ad aggiustarle», testimonia la piccola italiana di allora. «Si prendevano un ago e un uncinetto, ci si sedeva accavallando le gambe e sistemando la gonna sotto il sedere in modo che stesse rigida e tesa sul ginocchio più alto. Si fissava con l'ago la calza alla stoffa della sottana, tesa sul ginocchio, nel punto in cui iniziava la smagliatura. Si introduceva infine la mano sinistra nella calza, allargandola, e, con la destra fornita dell'uncinetto, si rifacevano i punti, uno dopo l'altro fino a richiudere tutta la smagliatura che veniva poi ricucita alla parte sana. Per un lavoro del genere occorreva mezz'ora, più spesso un'ora buona. A volte, quando le smagliature erano parecchie, se ne andavano anche due o tre ore... Esistevano in certi vicoli bui delle botteghe minuscole dove delle vecchie mezze orbe, aiutate da lenti enormi e da una lampada a riflettore, aggiustavano le calze a un tanto al filo, cioè alla smagliatura.»

Un paio di calze perdutamente smagliate incideva sul bilancio familiare quanto sei chili di pasta (poco più di 3 lire al chilo), assai più di quanta ne mangiasse in un mese una famiglia media operaia o impiegatizia di livello inferiore, l'equivalente del consumo mensile di pasta in una famiglia piccoloborghese con due figli. Questi erano i conti della serva nei quali le casalinghe si smarrivano.

Le freccette rosse del «Cosa manca oggi?» venivano rigirate via via che la servetta allineava sul tavolo gli acquisti e la signora segnava i prezzi sul libro di casa. Pane (alla vigilia della conquista dell'impero), 1,60 lire al chilo; riso, 2 lire e qualche centesimo; polenta, 1,17; farina bianca, 2,60; patate, 60 centesimi; uova, 4 centesimi l'una; olio, 6 lire al litro; burro, poco più di una lira l'etto; un cavolfiore, lire 1,80; un mazzo di foglie di cicoria, 12 centesimi; un chilo di cipolle, 80 centesimi; coste di bietola, 1 lira e 20; lardo, 8 centesimi l'etto; strutto, 6; carne di maiale, da 10 a 13 lire al chilo; carne bovina di seconda scelta, detta «polpa famiglia», 7 lire; carne di cavallo da lessare, 3 lire (filetto di cavallo, 12); trippa, da 4 a 6 lire; vino comune da pasto, 1,80 al litro; zucchero, da 6 a 7 lire; lenticchie secche, 3 lire al chilo come i fagioli; mezzo chilo di salsa di pomodoro in scatola, 1 lira e 60; vero caffè tostato in grani, 3 lire e 3 centesimi l'etto; surrogato di caffè (cicoria), 1 lira e 50 centesimi; un chilo di mele, da 1 lira e 60 in su; un chilo di uva bianca sulle 2 lire con fortissime oscillazioni secondo le stagioni e un netto ribasso durante la «Festa dell'uva», festa di regime. Venti centesimi gli zolfanelli per accendere la cucina.

Questi prezzi si riferiscono ai generi alimentari più diffusi negli strati sociali mediobassi, la vera base del consenso al regime, quelli che vissero con più emozione, e soprattutto con maggior ottimismo, la conquista dell'Etiopia e dettero minor peso al blocco delle importazioni conseguente alle sanzioni internazionali contro l'Italia. Ma dal 1936 in poi i prezzi degli alimentari, toccato il punto più basso nel 1934-1935, cominciarono a salire senza rimedio e la qualità della merce a peggiorare. Nel 1940 il pane era già a 2,70 al chilo, la carne abituale a 15 lire e più. Il «Canto delle controsanzioni» che qualche maestra più eccitata delle altre pretese d'insegnare ai bambini scomparve quasi subito dai cori e dalla memoria: «La patata e il pomodoro/ hanno tanta vitamina!/ Noi cantiamo lieti in coro:/ "L'Inghilterra non ci mina"./ Pane e sale, riso e pasta/ erba e frutta, cacio e vino;/ ecco quanto in Patria basta/ per il sobrio bocconcino».

Esistono statistiche internazionali – una, per esempio, è del Bureau International du Travail del 1937 – che pretendono di descrivere il vitto di una famiglia media piccoloborghese e operaia: «Pane e poco companatico a colazione; minestra abbastanza lunga a mezzogiorno; pane e polenta la sera, con companatico il meno costoso (baccalà o simili)». Se dalle statistiche e dalle medie passiamo però alle testimonianze ci accorgiamo che un vitto così miserando era solo quello dei ceti più umili e abbandonati a se stessi. Nel 1935 un bracciante guadagnava al massimo 9 lire al giorno e nella sua memoria c'è il buio della fame nera. Ricorda appetiti insoddisfatti, ma non crampi allo stomaco, l'ex studente pendolare di un istituto tecnico in Toscana il quale, non potendo tornare a casa a mezzogiorno, aveva convenuto una sorta di mezza pensione meridiana con una famiglia di città: «Cucinavano la pastasciutta due volte la settimana; gli altri giorni minestra. A me toccava solo il primo piatto, minestra o pasta, e per pietanza compravo fichi secchi. Costavano 2 lire, 2 lire e mezzo al chilo. La domenica mangiavamo carne, quasi sempre di montone, e molta polenta, farinate, formaggio, marmellate fatte in casa. Mio padre, impiegato al municipio, guadagnava già 400 lire al mese. Il mio primo stipendio, nel 1938, come primo applicato alla segreteria del Comune, fu di 180 lire». Da trecento a quattrocento lire oscillavano i salari degli operai specializzati; ottocento lire spettavano a un impiegato di alto livello laureato, da mille in su era lo stipendio di un capufficio avviato alla carriera dirigenziale nel settore dell'industria. Ranuccio Bianchi Bandinelli, intellettuale antifascista (poi comunista), proprietario terriero, deplorava che il proprio bilancio familiare esigesse non meno di duemila lire al mese. Un accademico d'Italia, un «immortale» della cultura fascista, toccava la vetta delle tremila lire. La stessa somma spettava agli ufficiali di carriera nell'esercito.

Il fatto è che nessun paragone si può seriamente stabilire tra le abitudini alimentari di oggi e quelle di ieri. Le pressanti raccomandazioni alla frugalità, gli argomenti usati dai dietisti per limitare il consumo della pasta e aumentare quello del riso che sovrabbondava, il principio sovrano per cui «si muore più facilmente di indigestione che di fame», avevano un valore più consolatorio che didattico, calavano su di una realtà sociale che già considerava il vitto una conquista difficile e la voracità una colpa. Fino alle soglie della borghesia medioalta la virtù di una sposa non era nella capacità di saper cucinare bene, ma di farlo con poco o pochissimo. Ai bambini si insegnava il potere nutritivo dei torsoli. Agli impiegati le riviste aziendali raccomandavano: «Poca carne sempre: essa costa molto e vale modestamente per le necessità del corpo. Ottanta, cento grammi di carne al giorno sono più che sufficienti. E sempre si ricordi che latte e cacio costituiscono un cibo che è più carne della stessa carne, e se questo principio fosse bene radicato avremmo finito di considerare il cacio come un complemento dell'alimentazione, mentre questo derivato del latte ha tutti i diritti di essere considerato come un elemento basale superiore per molti lati alla carne».

Correvano suggerimenti dettagliati più rivelatori delle statistiche: «Perché una facile valutazione sia offerta a tutti basta ricordare che una alimentazione che fornisca al mattino cc. 250 di latte con poco zucchero e con un piccolo pane, a mezzodì 70-80 grammi di cacio con un pane di medio formato e poco più di duecento grammi di frutta, e alla sera una buona minestra con 75-90 grammi di riso, un poco di condimento, un po' (60 grammi) di carne e di ortaggi, poca frutta e un paio di pagnottelle comuni coll'aggiunta di un bicchiere di vino, è sempre tale da fornire oltre 2600 calorie. Il che, nella massima parte dei casi, è sufficiente per le necessità organiche individuali». Chi si adeguava forzatamente a questi menù di certo non aveva modo di comprare i giornali che li pubblicavano; chi li leggeva tentava di prenderne le distanze misurandole con la propria posizione sociale, ma la qualità della cucina aveva sempre il sopravvento sui contenuti calorici. Con o senza l'aiuto della serva, dedicare molto tempo alla cucina era, fino a un certo livello, segno di distinzione, di devozione borghese alla famiglia, di dignità femminile.

Eliminate dalla carriera scolastica superiore a suon di decreti legge, respinte dagli impieghi di concetto, scoraggiate negli studi perché non avrebbero potuto essere assunte come dottoresse negli ospedali né come insegnanti nei licei (tranne che per l'italiano e il latino), comunque sia retribuite molto meno degli uomini e sempre costrette a lavori di second'ordine e dal 1938 licenziate dagli uffici pubblici e privati se il loro numero superava il dieci per cento di quello degli uomini, le donne piccoloborghesi non potevano contribuire alla spesa quotidiana se non valorizzando con l'abilità, il tempo e la fantasia i prodotti acquistati. Tra loro e la serva si aggirava la più suasiva delle suggeritrici, l'interprete somma del pensiero femminile piccoloborghese in epoca imperiale, la dispensiera di consigli pratici forse più popolare del secolo. Si chiamava Amalia Moretti Foggia, nata a Mantova nel 1872, laureata in medicina, conosciuta attraverso due pseudonimi altrettanto celebri: uno maschile, Dottor Amal; l'altro femminile, Petronilla. «Oh quanto sono felice io, allorché debbo (e sia pure alla svelta) ammannire una colazioncina od un pranzettino per degnamente ospitare cari amici, o festeggiare noi stessi... così... in famiglia. Godete anche voi, amichette mie, quando dovete pur far qualche strappo al monotono tran tran quotidiano? Forse alcuna fra voi, no? Non gode? E... non gode l'una perché, timida, non osa? Non gode l'altra, perché, un po' ignara di cucina, non sa? Non gode questa, perché, pigra, non vuole più dell'usato starsene in cucina a spignattare? Non gode quella, perché, troppo saggia, pensa ai tanti soldi che se ne vanno per un pranzo, non pensando però che la vita familiare viene resa sempre più gioconda, lieta e bella anche... da qualche non saggia spesa? Ebbene; incurante delle pigre e delle troppo sagge, voglio dire alle amichette mie, che non osano o non sanno, quali pietanze io prepari; e per ognuna delle portate citerò anche non uno, ma vari dei miei piatti, affinché sia così facile scegliere quello che risponda alle possibilità del borsellino (non troppo provvisto quando la fine mese si avvicina...).

«Purché nella cucina nulla manchi né difetti di ciò ch'è comodo, utile, necessario, indispensabile in ogni cucina nella quale si vogliano ammannire certi piattini! Purché non difettino, cioè, pignatte; casseruole; tegami; e terraglie di varie forme e dimensioni; e nemmeno forchettoni; mestoli (si dovrebbe dire ramaioli); setacci; coltellacci; coltellini (sì, utili per ripulire le verdure); e cucchiai di legno (anzi... uno per i dolci, uno per le carni, ed uno per il pesce). Purché non manchino stampi (di latta o di rame) per bodini; almeno una tortiera di rame e un tegame di terraglia che sopporti il forno e sia degno di venir presentato in tavola; e nemmeno quei piccoli istrumenti che alleggeriscono la fatica e fan risparmiare un... mucchio di tempo. Purché non manchino cioè il colapasta; la mezzaluna; il tritatutto; la piccola grattugia riservata a certe droghe da tener lontana dalla sua sorella riservata al formaggio parmigiano; il frullino per battere torli; la spirale di elastico di ferro per montar gli albumi a neve; lo sbattitore per far della liquida panna un sodo lattemiele; e il mattarello e la rotella, per spianare e ritagliar la sfoglia.

«Purché non manchino il mortaio di marmo con il suo pestello per pestarvi il pesto e le mandorle; la bilancia indispensabile a far liquori, sciroppi, molti dolci e certi piatti; il forno – e sia pur un modesto forno da campagna, uno di quei forni che si riscaldano su fiamme a gas o sui carboni, e che ci emancipano, così, dal forno del fornaio, e liberano dalla noia di cucinare torte fra le bragi. E purché non manchi, infine, l'orologio, un grosso orologio che dica: "Ora devi togliere dal fuoco la pignatta"; o che avverta: "Al piatto che stai cucinando ora devi aggiungere i pomidoro".»

Il brano di Petronilla è del 1937. La cucina da lei descritta era quella dei ceti mediobassi. L'armamentario elencato dalla scrittrice alle sue «amichette» si conservava nella credenza a vetri e in un grande armadio di legno laccato oppure veniva appeso al muro. Gli attrezzi «indispensabili» si compravano negli empori ma soprattutto al mercato. La bilancia era a due piatti, con la serie completa di pesi inserita in un blocco di legno. Petronilla pubblicava le sue ricette e i suoi consigli medici (firmati Dottor Amal) sulla «Domenica del Corriere» che usciva al lunedì. Le signore ritagliavano le ricette per incollarle settimanalmente su un quaderno da scuola. Sulle più laboriose scrivevano «sabato» o «domenica».

V

L'ITALIA VA AL LAVORO

Alle ore 13 del 22 giugno 1935, anno XIII, le sirene delle fabbriche, gli orologi a pendolo degli uffici e le campane annunciarono l'inizio del primo Sabato fascista. Da quel momento la vacanza settimanale degli italiani si prolungò di un pomeriggio. Per la verità lo spirito del regio decreto numero 1010 non era festaiolo: il sabato fascista non andava confuso con quello adottato in altri paesi come la Gran Bretagna «per riposo e conforto», bensì doveva essere amministrato dalle organizzazioni del partito e dedicato alle «attività di carattere addestrativo premilitare e postmilitare e altre di tipo politico, professionale, culturale e sportivo». Tuttavia gli italiani apprezzarono la giornata semifestiva, e come si riservassero di interpretare lo spirito della legge è dimostrato dall'ostinazione con la quale continuarono a chiamare «sabato inglese» la nuova festività del regime.

«In ogni ufficio, in ogni fabbrica, in ogni cantiere», ricordava Emilio Radius, «c'erano rappresentanti del partito o fascisti di "provata fede". Il lavoro ne era un po' complicato, ma non ostacolato gravemente. I fascisti, inesperti nei primi anni, ebbero sempre soggezione della competenza altrui. I tecnici più bravi potevano, se non altro, astrarre dal fascismo, il quale gravava di più, appunto, sui non qualificati, su quanti conoscevano male il mestiere. Il lavoro insomma era un'evasione dal fascismo, e un'evasione giustificata. Il fascismo aveva il culto del lavoro. Era costretto ad ammettere anche sacerdoti non fascisti. Nelle cerimonie di inaugurazione si vedevano accanto ai fascisti in divisa e a sottofascisti in semplice camicia nera, signori vestiti come prima del 1922 più che mai in borghese: i tecnici, i veri dirigenti, coloro che operavano e non parlavano... L'uscita degli operai dalla fabbrica non aveva nulla di fascista; l'uscita degli impiegati dagli uffici, ben poco; il ritorno dei contadini dai campi era quello di sempre.»

Per i contadini continuò ad essere così anche dopo quel sabato 22 giugno 1935. Gli operai e gli impiegati iscritti al partito, invece, almeno nei primi tempi, presero l'abitudine di indossare la divisa o la camicia nera fin dal mattino della giornata semifestiva. Era soprattutto un modo di dimostrare ai colleghi politicamente più severi che l'intenzione di partecipare alle attività fasciste del pomeriggio ce l'avevano. L'ambiente di lavoro ne fu turbato, almeno per quel giorno della settimana. Divenne più difficile sacrificare le convinzioni politiche all'efficienza lavorativa. La tacita complicità tra fascisti di provata fede, fascisti opportunisti e non fascisti, che di fatto regnava sui luoghi di lavoro, fu più imbarazzante tra persone in divisa, in camicia nera e in borghese. Nella stragrande maggioranza gli operai non erano mai stati fascisti convinti anche se aderenti, per ovvi motivi – e non solo per rassegnato opportunismo – ai sindacati fascisti; ma gli anziani inarrendevoli videro con amarezza e sordo rancore i più giovani in camicia nera eccitati all'idea di svolgere al sabato pomeriggio quelle attività sportive che il regime controllava ma anche garantiva.

Dal giugno del '35, dunque, il sabato davvero fu diverso dagli altri giorni: alla salda disciplina del lavoro se ne sovrappose un'altra, più discutibile e di minor tradizione, quindi destinata ad essere presa molto più alla leggera. La divisa fin dal mattino minacciò di rimescolare gerarchie civili stabilite fin dall'inizio della rivoluzione industriale; fu un po' come l'abito della festa che, la domenica, poteva anche far assomigliare l'impiegato all'operaio specializzato, approfondendo se mai le distanze tra i veri ricchi e i disperatamente poveri. Un po' per queste ragioni, un po' per lo stato d'animo prefestivo, al sabato mattina si cominciò a lavorare di meno, a chiacchierare di più, a prendersi delle libertà inconcepibili negli altri giorni. Al sabato si videro i primi impiegati aprire il giornale tra mezzogiorno e l'una: quelli in divisa «Il Popolo d'Italia», organo del partito («fondatore Benito Mussolini», c'era scritto sotto la testata), che gli altri giorni solo pochissimi compravano.

Nelle fabbriche e nelle officine la sproporzione numerica tra operai e impiegati era abissale, inconcepibile oggi. Nello stabilimento Bianchi di Milano (biciclette e motociclette), gli operai erano 1400 e gli impiegati, nessuno dei quali laureato, una decina al massimo. Il direttore era un perito industriale. Nella piccola industria il rapporto operai-impiegati era in media di cento a due. I dirigenti industriali così qualificati assommavano, in tutta Italia, a qualche migliaio, riservati alla grande industria. Più che di fabbrica o di officina si parlava di stabilimento, vocabolo dal peso plumbeo, dal suono grigio, che riecheggiava la tetraggine faticosa degli ambienti di lavoro. Lo stabilimento, nato e sviluppatosi quasi sempre a macchia d'olio, capannoni aggiunti a capannoni, riproduceva nella struttura la sproporzione tra la folla operaia e il minuscolo gruppetto di impiegati. In mezzo ai capannoni o a capo di essi sorgeva una palazzina grigia, con le poche finestre protette da inferriate, un portoncino a due ante sempre mal ridipinto di verde o di marrone sul quale una targa di smalto bianco, non più grande di una busta, portava il nome della ditta e la scritta «Uffici». Al capo officina toccava, di solito, lo scantinato che era anche il magazzino degli strumenti più delicati.

Anche in una industria mediopiccola di questo tipo, il fragore delle presse a vapore e delle mazze ferrate sulle lamiere costringeva gli operai a urlare e gli impiegati a tenere le finestre chiuse; né gli uni né gli altri conservavano a lungo i timpani intatti: i clangori, i rimbombi, i sibili, gli urli riecheggiavano nelle vie d'intorno, sovrastavano lo scampanio dei tram, penetravano nelle case sulle cui finestre si depositava ogni giorno il nerofumo delle ciminiere e la polvere di ruggine. Gli stabilimenti erano in città. «Giù il cappello», si diceva, «davanti all'Italia che produce.»

«Più tardi, nel pieno della guerra, le fabbriche sarebbero state militarizzate e la disciplina amministrata dai tribunali militari. Un'assenza ingiustificata, sei mesi di galera. Ma in realtà, militarizzati lo eravamo sempre stati», ricorda Mauro Betti, che lavorava alla Bianchi di Milano. «Gli operai erano i soldati, gli impiegati bassa ufficialanza, il capufficio colonnello. E le otto ore di lavoro quotidiane una battaglia durante la quale era impensabile distrarsi.»

Gli impiegati non lavoravano meno intensamente degli operai; né il pericolo di essere licenziati per scarso rendimento era inferiore. Gli stipendi bassi rendevano obbligatorie le ore straordinarie così come, tra gli operai, soltanto il cottimo garantiva un livello di vita tollerabile. Il cottimo era un tanto in più sulla paga base per ogni pezzo lavorato: in teoria non c'erano limiti al cottimo se non fisici; in pratica, per solidarietà di classe, per non creare eccessivi dislivelli e non mettere in cattiva luce i più deboli, gli operai di ogni officina stabilivano tra loro il massimo dei cottimi, tollerando che fosse superato solo in caso di contingenti necessità, «il matrimonio di una figlia, una malattia costosa in casa, un figlio agli studi superiori».

Per nessuna ragione, sul luogo di lavoro, un impiegato avrebbe dato del tu a un operaio anche se, per remota ipotesi, fossero stati amici di gioventù. La stessa regola valeva tra impiegati e capufficio. Il potere gerarchico di un impiegato, anche di basso livello, su di un operaio, anche molto specializzato, era superiore, di fatto, a quello di un alto dirigente di oggi. Tuttavia, rispetto all'operaio, l'impiegato aveva minori possibilità di farsi apprezzare per l'eccellenza del proprio lavoro: quindi l'orgoglio professionale era più vivo tra gli operai che tra gli impiegati. A Milano, per definire un operaio specializzato, si diceva «coi baffi» («cui barbìs») e di alcuni di loro non si è ancora perduta la memoria. «Luigi Comelli riproduceva alla fresa qualsiasi pezzo di macchina basandosi sulle quote dei disegni, lavoro che oggi riescono ad eseguire soltanto le macchine con controllo numerico.» Durante le visite ufficiali, gli ospiti venivano guidati in giro per lo stabilimento e costretti a sostare in silenziosa e perplessa ammirazione davanti ai vari Luigi Comelli «coi baffi» intenti all'opera, come fossero giocolieri e prestigiatori. Si chiedevano loro spiegazioni; ci si contentava di risposte appena accennate nelle quali l'orgoglio si camuffava da ritrosia.

I capi dell'ufficio personale erano, in grande maggioranza, ex carabinieri, ex guardie di finanza, ex militari in genere. Davanti a loro si stava quasi sugli attenti. Davano del tu agli operai, del lei agli impiegati. Imponevano che le dattilografe, pochissime, avessero sempre il grembiule nero lungo fino al polpaccio e le scarpe basse. Erano loro, gli ex carabinieri, gli ex militari, a pretendere che gli uffici, più ancora che l'officina, somigliassero a una caserma; loro a scegliere lo smalto color verdino delle pareti, a occuparsi della frequenza ai cessi, a far affiggere i cartelli con le massime: «Qui non si parla di politica», «Qui si lavora in silenzio», «Qui non si bestemmia», «Vietato sputare per terra». In ogni salottino d'attesa c'era il portaombrelli, l'attaccapanni e la sputacchiera d'alluminio decorata con la croce di Lorena, simbolo della campagna antitubercolare. I capi del personale raccoglievano le spiate, controllavano che le impiegate non portassero rossetto, che gli impiegati non tirassero fuori dalla borsa il giornale nemmeno per posarlo, ripiegato, sul tavolo. Il giornale (30 centesimi, quasi sempre quattro pagine) si comprava al mattino, si poteva portare in ufficio, ma soltanto un aspirante al licenziamento avrebbe osato guardarlo prima della fine dell'orario.

Il regime, nel 1922, aveva raccolto una piccola borghesia sostanzialmente remota dalla coscienza e persino dall'informazione politica. Non c'è dubbio che durante il ventennio una moltitudine di italiani si lasciò coinvolgere, invece, dalla politica fascista o almeno dai fasti di essa. Ma gli ex carabinieri che governavano gli uffici del personale appartenevano per età o per inclinazione propria a una cultura che non contemplava interessi politici dal basso, bensì obbedienza e dedizione alla produzione: gli interessi industriali collimavano con questi principi. Anche i discorsi del duce, quindi, andavano letti e commentati a casa, non sul lavoro. Il duce, d'altronde – ed essi lo sapevano – di quando in quando si lasciava andare a sbandamenti antipadronali pericolosi per la disciplina di fabbrica.

Non era mai vietato fumare, neppure davanti ai superiori. Le donne non lo facevano, ma per innata e doverosa modestia, per non assumere quell'aria spavalda che era prerogativa degli uomini e che, in faccia a loro, avrebbe malamente inciso sul voto di condotta aziendale, assai più severo di quello scolastico. Il fumo maschile, negli anni fascisti, non era vizio. Non era catalogato tra le virtù soltanto perché troppo diffuso. Nei salotti le signore fumavano sigarette che sapevano di paglia, le Macedonia, e altre che avevano il bocchino dorato: così dimostravano d'aver guadagnato la maturità insieme con il decoro sociale. I bambini di due-tre anni venivano iniziati al gesto del fumare con sigarette di cioccolata confezionate in pacchetti identici a quelli delle marche più note. I tabaccai vendevano minuscole pipe di legno o di celluloide con un fischietto nascosto nel camino. Le ragazze non prendevano in considerazione un coetaneo se non fumava: il fascino maschile si misurava con la quantità di brillantina solida sui capelli e l'intensità della macchia di nicotina tra l'indice e il medio. Si fumava negli ospedali, nei teatri, nelle case del fascio, sui treni: si entrava nei cimiteri e nei sacrari con la sigaretta in bocca. Mussolini aveva smesso di fumare per via dell'ulcera, ma del fatto che avesse smesso si parlava altrettanto poco che della sua ulcera. Non fumavano i preti, il che suffragava la tacita tesi fascista che fossero uomini a metà; però i cappellani militari fumavano.

I vecchi fascisti della prima ora ricordavano d'aver infilato la sigaretta tra le labbra delle loro vittime uccise, non in segno di irrisione, ma di apprezzamento perché erano morte virilmente. Gli anziani fumavano il toscano che per tutto il decennio 1930-1940 continuò a costare 80 centesimi. La pipa la fumavano soltanto vecchi contadini e vecchi operai che avevano ereditato la prima, antichissima, regola non scritta dell'igiene del fumatore di pipa: sputare il più possibile perché la saliva pregna di nicotina non danneggi il fegato.

La norma «Vietato sputare per terra», esposta non solo negli uffici ma in ogni negozio cittadino e sui mezzi pubblici, per loro non valeva. In città e negli uffici, pipe se ne vedevano pochissime: erano invise al fascismo perché troppo borghesi o, peggio, «inglesi». La sigaretta trionfava sovranamente, in pacchetti da dieci, a strati sovrapposti di cinque (solo le sigarette per signora erano in scatole piatte, di cartoncino). Le «Popolari», tra le più diffuse con le «Aoi» (Africa orientale italiana) e le «Giuba», erano contenute in sobrie confezioni di carta grigia o gialla sigillate con una linguetta. Dal 1930 al 1940 costavano 1 lira e 70, quaranta centesimi più che nel decennio precedente. La precarietà del pacchetto rendeva necessario il portasigarette, che diventò il più consueto regalo di laurea o di fidanzamento.

Il rapporto tra il prezzo di 10 sigarette di cattiva qualità e un chilo di pane (da 1,60 a 2 lire) fa pensare che il tabacco fosse un lusso sopraffino per una famiglia i cui introiti medi difficilmente bastavano a garantire un vitto abbondante: ossia per la grande maggioranza del popolo italiano. Ma la sigaretta non si fumava mai in una volta sola, e poteva durare un'intera mattinata. La cicca, ridotta a dimensioni minime grazie all'uso di uno spillo che la attraversava orizzontalmente, veniva poi disfatta nella tabacchiera di latta che tutti avevano, foss'anche ricavata da una scatola di lucido per scarpe. Un operaio non temeva la vergogna di raccattare mozziconi dal marciapiede e negli uffici; le donne delle pulizie, svuotando i portaceneri degli impiegati, garantivano il diritto di fumare ai maschi della famiglia. Il ciclo di una sigaretta si ripeteva così all'infinito e nessuno avrebbe saputo indovinare chi e quando avrebbe bruciato l'ultimo filamento di tabacco. Il commercio delle cartine per sigarette, nei quartieri popolari, era più intenso di quello delle stesse sigarette; ma si adoperavano anche striscioline di carta velina da ufficio; persino brandelli di giornale.

Gli impiegati alla scrivania spesso rinserravano la sigaretta tra le labbra senza accenderla; più per esibizione che per vizio. Tamburellare l'estremità della sigaretta sull'astuccio era un segno di sicurezza, di efficienza.

Da un certo punto in avanti gli impiegati dello stato, per i quali l'iscrizione al partito fascista divenne obbligatoria nella seconda metà degli anni Trenta, furono messi in divisa da lavoro: giacca azzurra con i gradi che indicavano la categoria e il ruolo. Le tradizionali mezze maniche nere, con l'elastico al polso e al gomito, continuarono ad apparire, però, in molti uffici privati. I tecnici inalberavano nel taschino della giacca o del gilè il regolo calcolatore: un attrezzo simile a un righello con un mirino scorrevole di celluloide. Era uno strumento prezioso, difficile da usarsi, e chi sapeva maneggiarlo bene suscitava ammirazione e riusciva a fare rapidamente i calcoli più complicati. Non molte le macchine da scrivere, poche le calcolatrici a mano Divisumma, ancora meno le mastodontiche Burroughs, macchine sia per calcolare che per scrivere.

La voce non controllata di una qualsiasi fattura costava la carriera o il licenziamento. Gli errori individuali non erano ammessi; i ritardi neppure. Chi andava al lavoro in bicicletta scrutava il fondo stradale metro per metro perché la foratura di una gomma non rientrava nei margini tollerati dell'indisciplina e i tram erano sempre puntuali. Essere convocati dal capufficio per ragioni disciplinari era l'inizio di una rovinosa decadenza. Tra gli incubi dell'impiegato aleggiava il mal di denti; i capi del personale non lo riconoscevano come malattia, per cui dal dentista si andava solo dopo l'orario. Le «cose» delle donne – in nessun altro modo si parlava delle mestruazioni, se pure si osava parlarne – suscitavano il crasso sarcasmo degli impiegati maschi che in ufficio ne annusavano l'afrore, ma nessuna comprensione. Al contrario, dichiararne la sofferenza sarebbe stato, oltre che sfacciato, un argomento probatorio in più contro il lavoro femminile. Contro i dolori mestruali c'era il Sanadon in flaconi da ben 12 lire. Si vendeva in farmacia, più come prodotto di bellezza che come medicina. «La bellezza, la grazia femminile», recitava la pubblicità del Sanadon «sono fatte di freschezza, di vivacità, di gaiezza, di gioia di vivere: il difettoso equilibrio fisico e le molestie che ne conseguono sono quindi i loro più pericolosi nemici. Le sofferenze che ogni mese torturano un così gran numero di Donne (notare la maiuscola, *N.d.r.*): mal di capo, dolori al ventre, alla schiena, alle gambe, senso di soffocazione, vertigini, crampi, creano sul volto femminile una maschera di dolore, di stanchezza, che toglie ogni freschezza, offusca ogni splendore.»

Nelle note di condotta del personale, redatte dagli ex carabinieri, un'assenza dal lavoro per dolori mestruali sarebbe stata altrettanto ingiustificata di una visita al parrucchiere. Negli uffici e nelle fabbriche, i servizi igienici delle donne erano rudimentali come quelli maschili. I pannolini non si gettavano via; erano grandi fino a 50 centimetri per 50, pesanti, soprattutto cari: una lira e mezza cadauno quelli di maglia o di cotone, 2 lire quelli di tela, 2,75 quelli di spugna vellutata. Il primo tipo usa-e-getta si chiamava «Marisa» e apparve nell'anno XVII (1939), riservato «alle signore in viaggio»: dieci pezzi, tre lire e mezzo. Le operaie se li fabbricavano da sole, con brandelli di tela. Le contadine ne facevano a meno: Corrado Alvaro in *Gente di Aspromonte* ricorda il filo di sangue gocciolante sul malleolo.

Nessuna pietà, sul lavoro, per gli afflitti da esaurimento nervoso, debolezze varie, nevrastenie, mal di testa. Da una scrivania all'altra saettava sussurrato un suggerimento che era anche un monito e un ultimatum: «Prova con l'Ischirogeno». Venduto come una panacea nelle farmacie, il flacone di Ischirogeno non soltanto abbreviava le convalescenze, ma era la prova ultima, il giudizio di Dio, per distinguere lavoratori e no, malattie autentiche da «malattie da pigrizia». A base di «fosforo, ferro, calcio, chinina e stricnina», annichiliva le presunte malattie tipiche dell'impiegato: «Neurastenia, anemia, clorosi, malattie spinali, cefalea, spossatezza, dispepsia atonica, indebolimento di vista». Ma la pubblicità andava ben oltre: era un ricatto per chi non si arrendeva alle virtù terapeutiche del prodotto. «L'uomo vigoroso e forte ha fiducia in se stesso e combatte, sfidando ogni ostacolo, perché è sicuro di vincere. Egli s'impone anche all'ammirazione degli altri uomini, i quali lo applaudono, gli agevolano la via, stimano giusto e meritevole ch'egli trionfi. Al contrario il debole, il neurastenico, è sempre dubbioso, non ha alcuna iniziativa né speranza, si abbandona e rimane inerte e triste. Né gli altri lo sorreggono, ma lo trascurano e lo sorpassano. È necessario dunque che il debole, il neurastenico faccia una cura ricostituente, che possa ridargli sanità e vigoria. Nell'Ischirogeno la forza e la salute.»

«Ha poi provato l'Ischirogeno?» s'informava il capo del personale; ed era l'ultimo avviso.

Gli impiegati parlavano volentieri delle virtù casalinghe delle mogli: quelli in maggior confidenza tra loro si mostravano reciprocamente i rammendi «invisibili», elogiavano il pranzo che li attendeva, la cena della sera prima. La refezione scolastica degli alunni bisognosi, una delle iniziative più provvide del regime come i giardini d'infanzia per i figli delle lavoratrici, non erano invece argomento di discussione tra gli impiegati anche se qualcuno, tra i più umili, ne godeva. L'elemosina dello stato offendeva: per questo il regime non ottenne mai il riconoscimento dei molti servizi sociali che pure aveva promosso.

La disciplina tassativa e ruvida dei capi del personale

non impediva che gli impiegati, uscendo, portassero con
sé, nella borsa appesa alla canna della bicicletta, mozziconi di matite Technicolor, boccettini nei quali il contagocce di penna d'oca poteva ancora assorbire un fondo
d'inchiostro colorato, scatolette con qualche residuo di
colla cocoina rappresa da sciogliere nell'acqua tiepida:
pensierini per i figli scolari. Nelle industrie maggiori i
sorveglianti potevano perquisire gli operai e le dattilografe all'uscita, e succedeva spesso, soprattutto al sabato, ma non gli impiegati. Tuttavia capitava che fuori
orario i capi del personale si aggirassero negli uffici silenziosi per controllare il contenuto dei cassetti e dei cestini della carta straccia. Per portare a termine con successo le periodiche ruberie di avanzi di cancelleria conveniva rivolgere all'economato meno richieste possibili e
non buttare via materiale ancora utilizzabile: per gli appunti si usava il retro di fogli già scritti, la carta carbone
si gettava soltanto se ridotta a un velo opaco, trapuntato
dai caratteri della macchina per scrivere. Un buon impiegato non lasciava l'ufficio senza riordinare minuziosamente la scrivania che somigliava a una cattedra,
chiusa sul davanti, verniciata di scuro, con il piano ricoperto da tela incerata nera. Sulla scrivania, l'unico oggetto personale consentito era il ritratto di famiglia. Soltanto i capi disponevano del telefono.

L'idea di cambiare posto di lavoro era ritenuta altamente immorale, una sorta di tradimento ingrato nei
confronti dell'azienda e, comunque sia, un segno di riprovevole intemperanza. Ciò non significa che a casa, in
segreto, gli impiegati non scorressero con attenzione gli
annunci economici il cui prezzo rispettava le diverse povertà: chi offriva un impiego pagava sempre 2 lire a parola, ma chi lo cercava solo una lira e, se operaio, addirittura 60 centesimi. Ma solo i disoccupati finivano per
rispondere agli annunci.

L'amicizia personale era la versione impiegatizia della solidarietà tra la classe operaia. Pur essendo in pochi gli impiegati si suddividevano in sodalizi tanto compatti quanto estranei tra di loro, o addirittura ostili. E le amicizie, come il lavoro nello stesso luogo del resto, nascevano con la prospettiva di durare tutta la vita e finivano per somigliare sempre più a parentele. I colleghi amici diventavano testimoni di nozze, padrini di battesimo e di cresima, zii di fatto. Fin dalla nascita il figlio dell'uno veniva, scherzosamente ma non troppo, fidanzato alla figlia dell'altro. La guerra, più tardi, avrebbe squarciato questo fitto tessuto di amicizie come avrebbe sconvolto l'ordine del lavoro che appariva immutabile; ma fino ad allora i sodalizi non furono minimamente intaccati dalle opinioni politiche.

Alle 13 del sabato, nell'uscire dagli uffici, i fascisti di maggior impegno, quelli che si apprestavano ad arrivare puntuali all'adunata pomeridiana, si rendevano volentieri complici degli amici meno ligi alle disposizioni del regime. Avrebbero pensato loro a giustificare l'assenza del collega presso il fascio rionale. Le «severe punizioni» riservate ai trasgressori della disciplina fascista affondavano così nella palude sentimentale degli italiani che si volevano bene e si davano appuntamento per il pranzo della domenica, il solo vero pranzo della settimana.

Intermezzo
per il pranzo della domenica

La domenica era proibito vendere francobolli e i tabaccai di turno non seppero mai spiegare perché. Eppure era il giorno preferito per scrivere ai parenti, ai figli militari e lontani, ai fidanzati, agli amici rimasti in paese. Senza telefono, si scriveva molto di più di adesso, molto più a lungo e molto meglio. Una macchia d'inchiostro o una correzione denunciavano inurbanità o ignoranza di cui vergognarsi. Rallentare la corrispondenza preludeva a una rottura dei rapporti.

Esistevano dei manuali per le lettere d'amore: si chiamavano «segretari galanti». Più in generale, Vanna Piccini, nel suo *Galateo del Novecento*, raccomandava: «Nella lettera non si lascia troppo margine, né si scrive per traverso; niente macchie, né cancellature o richiami. A una persona con la quale non vi è intimità non si scrive mai più di un foglio. Una donna non deve mai mettere espressioni menomanti, anche se per modestia si sente da meno della persona a cui si rivolge. Nell'intestazione, una donna, per una semplice relazione, scrive: "Gentilissimo signore"; "Cara signora"; "Gentile amico"; "Mia cortese amica", secondo il grado di intimità. Non si mette mai un titolo per intestazione, senza farlo precedere da un aggettivo. Se le lettere sono di risposta, si può cominciare: "Ho letto con piacere la vostra cara lettera", "Vi sono grata della lettera", "Sono tanto lieta che mi abbiate ricordata". Se sono lettere di auguri si può scegliere fra le infinite forme amabili e corrette: "Mi è grato ricordarvi e augurarvi", "Desidero vivamente farvi gli auguri più belli, più sentiti", "I sentimenti che mi legano a voi mi ispirano gli auguri più affettuosi". Per chiudere: "Vi sarò grata se vorrete procurarmi il piacere di leggervi ancora", "Vi ringrazio e fin d'ora esprimo il mio tenero e rispettoso attaccamento", "Le rinnovo l'espressione", "Vi prego di accettare... di gradire... di ricevere l'espressione dei miei migliori sentimenti". Si preferisca la posta a qualunque altro mezzo di invio».

Se invece dei galatei stampati sfogliamo un po' di corrispondenza di quegli anni, ci accorgiamo che le lettere familiari erano il risultato di un'opera collettiva dichiarata fin dall'intestazione: «Nostri carissimi figlioli». Aggettivi possessivi e iperbolici, anche se privi di fantasia, si inanellavano lungo la lettera dedicati non solo al destinatario ma a tutto il suo entourage, una catena di «nostri», «tuoi», «vostro», «suoi» difficile da districare. «Siamo tutti infinitamente lieti di sapere che il nostro adorato nipote, il vostro bellissimo bambino, è finalmente guarito dalla sua tosse canina. Insieme a voi, tutti noi auguriamo al nostro piccolo ogni bene.» «Abbiamo incontrato la tua cara fidanzata, nostra futura nuora, che si unisce a noi nell'inviarti, con il nostro, il suo abbraccio.» I sentimenti di gioia si traducevano per iscritto in termini goffamente ricercati: «Abbiamo avuto dalla mamma gongolante la gaudiosa notizia e ci affrettiamo a unirci alla vostra immensa, celestiale felicità». Esaurite le iperboli, lo scrivente si dichiarava spesso incapace di trasmettere il proprio stato d'animo: «Mi è impossibile dirvi quanto sia felice; la penna mi è inutile. Vorrei vi fosse possibile penetrare nel mio cuore e ve ne convincereste». Sempre doveroso era invocare sul destinatario e sui suoi cari la «benedizione del Cielo e di Nostro Signore».

La data portava di regola l'anno dell'era fascista in numeri romani, ma la disposizione del segretario del partito Starace secondo cui ogni corrispondenza doveva concludersi con il motto «W il DUCE» (la parola duce tutta in lettere maiuscole) non fu mai presa sul serio. Per risparmiare carta, busta e francobolli – un francobollo, 5 centesimi – si usavano molto le cartoline postali non illustrate e moltissimo i biglietti postali: fogli color verdino, già affrancati, da ripiegare in due e incollare lungo i lati. Della lettera si faceva la minuta su un foglio qualsiasi, poi si ricopiava in bella, si rileggeva ad alta voce e metà domenica se n'era già andata.

La domenica era giorno d'esibizione come gli altri erano giorni di efficienza. I madonnari, con il volto iridato dai gessi e le ginocchia che uscivano dai pantaloni strappati, disegnavano sul marciapiede Mussolini a cavallo benedetto da Gesù Cristo. La scrittura in caratteri tricolori mendicava: «L'artista merita proprio niente?»

Già al mattino presto i poveri si conquistavano un posto sui gradini delle chiese: suonavano la fisarmonica, il mandolino, l'ocarina; vantavano cecità di guerra, portavano vetusti berretti militari, spesso la camicia nera, esibivano distintivi di campagne belliche e mutilazioni violacee, ma questa mescolanza di miseria e patriottismo non piaceva alla milizia fascista che bruscamente, e inutilmente, li invitava a rispettare gli avvisi: «È vietato chiedere l'elemosina». Altri avevano l'alibi della cocorita in gabbia che pescava col becco i foglietti della buona fortuna e li offriva ai passanti. I senza gambe remigavano chiassosamente sul sagrato spingendo con due zoccoli di legno la loro tavoletta a rotelle tra i piedi dei fedeli.

In piazza c'era sempre allestito un podio pavesato di bandiere: male che andasse, a mezzogiorno suonava la banda cittadina, di quartiere o di paese. Erano molti i bambini e i ragazzi in divisa, ma pochi gli adulti; una divisa fascista, completa ma senza stivali, venduta dal «Provveditorato italiano articoli vestiario equipaggiamento», e quindi a prezzo politico, costava 240 lire nel tipo normale e 315 nel tipo extra. Nei paesi l'avevano soltanto il podestà, che per l'allocuzione domenicale la drappeggiava con la fascia tricolore, e il segretario del fascio locale. Si vedevano più divise durante le feste ufficiali: la Festa dell'uva, per esempio, il 24 settembre, quando sulle piazze sorgevano chioschi di legno e di cartone ispirati ai templi romani e sorretti da grandi fasci littori. In ogni chiosco si faceva notare, in divisa, un rappresentante del partito che garantiva la qualità della merce trionfalmente esposta e soprattutto ricordava che l'Italia fascista aveva l'agricoltura nel cuore: eccone i frutti. Ma le venditrici indossavano il costume regionale e l'effetto d'insieme era quello di una sagra campestre trasferita in città.

D'altronde, la domenica mattina, piazze di città e di paese erano molto simili. Non c'erano schiere di biciclette; attorno alle carrozze ferme si diffondevano odori di biada e di orina di cavallo; i ragazzini correvano dietro alle rare automobili e ai calessi. Gli ambulanti offrivano tutto ciò che può rallegrare un giorno festivo in una nazione povera e contadina: pannocchie di granturco arrostito, uva passa, limonate, krapfen e ciambelle cosparse di perline di zucchero colorate o d'argento, bastoncini di liquerizia, angurie o caldarroste secondo la stagione. Non tutti avevano il carretto o la bancarella: molti, in grembiule a righe, esponevano la merce in ceste o vetrinette portate a tracolla.

I più chiassosi erano i gelatai, strillavano come le pescivendole del venerdì spingendo un trabiccolo che spesso aveva la forma di prua di nave e le fiancate adorne di pinguini in marsina, di foche giocoliere su un fondale indicato come Polo Nord. Monelleria infame era distrarre l'uomo dei palloncini volanti e fargliene volar via qualcuno. I venditori di giocattoli faticavano per attirare l'attenzione dei bambini ben vestiti accompagnati dai genitori e per allontanare quelli soli e scalzi. L'oggetto più caro della loro mercanzia era la «pistola centocolpi»: di latta verniciata di nero, molto rozza, funzionava inserendo dall'alto un rotolino di carta rossa che conteneva, a ogni centimetro, un'ombra di polvere da sparo. Costava una lira e mezzo; il rotolino di cartucce racchiuso in una scatoletta di cartoncino verde, 30 centesimi. Per il resto: palline di pezza piene di segatura legate a un elastico, sacchetti di rete con dieci biglie di terracotta, automobiline lunghe quanto un mignolo ricavate da un pezzetto di latta ricurva, uguali davanti e di dietro, con il pilota stampato in cima a faccia in su e le ruote dipinte sui lati della carrozzeria; un po' più vicini al vero erano gli aeroplanini, ma soltanto perché avevano un simulacro di ali.

La domenica era giorno d'esibizione di scarpe crocchianti, di guanti scamosciati, di figliolanze allineate in ordine d'altezza, di cappellini di paglia e di velette, di grandi veli da messa, di colli di volpe, di volpi con il musetto finto lasciate ciondolare dalla spalla destra oppure costrette a tenersi in bocca la coda avvolgendo le spalle delle signore. Le società umanitarie esponevano in piazza la prima autoambulanza; quelle di paese la nuova portantina a tenda, con la campanella, da spingere di corsa entro il raggio di un chilometro. Per le distanze maggiori si usava l'ambulanza a cavallo. Sempre timorose di apparire poco fasciste o di essere giudicate inutili dallo stato sociale, anche le più antiche Misericordie accettavano volontari soltanto se iscritti al fascio e sposati.

I piccoli caffè, le cantine, le osterie, le mescite – comunque si chiamassero i locali che avevano per clientela abituale del primo mattino gli operai, i fornitori del mercato, gli spazzini e i tramvieri del primo turno – la domenica aprivano più tardi. Niente caffè corretti con grappa o vermuth all'alba, niente grappino né grigioverde (grappa e menta) né cedrino (distillato di cedro) né anice o anicione, stimolanti mattutini del proletariato. I caffè borghesi funzionavano appieno dopo la messa delle 11 che, in alcune parti d'Italia, si chiamava «messa dei belli» non potendosi propriamente dire messa dei ricchi. Qui gli impiegati colleghi e amici si offrivano a turno settimanale l'aperitivo. Pagare alla romana non usava, anzi sarebbe sembrato uno sgarbo. Il whisky non esisteva: chi l'aveva assaggiato lo definiva salato e non ne aveva nostalgia. Il cognac italiano si chiamava dannunzianamente Arzente ma non si beveva al mattino, benché gli italiani di città fossero del tutto privi di educazione al bere e le sbornie dovute a intrugli pestiferi, altamente zuccherini e sciropposi, fossero abituali almeno una volta la settimana. L'aperitivo delle signore era il bitter o il vermuth bianco. Qualcuna, anche prima di pranzo, gradiva un dito di Maraschino, di Strega (uno streghino) o di Benetibi, distillato all'arancia. I signori, oltre al bitter, il vermuth rosso o il Biancosarti. Non è affatto vero che gli italiani avessero rinunciato ai cocktail per via della parola straniera, però la scelta era ridotta a tre, fattibili con prodotti nazionali. Dominava l'Americano: cinque decimi di vermuth rosso, cinque decimi di bitter Campari, acqua minerale gasata, limone o arancio. Più forte il Mi-To (Milano-Torino): metà Punt e Mes torinese, metà Campari milanese. Più economico lo Splitz, o bianco spruzzato: vino bianco, bitter, limone, acqua minerale.

La domenica mattina era il momento trionfale dei pasticcieri, forse l'unica spiegazione della loro sopravvivenza commerciale. Le paste artigianali venivano esposte in vetrinette sistemate al di sotto del piano di vendita perché i bambini più piccoli potessero scegliere. Anche nelle grandi città ogni pasticciere aveva la sua clientela fissa, salutava il capofamiglia riconoscendogli il titolo e sapeva i nomi dei bambini che sfilavano ordinatamente davanti alle vetrine basse indicando col dito la pasta, «solo una!», prescelta. L'odore di vaniglia impregnava il negozio: i bignè si chiamavano anche «ochette» perché avevano forma di oca con il collo ritorto. L'autarchia dopo l'impero ridusse al minimo la cioccolata, ma la panna, le creme di zabaione, le marmellate erano fresche e vere. Le predilezioni si chiamavano «vizietti»: «Lo so, ingegnere, che lei ha il vizietto del cannolo».

Una pasta a testa per i bambini da mangiare subito, una per i grandi, e poi il vassoio. I colleghi invitati portavano il vassoio alla famiglia amica; i mariti usciti da soli perché la moglie era occupata in cucina lo facevano per consuetudine. Tra l'uscita dall'ultima messa e il deserto cittadino o paesano dell'ora di pranzo, qualsiasi stagione fosse, qualsiasi tempo facesse, era un gran incrociarsi di capifamiglia che rientravano a casa con il vassoietto delle paste appeso per il fiocco al mignolo. Anche tra i gruppi familiari a spasso questo diritto spettava all'uomo o al suo primogenito: era l'esibizione delle raggiunte possibilità economiche. I mendicanti tenevano d'occhio i portatori di paste. «Un pezzo di pane», supplicavano a mano tesa, ammiccando al vassoio.

Al nord le latterie erano frequentate più delle osterie fuori porta e dei ristoranti. Erano le tavole calde dei turisti provinciali che portavano con sé qualche provvista ma volevano anche un piatto. «Latte e uova», promettevano, e mantenevano, le latterie: uova al burro, uova nel caffelatte, uova sode e alla coque, uova fritte all'olio e al burro: non al prosciutto per via del prezzo. Mozzarella in carrozza e frittate con la cipolla sì. Anche zabaioni. Le latterie erano locali vasti, piastrellati di bianco e d'azzurro come le case di tolleranza popolari. Il piano dei tavolini era di marmo, la struttura di ghisa lavorata. La bassa temperatura del locale era garanzia della freschezza dei prodotti. In latteria ci si metteva il golfino. Come nei caffè di paese, questi locali offrivano la lettura gratis del giornale; poca politica, però, e molto sport: «La Gazzetta», «Il Calcio illustrato», «Il Littoriale» di Bologna.

Nell'ora che precedeva l'arrivo degli ospiti e il pranzo la padrona piccoloborghese si accorgeva all'improvviso che la serva stava sbagliando tutto, che tutto era in ritardo, che così non si poteva andare avanti. Le minacce di licenziamento erano l'aperitivo domenicale delle servette, accompagnate da punizioni a più breve scadenza: «Oggi pomeriggio, togliti dalla testa di uscire». Intanto la signora si sfiatava pattinando sui pavimenti cerati per dare un'ultima lucidata, si inviperiva contro il marito e i figlioli ancora a spasso che avevano lasciato prima di uscire qua e là delle orme, disponeva davanti all'ingresso pattini di stoffa puliti nella speranza che non solo i familiari ma anche gli ospiti comprendessero e li usassero. Toglieva il superfluo dagli attaccapanni e lo posava in camera da letto, ma se gli ospiti non erano mai stati in casa sua inzeppava l'armadio di tutto ciò che aveva tolto dall'attaccapanni perché era suo dovere guidare gli invitati, prima del pranzo, nella visita dell'appartamento. Ansimante, scopertasi davanti allo specchio «brutta come non mai», scostava col gomito la serva dai fornelli e assaggiava il «sugo finto», cioè senza carne, spargeva qua e là prese di sale.

E il riso, se c'era riso, era stato pulito a dovere? Oggi del tutto dimenticata, la pulitura del riso era un'operazione tanto necessaria quanto snervante: si trattava di spargere sul piano del tavolo una piccola manciata di chicchi e, col dito indice, di ripartire quelli buoni dai sassolini, dalle granaglie, dalle bucce. Nelle occasioni particolari la signora non si fidava della servetta, pretendeva di ripassare personalmente il riso sotto la luce forte e bastava trovasse una qualsiasi scoria per rinnovare le minacce, talvolta cambiare menù.

Era la signora ad apparecchiare la tavola, per dovere, per gusto, e perché sicuramente la serva avrebbe rotto un pezzo del servizio buono. Ma prima doveva allineare sul mobile-bar della sala da pranzo i piatti e le posate di ricambio, le scodelline di vetro rosa per la frutta, i bicchieri a calice, con lo stelo bianco e la coppa verde riservati al vino bianco e a quello dolce, passito, da sorseggiare con le paste. Questa esposizione di stoviglie rarissimamente usate inorgogliva la nostra signora che finiva per aggiungervi anche gli oggetti sconsigliati dal galateo della «Domenica del Corriere»: il portampolle d'argento e il portastuzzicadenti. «Lasciateli entrambi nella credenza ché, di olio e d'aceto, le pietanze che si recano in tavola non devono necessitare mai; e se alcuno, malato di fegato, non volesse saperne di salsa maionese con il pesce, il portampolle sarà lì, a portata di mano per soddisfarlo. E in quanto poi al portastecchi... Monsignor della Casa, nel suo Galateo non ammonisce che è sconcio mostrarsi ai convitati mentre...? Inchiniamoci dunque tutti quanti, in ubbidienza, davanti a "Madama Creanza", e abituiamoci a non aver bisogno di quel fuscello di legno, mentre si mangia.»

Nelle tasche degli impiegati, d'altronde, un paio di stuzzicadenti usati c'era sempre.

Tovaglia bianca, tutt'al più rosata. La tovaglia a scacchi, fino alla seconda metà degli anni Trenta, era roba da osteria, come l'incerata. Si raccomandavano grandi tovaglie di tela grossa, ricamate a mano agli angoli e al centro dove non si posavano i piatti, oppure di «velata tela di bisso». In tutti i casi la tovaglia riservata agli ospiti domenicali era solcata dai segni della stiratura e della lunga permanenza nei cassetti. Due candele accese sulla tavola, infisse in candelabri d'argento ma più spesso d'argentone o di vetro di Murano (ricordo di Venezia) non erano ritenute eccessive neppure a mezzogiorno. Le candele dovevano essere colorate ma come averle a poco prezzo? Petronilla soccorreva: «Con qualche pennellata dall'alto al basso, su comuni candele bianche, di "vernice trasparente a spirito" (cioè di quelle vernici che tosto s'asciugano e che sono in commercio d'ogni colore) ecco, poco faticando e poco spendendo, soddisfatto il desiderio d'aver candele che, accese, avranno tale e quale l'aspetto delle costosissime candele che si comprano dai droghieri». Suggerimento autarchico estensibile anche ai candelieri: «Non ne possedete di adatti? Allora tronchi di trapezio (o di cono) di legno ben levigato e con il loro buco nel mezzo per infiggervi le candele (con pochi soldi ve li fabbrica ogni tornitore) e da voi stesse poi verniciati con smalto sintetico nel colore desiderato, potranno, e con bell'effetto, sostituire anche gli stessi candelabri d'argento».

Nel rituale del ricevere, la piccola borghesia continuava a imitare le usanze dei ceti superiori assai più di quanto non facesse arredando la casa o scegliendo un abito. Il signore e la signora sottolineavano il proprio dominio entro le pareti domestiche riservandosi in ogni caso i posti a capotavola. L'ospite di maggior riguardo sedeva al primo posto alla destra della signora. I bambini piccoli non erano ammessi al pranzo. Venivano imboccati in fretta dalla signora oppure, in cucina, dalla serva che in quelle occasioni percorreva provvisoriamente tutti gli stadi della carriera: sguattera, bambinaia, cuoca, cameriera. Come cameriera era obbligata a indossare la divisa, come sguattera, bambinaia e cuoca non poteva infilarla che all'ultimo momento per non imbrattarla o gualcirla. La divisa per la serva non era affatto considerata una spesa superflua, la riprova è che costava poco: il grembiule nero più bello «di resistente tessuto raion opaco», con le spalline imbottite, ammontava a 30-35 lire, il grembiulino bianco di «ottimo madapolam bianco con finizioni di pizzo» si trovava a 4 lire e con un'altra decina di lire si comprava il completino «collo polsini e crestina analoghi». Il grembiulino più elegante, «con pettorina», costava 8 lire, ma aveva il collo di pizzo già attaccato. Le finte cameriere piccoloborghesi si distinguevano da quelle vere dei signori per la mancanza dei guanti di filo bianchi: erano un accessorio caro e troppo poco pratico per una cameriera che, appena uscita dalla sala da pranzo, tornava ad essere sguattera.

Nell'imminenza del pranzo, già con la crestina che incoronava loro la fronte e della quale non si vergognavano affatto – anzi se ne gloriavano – le serve andavano dal fornaio a ritirare la teglia consegnata a metà mattina. Nonostante le raccomandazioni di Petronilla molte signore ritenevano che il forno casalingo fosse un arnese troppo costoso, troppo difficile da usare, troppo ingombrante. In effetti lo era, per chi non possedeva ancora la cucina economica. Elettrici – e in tal caso capaci di consumare più di uno scaldabagno e di far saltare il contatore – o da posare sul fuoco, i forni familiari assomigliavano a giganteschi panettoni di lamiera smaltata di nero, odoravano di ferro bruciato, erano pesantissimi, sempre ingrommati all'interno di untume rappreso, assai più faticosi che efficienti. Le signore che si erano avventurate nella spesa matta portavano sulle mani il segno delle ustioni e ricordavano il cappone natalizio carbonizzato. Perciò si portavano le teglie dal fornaio, quasi sempre il panettiere, presso il quale conveniva prenotarsi il giorno prima della festa. Come il pasticciere, il fornaio imparava a conoscere le predilezioni della famiglia, ne indovinava le possibilità economiche e le relazioni sociali, stabiliva il prezzo di conseguenza. La domenica, il profumo del pane intorno ai forni subiva l'affronto di vapori di polpettoni, polli, cipolle, sardine ripiene.

Intanto la signora colmava la saliera e la pepiera, minuscoli cestini d'argento (argentone) e vetro, oppure soltanto di vetro a foggia di volatile, e si accorgeva che sul minuscolo cucchiaino s'era formata per il lungo disuso una macchiolina di verderame. I portatovaglioli non usavano più: il tovagliolo si ripiegava in quattro, sistemato sul piatto; sul tovagliolo un grissino all'acqua o all'olio. Le posate al solito posto: coltello e cucchiaio a destra, forchetta a sinistra, ma con una differenza rispetto a oggi: la punta del cucchiaio e della forchetta dovevano essere rivolte all'ingiù. In centro tavola ci voleva qualcosa di superfluo: per esempio un piccolo vassoio col fondo di specchio sul quale posare una statuetta di Capodimonte o semplicemente di gesso, magari l'orchestrina di suonatori negri, metà caricatura metà omaggio al jazz, che si vendeva in serie. E il campanello per la serva. Per piccola che fosse l'abitazione, una signora con ospiti non chiamava la cameriera a voce; scrollava con eleganza un campanellino che talvolta aveva forma di campanula d'ottone, talaltra era un pesante arnese che funzionava con un pulsante. I cultori della modernità facevano sistemare un campanello elettrico col pulsante a pera, di galalite, che penzolava dal lampadario. Soltanto la signora poteva usare questo richiamo per il quale aveva stabilito, con la cameriera, una sorta di codice: un suono, «vieni», due suoni «porta il vino», un suono più lungo «porta la pietanza» o «togli i piatti».

«Quando tutti sono seduti; quando tutti gli occhi son

lì ad ammirare la bella tavolata e tutte le mani stanno già spiegando i tovaglioli, si comincia a servire il pranzo», stabiliva Petronilla. La maestrina del buon vivere mediobasso trascurava però due suggerimenti che la padrona di casa conosceva assai bene. Doveva essere lei la prima a dispiegare il tovagliolo perché questo, come il posto a capotavola, era il riconoscimento dei suoi meriti di angelo del focolare. Inoltre era buona creanza invitare le signore ospiti, se c'erano, a pranzare tenendo in testa il cappellino con la veletta rialzata sopra la fronte. Una garbata signora piccoloborghese sapeva infatti quale garbuglio di fermagli si annidasse sotto il cappellino per tenerlo a posto.

A questo punto il pranzo domenicale con ospiti poteva incominciare purché la signora «abbia detta e ripetuta la sua predichetta alla servetta e le abbia persino fatta fare la prova generale del come si debba disporre questo e porger quello, e purché sappia, con occhiate parlanti, sempre guidare la ragazza. Ebbene, vi assicuro che se tutto sarà preparato e ben disposto, che se nulla mancherà, il pranzo verrà ben servito anche da una servetta che non sia una cima d'intelligenza; e servito senza che la signora debba mai alzarsi da tavola, e lasciar così in asso i suoi invitati, per correre in cucina a dare un'occhiata o per dare una mano nel mutare piatti e posate».

E si cominciava con l'«italianissima e poco costosa minestra», per esempio riso e zucchini in falso brodo di carne, cioè di dadi o di estratto: due cucchiaini di burro, tre di olio, un po' di cipolla affettata fina, 12 mestoli d'acqua, quattro dadi per sei persone, «e quando questo falso brodo bollirà», giù riso e zucchini. «Dopo che la servetta avrà recato la zuppiera fumante dalla cucina... dopo che l'avrà deposta sul ripiano del mobile della stanza da pranzo, presso i piatti fondi che saran già lì, l'uno sull'altro sovrapposti (fra il primo e il secondo d'essi un piatto comune)... dopo che, affacciandosi all'uscio, avrà annunciato a tutti noi che staremo chiacchierando, "Signora, è servita...", mentre il mio signor marito darà una mano nell'indicare i posti... io – e sempre io donna – con l'autorità di una saggia Mater Familias, distribuisco con il cucchiaione la pappa nei piatti fondi. Riempito, ma non al completo, il primo, lo passo assieme a quel piatto comune ch'era già lì, pronto, alla servetta che recando entrambi nella destra si porta alle spalle della signora da servire e – tolto con la sinistra il piatto che, a segnare il coperto, era già lì, vuoto – lo sostituisce con i due che reca nella destra. Nel breve frattempo io avrò già versata la minestra in un altro dei piatti fondi; e la servetta potrà così subito, e con la stessa manovra, servire un altro commensale, dopo aver però sovrapposto il piatto con la minestra a quello comune e vuoto allora asportato dalla tavola. Distribuita a tutti la minestra, mi assido anch'io, dico buon appetito a tutti e si dà inizio al pranzo.»

In quell'istante la signora bersagliava con un'occhiata la formaggiera di vetro e coglieva nel biancastro del cacio un grumolino nero. Come il riso, anche il formaggio andava ripulito. I droghieri lo vendevano a fette ricoperte da una sovrabbondante crosta nera e untuosa che la grattugia a mano divorava ai bordi. La pulizia del formaggio non riusciva mai del tutto e gli ospiti lo sapevano. Gli uomini non si peritavano di pizzicare il residuo sporco e farlo schizzare sulla tovaglia dal cucchiaino colmo: «Niente paura, signora, solo un moscerino».

Tra il galateo scritto e letto dalle signore e la pratica si inseriva di prepotenza lo spirito cameratesco degli uomini colleghi d'ufficio, e lo stile del regime era dalla loro parte. Non per niente i pranzi conviviali, tra fascisti, si chiamavano ranci, alla militare. A tavola si delineava così un fronte di perfidia tra signori e signore: gli uni portati alla sbracataggine, pronti a plaudire alla buona sorte se il vino traboccava sulla tovaglia, le altre solidarmente arroccate sul fronte del comportamento indicato dal *Talismano della felicità* di Ada Boni, dal *Galateo del Novecento* di Anna Piccini, dalle chiacchiere confidenziali di Petronilla, autrici l'una con l'altra intercambiabili, ma parlanti da gradini sociali diversi: in alto Ada Boni, in basso Petronilla.

Petronilla, sagacemente, intuiva che a tavola finivano per parlare soprattutto gli uomini e dava un'idea degli argomenti più consueti: «Sta infuriando una disputa sulla politica estera? sul Giro di Francia? sul piano regolatore cittadino? O è tutto un fiorire – da un capo all'altro dell'allegra tavolata – di aneddoti, di barzellette, di trovatine che faccian smascellare dalle risa?...» Va notato che dall'elenco manca la politica interna, tema del tutto superfluo da affrontare per quanti consentivano alla dittatura ma anche sconosciuto nei particolari, mentre per politica estera s'intendeva l'atteggiamento del regime nei confronti degli altri paesi, più aperto alla discussione perché, fino alla guerra, mutevole e spesso enigmatico. Non era immaginabile, comunque sia, che le signore esprimessero le loro opinioni in quanto, per disciplina familiare, i mariti parlavano anche per loro. Né le signore s'interessavano di sport: tutt'al più, ma raramente, di ginnastica femminile, allora ben diversa, assai più leggera o leziosa, di quella maschile.

Dibattere gravi questioni private a tavola sarebbe stato da guastafeste e quelle pubbliche – ma non politiche – (il piano regolatore della città, appunto, lo sventramento dei quartieri popolari) venivano impostate più come aneddoti da raccontare che come argomenti da discutere. Nel basso Piemonte, per esempio, la Montecatini di San Giuseppe di Cairo annunciò che avrebbe scaricato i suoi veleni chimici nel Bormida, pescoso subaffluente del Po, trasformandolo in un torrente dalle acque marroni lungo il corso del quale sarebbe scomparsa ogni forma di vegetazione. Il Bormida, per qualche settimana, si sarebbe gonfiato di pesci morti: gli ultimi della sua storia. Del fiume com'era e come sarebbe diventato si chiacchierò per anni in quelle zone ma sempre come di un'avventura, di un coraggioso sacrificio al progresso: gruppi familiari si mossero in gita collettiva per ammirare lo spettacolo del fiume morto. L'odore pestifero che per decenni, fino a molto tempo dopo la caduta del regime e la guerra, gravò su San Giuseppe di Cairo e dintorni diventò una caratteristica locale, un po' come la sorgente bollente di Acqui Terme, e i turisti liguri-piemontesi discussero interminabilmente – ma senza astio polemico, solo per il gusto del dibattito scientifico – se i gas velenosi c'entrassero o no con le nebbie della zona.

Soprattutto la domenica a pranzo, gli italiani riuniti attorno alla «bella tavolata», gli amici colleghi si intrattenevano così su cose che oggi chiameremmo catastrofi ma che nel clima sociale di allora apparivano soltanto curiose novità. Non c'era conflittualità d'opinioni tra la piccola borghesia, tranne quella non dichiarata che divideva i signori dalle signore. Forse inconsapevolmente gli uomini si ribellavano a quel particolare femminismo fascista (mai più sarebbe stato chiamato con questo nome) che tra la cucina, la sala da pranzo e la camera da letto esaltava la signoria della padrona di casa affidandole anche la custodia del galateo. Inzuppavano il pane nella minestra, schioccavano la lingua contro il palato sia pure per complimentarsi «con la cuoca», ridevano sonoramente puntando i palmi contro il bordo della tavola e spingendo indietro la spalliera della sedia. Cominciava così quel «fiorire di barzellette» che Petronilla, da paciera, compativa, pur sapendo che il bersaglio delle «trovatine» finiva sempre per essere il sesso femminile. *Dominae* del vivere casalingo le donne erano tenute a sorridere delle angherie inferte dagli uomini al buon comportamento conviviale; tenute a un linguaggio più che decoroso e ad ostentare innocenza o imbecillità nel non cogliere i doppi sensi, venivano travolte da lepidezze, sguaiataggini, giochi di parole lubrichi, barzellette tanto più imbarazzanti in quanto censurate delle parole esplicite. «Ah, la signora non l'ha capita? Allora bisognerà ripetergliela. La marchesa si guarda allo specchio e sospira: "Dio, come me la vedo brutta!"»

«Quando ogni convitato, deponendo la posata sul piatto vuotato avrà silenziosamente detto "ho finito", la servetta lesta metterà una posata pulita su un piatto pulito e recandolo nella destra si porterà alle spalle dell'invitato che sarà lì in attesa; con la sinistra toglierà piatto e posata sporchi, e con la destra deporrà piatto e posata puliti. Ma attente che la servetta per far presto non muti contemporaneamente due coperti; che, per la fretta, non lasci scivolare posate giù dai piatti a terra; ché ai simposi la fretta non è mai ammessa.»

«Cara signora, so che non si dovrebbe fare, ma lo faccio lo stesso», diceva l'ospite maschio passando il pane sul fondo del piatto e sul cucchiaio; il padrone di casa lo imitava. La servetta pronta al cambio riconosceva un gesto che le era familiare nella sua casa contadina e ardiva: «Devo cambiare i piatti?» perché al suo paese non si usava. Così il rituale del ricevere piccoloborghese riprecipitava infinitamente al di sotto di quello altoborghese e la comune civiltà contadina tendeva a ricomporsi. «Certo che devi cambiare i piatti, zoticona!» Ma i signori resistevano: «Non siamo mica al ristorante!»; invocavano l'economia dell'acqua calda: «Siamo o no a casa nostra?»; cedevano di mala voglia: «Giusto per non offendere, signora».

La padrona di casa ci teneva che la seconda portata

fosse a base di carne, ma coniugare risparmio e bella figura era un'impresa che le casalinghe di oggi, per le quali la carne è la bistecca, la cotoletta alla milanese, la scaloppina, l'arrosto, non sanno più affrontare come le donne del regime, né sono tenute a farlo. Eliminato il filetto sia di manzo sia di vitello perché proibitivo, il piatto di carne degli italiani che potevano permetterselo era la polpa-famiglia nelle varie trasformazioni grazie alle quali prendeva sapore. Trapanata con la punta del coltello la polpa-famiglia andava arricchita con pezzetti di lardo e di carota, con dadetti di prosciutto (mai più di una fetta per 6-8 persone), con frammenti di cetriolino. La carne, una volta cotta così, si ricopriva con gelatina in polvere venduta dal droghiere, una specie di colla salata. Cotta in un certo modo, la polpa-famiglia diventava «manzo in salsa di lepre» dove la salsa di lepre, naturalmente, era tutta di fantasia. La polpa andava tagliata a pezzetti e cucinata insieme a mezza cipolla, tre carote, un gambo di sedano, tre chiodi di garofano, un cucchiaio di farina, un bicchiere di vino rosso e «tanta acqua da ricoprire tutta la carne». A parte, la salsa di lepre: un etto di fegato di vitello tritato da versare nella casseruola un quarto d'ora prima di toglierla dal fuoco.

Prima di diventare polpa-famiglia i manzi di allora, quelli riservati alla maggior parte degli italiani, avevano alle spalle una vita di lavoro nei campi: anziché «giovani bovini», come recita il dizionario, erano veterani dalla carne coriacea, difficilmente trangugiabile se non redenta da ricette complesse. Non a caso la più sbrigativa bistecca dei ristoranti (allora si diceva «ristoratore» e il nome è rimasto in qualche stazioncina negletta) era ribattezzata «suola di scarpa» e tutti gli umoristi dell'epoca si sfogarono su questo tema.

Le padrone di casa ben allenate alla cucina laboriosa preferivano quindi servire carni ritenute di scarto o quasi, ma più tenere, riscattandole con l'abilità culinaria. La lingua, per esempio, che oggi è abbastanza apprezzata, nell'era fascista non era neppure prevista nei prezziari ufficiali, così come la carne di asino. Eppure la «lingua in salsa brusca» bollita e poi ribollita nel suo brodo con l'aggiunta di un cucchiaio di burro fuso, due cucchiai di farina bianca, mezzo bicchiere di vino bianco secco, un cucchiaino d'aceto e mezzo limone – tutto da versare e rimestare molto lentamente senza mai togliere gli occhi dalla casseruola, un paio d'ore di lavoro – era suggerita tra le sorprese prelibate. Con carne d'asino e di cavallo tritata, più vino, verza e aglio si preparava il tapelucco, rustico piatto originario della zona di Novara. Il coniglio in umido con crostini di pane, i piccioni (dalle 3 alle 4 lire l'uno; si comperavano vivi e si annegavano in una tazza), il pollo tonnato, il capretto insaporito dalla menta selvatica «che non costa nulla perché si raccoglie sulle sponde di ogni ruscello», i passeri catturati con la rete e venduti dagli ambulanti, passati al tegame con la polenta, erano piatti poveri, da festa contadina, ma nei pranzi borghesi venivano serviti con fierezza.

Gli sformati di verdura e le torte al forno costavano ancora meno. Per sei persone, un chilo di piselli da sgusciare (circa 4 lire), dieci finocchi da 30 centesimi l'uno, una fetta di pancetta, una pastafrolla casalinga fatta con due etti e mezzo di farina bianca per un totale di 75 centesimi, un uovo conservato nella calce (40 centesimi), e con 12-14 lire al massimo, compreso il costo del fornaio, gli ospiti andavano via contenti. Avanzavano le bucce dei piselli, che le padrone di casa più accorte conservavano per il «passato» del giorno successivo: «Invece di buttarle togli a ciascuna di esse il picciolo; lavale, lessale, scolale: passale per il setaccio e raccogline così tutta la verde polpa. In una casseruola a fuoco basso, e con cucchiaio di legno, amalgama poi ben bene un cucchiaio di burro con due di farina bianca; aggiungi a poco a poco, e sempre mescolando, un bicchiere e mezzo di latte; aggiungi la verde polpa setacciata; mescola per bene e lascia raffreddare. In una insalatiera monta a neve un albume: aggiungi due torli precedentemente battuti tra loro; mescola con energia; unisci ad essi la crema verde ormai raffreddata; mescola; unisci un cucchiaio colmo di cacio grattugiato; mescola. Sale, pepe, un tantin di noce moscata. Imburra uno stampo da budino; cospargilo (ma con economia) di farina; versavi dentro il passato...» Cuocere a bagnomaria.

Il passato di bucce e il «sugo finto» senza carne erano i primi esperimenti di una cucina piccoloborghese che si allenava a ingannare l'appetito con la manipolazione, a sostituire la sostanza con la forma. La crescita dei prezzi alla vigilia degli anni Quaranta, le restrizioni belliche e poi la fame nera porteranno questa tendenza a conseguenze paradossali. Verrà un giorno in cui la stessa Petronilla, senza mutar di tono e sempre usando iperboli come «ultrasopraffino» e «ultrasciccoso» suggerirà alle padrone di casa la sua «cucina senza». Zuppa senza pasta, marmellata senza zucchero, insalata senza olio, fagiolini senza fagiolini, spinaci senza spinaci. Tema originale per speculazioni intellettuali. «Il lettore malizioso», commenta infatti il semiologo Piero Ricci, «potrà costruire con questi titoli una paradossale enumerazione che, se da una parte rimanda all'ingegnosità con cui ogni giorno, in cucina, si affronta la difficoltà del vivere e il gusto del sopravvivere, dall'altra, letta a distanza di tempo e senza tener conto del referente, produce l'ordito di una filastrocca fatta di parole ridotte alla pura essenza fonica, ad una gustabile materialità che offre la speranza di lenire i morsi della fame.»

Speculazioni, per altro, sulle quali gli italiani non si sarebbero attardati, anche se merita ricordare che le riunioni conviviali tra colleghi amici continuarono anche in tempi difficili perché il rituale della tavolata e l'esibizione di belle maniere da parte delle signore divennero, da un certo momento in avanti, un modo sia pur melanconico di dimostrare a se stessi che non tutto era perduto: le vecchie abitudini andavano tenute in vita per il futuro.

Negli anni Trenta, però, nessuno si preoccupava seriamente del futuro, soprattutto a tavola. Sul finire del pranzo, su richiesta, la signora rivelava volentieri i complicati accorgimenti adottati per cucinare con poca spesa e i «Che brava! Che brava!» premiavano la sua parsimonia non meno delle prodezze della cuoca. A questo punto gli uomini schiamazzavano contendendosi le paste e c'era sempre qualcuno tra loro che scopriva in un pasticcino somiglianze sicure con gli attributi femminili.

«Chi desidera un caffè-caffè?» squillava la signora. Il raddoppiamento della parola caffè era nell'uso comune per avvertire che non si trattava di surrogato. Gli ospiti sapevano che la domenica – e solo la domenica – era il giorno del caffè-caffè, ma fingevano meravigliata sorpresa: «Se è caffè-caffè lo prendo anch'io, anche se so che poi non dormo stanotte», gradiva una signora. «Però non è Guatemala né Santo Domingo. È Santos», avvertiva la padrona di casa, un po' per timore di essere criticata dietro le spalle, un po' per non apparire spendacciona. Guatemala, Santo Domingo e Santos erano i soli tipi di vero caffè venduti in Italia, ma il Santos costava 50 centesimi in meno all'etto, non 3,40 ma 2,90.

Per risparmiare ancora e per tradizione il caffè si comprava spesso in grani non tostati. La tostatura casalinga ne aumentava il pregio presso gli ospiti ma imponeva un lavoro preliminare attento come quello della pulizia del riso e del formaggio grattugiato. Il tostacaffè era una specie di padella nera sul cui coperchio fisso si apriva uno sportellino. Al centro del coperchio c'era una grande manovella che faceva girare una mescolatrice sistemata nell'interno. Il manico della padella, come quello della manovella, era di legno. L'intero arnese non andava mai abbandonato sul fuoco: occorreva rimescolare continuamente e ogni tanto aprire lo sportellino dal quale si spandeva per la casa un fumo fragrante se tutto andava bene, pestilenziale se il caffè cominciava a bruciare.

L'operazione lunga, torturante e rischiosa per via del prezzo del caffè, che non si poteva tostare a un etto per volta, si ripeteva di rado. La macinatura, invece, doveva precedere di pochissimo la bollitura. Negli anni Venti i macinini da caffè erano di solito cilindrici (due cilindri di latta l'uno incastrato nell'altro) con profonde scanalature verticali perché non scivolassero tra le mani o tra le ginocchia dove le donne li sistemavano per poter restare sedute. La manovella era a forma di «s» allungata, di ferro talvolta lavorato, e sovrastava un cupolino che si apriva lateralmente. Negli anni Trenta i macinini diventarono cubici, di legno lucidato o smaltato: il caffè macinato si estraeva da un cassettino ricavato alla base del cubo.

La caffettiera più diffusa era sempre la cuccuma napoletana, ma nei miraggi delle signore già appariva la caffettiera elettrica che non aveva nulla di simile alle macchine espresso casalinghe di oggi. Era sostanzialmente un bollitore col fornelletto incorporato, ma di foggia pretenziosa: argentea all'esterno assomigliava un po' a un'elegante teiera allungata, con il manico rivestito di sottile vimine; il coperchio era un cupolino di vetro. L'eleganza della caffettiera elettrica era calcolata: poiché l'arnese aveva tutti gli inconvenienti degli apparecchi elettrici di allora, dal filo a treccia che si bruciava facilmente, al costo, al consumo, i fabbricanti lo presentavano come un oggetto di prestigio da usarsi in tavola per farsi ammirare dagli ospiti. La serva portava dalla cucina la caffettiera preparata, ma la bollitura avveniva sotto gli occhi dei convitati intenti a cogliere il primo schizzo di caffè contro il cupolino trasparente. «Eccolo che bolle!» In realtà i primi schizzi lasciavano sul vetro solo una bava giallognola che non sempre finiva per diventare caffè, ma la curiosità per l'ordigno era appagata.

D'altronde il gusto del caffè stava per essere sopraffatto dalla ciliegina sotto spirito che non si poteva rifiutare perché era di quelle preparate in casa: gli spilloni d'argento con la capocchia colorata erano tra i regali nuziali d'obbligo e una sposa piccoloborghese non rinunciava mai ad avventurarsi nella fabbricazione delle ciliegie sotto spirito. Era il primo passo verso la psicosi della distillazione casalinga che a suon di zuccheri e di «alcole da drogheria» provocò ecatombi di cirrotici. Il liquore più diffuso, per digerire e per sbronzarsi in casa, era il cherry brandy, a base di ciliegie, ma in negozio costava caro. Da un certo punto in avanti le serve furono avvertite di non buttar più via i noccioli delle ciliegie: con due etti e mezzo di noccioli pestati nel mortaio «con quel po' di polpa che rimane loro sempre aderente» – anche dopo averli succhiati, si suppone – 85 grammi di zucchero, un dito d'acqua, cinque minuti di cottura, mezzo litro di «alcole» e sei giorni di stagionatura, ecco pronto il cherry brandy, detto anche Sangue Morlacco o Maraschino casalingo. Di costoso queste alchimie avevano soltanto l'alcol, perciò si offrivano e si bevevano senza scrupoli, come l'infernale Centerbe sempre fatto in casa con 3 foglie di menta, 3 di tè, 3 di limone, 3 di alloro, 5 di rosmarino, 3 fiori di camomilla, 3 palline di ginepro, 2 chiodi di garofano, una presina di zafferano, un'unghia di corteccia di cannella, 4 etti di alcol. Dopo cinque giorni di infusione, sei minuti di bollitura in 350 grammi d'acqua e

3 etti di zucchero. «Che liquore sopraffino! Viene da una di quelle vecchie badie, o certose, od abbazie, nelle quali i buoni fraticelli distillano liquori con l'erbe coltivate nei loro giardinetti? Queste le domande che vengono fatte a me, e queste quelle che verranno sempre fatte a voi, quando offrirete un bicchierino del mio liquore; purché però... vi atteniate scrupolosamente alla ricetta che io ho data a voi, e che a me ha data... Chi? Forse un fraticello certosino? Un saggio priore domenicano? Un abate benedettino? Mah! Segreto di un vecchio codice conventuale, ma che quella pettegola di Petronilla è riuscita a scovare per voi!»

Rispetto a oggi la piccola borghesia italiana mangiava molto meno e molto più genuino, si sa. Tuttavia la pubblicità medicinale dell'era fascista ci dà la certezza che questo strato sociale digeriva assai male, quasi si abbandonasse ad eccessi imperdonabili o, comunque sia, imparagonabili al vitto del resto degli italiani. «Una buona digestione per tutta la famiglia», raccomandava lo slogan quotidiano della «Magnesia Bisurata-Prodotto di fabbricazione italiana». Sotto il titolo compariva il disegno di una famiglia inappuntabile, padre, due figli, madre con la zuppiera fumante in mano. Lei ha sul volto il mesto disappunto di chi intuisce che la propria fatica non verrà apprezzata; la bimba guarda golosamente nella zuppiera mentre il bimbo osserva dal basso l'espressione dolente del padre. Testo: «Bisogna convenire che è assai raro che almeno un membro della famiglia non si lagni di dolori allo stomaco. Oggi è il marito per aver mangiato un piatto che non gli si confà, domani sarà la volta della moglie. Molto spesso poi sono i bambini che, essendo troppo ghiotti, abusano delle cose buone e gustose guastandosi lo stomaco. Ecco le ragioni per le quali ogni madre di famiglia deve aver sempre a portata, per farne uso immediato, una boccetta di Magnesia Bisurata. Si vende in tutte le farmacie. Nuovo prezzo ridotto: flacone normale L. 4,95 oppure il flacone grande più economico L. 8,10».

Nemmeno i contadini poveri digerivano bene. Racconta il memorialista umbro: «A volte avveniva che la digestione affaticasse il respiro, perché si mangiava solo il granoturco, e durante la notte sembrava di soffocare. Il dottore diceva di prendere un po' di bicarbonato, mentre la Maria della Sbicca, la Santarulla e qualche altro stregone dicevano che non era un'indigestione, ma un'anima che non aveva pace e che durante la notte andava vagando nelle stanze in cerca di qualche persona da soffocare. Secondo questa credenza, l'anima prendeva la forma di un grosso gatto che saliva sullo stomaco e con le zampe anteriori stringeva la gola. Era il "broncolo". Un nostro vicino di casa, che aveva dodici figli, e i più piccoli li portava a letto con lui e la moglie, raccontò che una notte si sentì soffocare da mancargli completamente il respiro, allora pensò al "broncolo" e con la mano lo sentì, lo prese e lo sbatté contro il muro. Era il suo figlioletto Sandrino».

Pomeriggio

I
IL SABATO DELL'AMORE

Il sabato fascista diventò presto, per le coppie di sposi, il pomeriggio dell'amore; l'unico che consentisse di andare a letto senza nascondersi ai figli con precari sotterfugi. Dalle 14,30 alle 16 i ragazzi in divisa erano reclutati per l'adunata alla Casa del balilla o nel cortile della scuola: ci andavano volentieri e non c'era pericolo che ritornassero all'improvviso. Per non essere disturbati nell'intimità bastava non dar retta al campanello. I monelli errabondi avevano indovinato le nuove abitudini delle coppie. In gruppo si intrufolavano nei portoni, salivano silenziosamente fino all'ultimo piano e inscenavano la cagnara: nel ridiscendere a balzi suonavano tutti i campanelli, che nelle vecchie case non erano elettrici ma meccanici e funzionavano girando una chiavetta. Dalla strada, poi, beffeggiavano chi si affacciava.

Anche i mariti iscritti al fascio avrebbero dovuto dedicarsi alle attività postmilitari, politiche o sportive organizzate dal partito. Ma sia al sabato pomeriggio, sia nei giorni di festa nazionale, quando le convocazioni per le adunate venivano fatte con la cartolina-precetto firmata dal fiduciario del fascio rionale, i genitori mandavano avanti i bambini e disertavano. Della loro condotta, a un certo punto, fu responsabile e garante il capofabbricato, figura a metà tra il custode dell'ideale e lo spione, un coinquilino di «provata fede» che spesso aveva gli stessi problemi di intimità difficile, quindi capiva e aiutava.

Se poi le assenze diventavano troppe l'indisciplinato veniva convocato al fascio rionale, dal fiduciario, per una cameratesca ramanzina. Qui, ricordano i memorialisti più sereni, si respirava l'atmosfera stantia di un museo della rivoluzione tenuto in vita da reduci della prima ora. Un vecchio gagliardetto lacero, sottovetro, c'era sempre; per tagliacarte si usavano baionette, per portamatite bossoli di mortaio. Le scritte sui muri, in netti caratteri romani, squillavano imperiose il decalogo del buon fascista: «Si saluta romanamente», «Non si fanno raccomandazioni», «Ardisco non ordisco», «Noi tireremo diritto», «Il fascista non usa l'ascensore», «Credere obbedire combattere», «Non ci piacciono le scartoffie».

Per il fiduciario, l'iscritto privo di autentiche benemerenze antemarcia era soltanto uno dei milioni di tesserati opportunisti cui era meglio non chiedere prove di fede per non apparire fesso. Certo, la disciplina soprattutto, ma il fiduciario ricordava i bei tempi quando si «scattava come molle» senza bisogno di cartoline-precetto, quando l'ordine era affidato allo «spirito combattentistico», non ai fogli di carta che arrivavano da Roma firmati da Achille Starace, quando «la tessera era un onore che si pagava col sangue».

Se l'inquisito era un operaio, il compito del vecchio fascista in piedi dietro la scrivania, con i pugni sul piano incerato, sotto il ritratto del duce, era più facile e la ramanzina più secca e spontanea. L'operaio iscritto al fascio era pur sempre un transfuga, un convertito, quindi anche uno sbandato, isolato nella sua classe e ignaro di come funzionassero le cose nel partito. Un po' brusco un po' paterno, il fiduciario ritrovava gli argomenti della vigilia, «o con noi o contro di noi», sapendo che l'operaio avrebbe ascoltato in silenzio. Di fronte a un piccolo impiegato, invece, il fiduciario si sentiva la bocca piena di cotone: il camerata che gli era di fronte rispondeva con frasi da libro scolastico dello stato, squadernava le fotografie dei figlioli in divisa da balilla e copie di sue lettere di protesta indirizzate al fascio perché il riconoscimento della sua anzianità di militante si era perduta nei labirinti della perdurante burocrazia «che non abbiamo ancora stroncato».

È un fatto che i severi provvedimenti minacciati «contro gli assenti ingiustificati» non colpirono quasi nessuno. L'amore pomeridiano in assenza dei figlioli era poi una scusa di fronte alla quale anche il fiduciario si sentiva liberato.

Non era forse un preciso dovere di tutti darsi da fare per accrescere il numero degli italiani? La cartella personale dell'inquisito era sotto gli occhi dell'inquisitore. «Due figli? Pochi. Come mai soltanto due?» La domanda era d'obbligo da parte di un tutore della disciplina, ma il tono, di necessità, confidenziale. «A presto il terzo, camerata.»

Il regime, nato da una costola dell'anarco-socialismo cui il matrimonio pareva un abietto contratto borghese, preposto a una società piccoloborghese cattolica e spesso beghina, condizionato dal Concordato del 1929 a rispettare l'enciclica *Casti connubi* di Pio XI (1930) che ammetteva rapporti sessuali solo al fine di procreare, arroccato sul principio che il numero fa la forza della nazione, si slanciò in quella ossessionante campagna demografica che a poco a poco, da calorosa raccomandazione, prese forma e forza di legge. La piccola borghesia n'ebbe scossi i pudori e stimolati gli istinti. Il mistico linguaggio della *Casti connubi*, tradotto dal segretario del partito Starace, suonava: «Tutti gli organi del partito funzionano: devono funzionare perciò anche gli organi genitali».

In effetti la campagna demografica fu l'unica iniziativa del regime a penetrare nella vita coniugale per essere attentamente valutata prima di essere disattesa. Si trattava di accettare o rifiutare (più spesso dosare furbescamente) i benefici immediati in denaro che il fascismo offriva agli sposi e moltiplicava in proporzione al numero dei figli. Al massimo della sua intensità, nel 1937, la campagna demografica offriva agli operai che si sposavano entro il venticinquesimo anno un assegno nuziale di 700 lire, 1000 lire agli impiegati se si sposavano entro i trent'anni. Per contrasto, i maschi non sposati pagavano la tassa sul celibato fino a oltre gli 80 anni e nel pubblico impiego erano sempre gli ultimi in graduatoria. L'assegno nuziale era inoltre corredato da un prestito senza interessi non inferiore alle 1000 lire né superiore alle 3000 che veniva elargito a quanti, sposati entro i 25 anni, guadagnavano meno di 1000 lire lorde al mese (12.000 l'anno), ossia la stragrande maggioranza degli italiani. A sei mesi dalla concessione il prestito si cominciava a restituire nella miserabile misura dell'uno per cento al mese, ma dopo la nascita di ciascun figlio la restituzione veniva sospesa per un anno e il prestito si riduceva del 10 per cento del totale al primo figlio, del 20 al secondo, del 30 al terzo, del 40 al quarto, dopo di che veniva condonato. Alle madri riconosciute ufficialmente prolifiche, con almeno sette figli, Mussolini inviava o consegnava personalmente in fastose cerimonie a Palazzo Venezia 5000 lire più una polizza di assicurazione di 1000 lire. Altre facilitazioni, come ad esempio la tessera gratuita su tutti i mezzi pubblici cittadini, arrivavano loro dal fascio locale. I capifamiglia con prole numerosa godevano di privilegi straordinari negli impieghi statali, nei contratti di lavoro collettivi, nella concessione di prestiti a interesse, e di forti sconti nell'affitto degli appartamenti. Anche gli assegni familiari erano ragguardevoli: 3, 60 lire la settimana per gli operai con un figlio, 4,80 per quelli con due o tre figli; 6 lire da quattro figli in su. Per gli impiegati (sempre alla settimana) 4,80, 6,50 e 7,20.

Per i dipendenti del commercio, gli assegni potevano essere anche più alti.

Sugli italiani non si era mai abbattuta una così schietta, insistita, massiccia promozione dei rapporti sessuali, sia pure legittimi, cioè tra coppie benedette (durante gli anni fascisti successivi al Concordato quasi il 99 per cento dei matrimoni furono celebrati in chiesa). E le conseguenze furono più d'ordine morale che pratico. «I risultati maggiori si ebbero sul piano della diminuzione della mortalità, sia generale sia infantile e, col '36, su quello della nuzialità. Nel complesso però, tanto la natalità quanto l'accrescimento naturale (l'eccedenza delle nascite sulle morti, cioè) continuarono a decrescere» (Renzo De Felice).

Le madri prolifiche additate a esempio d'italianità venivano soprattutto dalle campagne del Sud e del Veneto: si trattava essenzialmente di cupidigia per i premi in denaro innestata su un'antica tradizione di rapporti sessuali consumati ciecamente, promiscuamente, all'ombra della filosofia rusticana per cui dove si mangia in tre si mangia in sei e ogni paio di braccia aiuta nel lavoro. Il populismo contadino che aveva tanta parte nello spirito fascista ne fu comunque esaltato, mentre alla piccola borghesia, già vellicata nei suoi pudori dai toni della campagna demografica, la celebrazione solenne della prolificità contadina parve l'elogio della foia animale. Le contadine non erano forse di quella razza che si faceva stendere dai fattori nei fienili, che si accoppiava nelle mangiatoie e nei pagliai, che indulgeva all'incesto e si sbatteva al calar del sole sotto gli occhi dei figli? Erano loro l'esempio? Il trauma etico era prevedibile e ci fu. Il cinema si fece più audace, tra sarcasmi e moralismi, Pitigrilli ebbe fama di autore riservato agli adulti, le figure femminili dei giornali umoristici e del popolarissimo settimanale «Grandi firme», cui fu persino dedicata la canzone *Signorina Grandi firme*, furono per l'epoca quel che oggi è il nudo fotografico. Paradossalmente, la campagna che aveva sacrificato ogni riserbo predicando la riproduzione non solo non fu accompagnata da alcun principio di educazione sessuale, ma nemmeno rese più lecite immagini che chiaramente si riferissero all'atto sessuale: generò, invece, un vortice di allusioni, di suggestioni, di figure velate, di provocazioni feticistiche, di passioni incontenibili da indovinare attraverso le labbra dischiuse delle attrici. Persino *Quo vadis* si cominciò a leggere con malizia, là dove Licia viene legata nuda sulla groppa del toro. Si vendevano a dispense *Le orge di Tiberio* che gli adulti tenevano chiuse a chiave, benché Tiberio non venisse mai colto in flagrante nelle sue esibizioni orgiastiche.

La piccola borghesia italiana e le popolazioni cittadine in genere con l'eccezione di Roma – dove il gran numero di impiegati dello Stato e di contadini inurbati fece sì che la consegna di Mussolini fosse meglio rispettata – preferirono intendere l'ordine a procreare come un'autorizzazione a «peccare». La media di due-tre figli prese a diminuire anziché ad aumentare. D'altronde nessuno, se non qualche intellettuale, leggeva «La Critica fascista» che il 15 febbraio 1937 preannunciava la débâcle: «L'egoismo umano, che nei suoi aspetti più palesemente materiali il Fascismo combatte nell'azienda, tenta di annidarsi nella famiglia dove, praticamente indisturbato, mina dall'interno la vita della Nazione. Detronizzato nell'azienda il *padrone*, il *pater familias* è tutt'ora re. Un re cui tuttavia codice penale e codice civile pongono alcuni divieti e impongono alcuni obblighi; ma al cui arbitrio è ancora lasciato il potere fondamentale di mantenere in vita o di distruggere la propria famiglia. Se non ha più diritto di vita e di morte sulla compagna e sui figli, è tuttavia conservato all'individuo il diritto di *non volere*. Non il matrimonio, non i figli. Perisca la Nazione ma il *sacro* egoismo dell'individuo sia salvo! Dalla dottrina mussoliniana il regime non ha ancora tratto tutte le conseguenze. O le ha tratte solo teoricamente; e dove, su questo terreno, con la battaglia demografica, ha cercato di realizzare in concreto il tentativo, frammentario, non è riuscito ad arrestare il continuo, precipitante declino delle nascite... E se ancora in qualche punto siamo meglio dei paesi nordeuropei, le dobbiamo soltanto alle nostre province mediterranee e al Veneto... E in Piemonte, a differenza di tutte le altre regioni d'Italia, è da notare che il male, sintomo particolarmente preoccupante, non è meno grave nelle campagne che circondano l'antica capitale sabauda, destinate pur esse, fra non molto, a rimanere senza abitanti nativi. Dopo aver straripato dalle classi borghesi a quelle operaie, il male ha qui invaso le campagne, ha contagiato i rurali».

In questo clima, l'aumento dei matrimoni e il calo delle nascite testimoniano soprattutto che gli italiani impararono ad adottare misure precauzionali proprio nel periodo in cui i due massimi poteri, quello dello stato fascista e quello della chiesa, concentrarono le loro forze per debellare il rapporto sessuale sterile. Gli è che fascismo e chiesa muovevano da principi opposti: per la chiesa era fornicazione qualsiasi rapporto non intenzionalmente volto a procreare; per il laico fascismo bisognava fornicare il più possibile onde procreare. Gli italiani colsero questa sfumatura e si comportarono di testa loro. Indubbiamente con fatica, rischio e fantasia. «Proibita per legge ogni pubblicità e propaganda di misure contraccettive», ricorda Miriam Mafai, «la pratica più diffusa di controllo delle nascite fu, per tutti quegli anni, in campagna come in città, l'aborto. Si abortiva allora ingerendo chinino e purganti, introducendo in vagina pastiglie di sublimato, gambi di prezzemolo, forcinelle d'osso e ferri da calza. Alcune farmacie vendevano, solo ai clienti più fidati, misteriosi sciroppi e pasticche. Molti medici e levatrici e infermiere praticavano a prezzi elevatissimi il raschiamento (naturalmente senza anestesia) o la sonda (con il pericolo di incontenibili emorragie).»

Una famiglia operaia o piccoloborghese non poteva permettersi di pagare l'aborto: era una pratica riservata ai borghesi veri e propri quando mettevano incinta clandestinamente una ragazzina. I coniugi tentavano sistemi più spicci: se il prezzemolo bollito o il calamelano (utile, si diceva, per far abortire le cavalle) non funzionava, la moglie tentava con il bagno bollente o con le scale. Su e giù, dieci, venti volte, per le scale del caseggiato, finché il cuore le reggeva. Talvolta cadeva apposta, si contundeva perché le rimanessero sulla pelle, visibili, i segni dell'incidente. Se poi il feto le restava attaccato alle viscere, era la volontà di Dio.

I preservativi esistevano, quelli italiani avevano la stessa età del regime. La fabbrica Hatù, l'unica esistente, era stata inaugurata a Bologna nel 1923 con la direzione tecnica di due tedeschi detentori del brevetto: Hartman e Tudor. Ecco perché «Ha-Tu». Agli inizi fu anche lanciato uno slogan pubblicitario ispirato a queste iniziali: «Habemus tutorem», abbiamo un protettore. Con il Concordato e la campagna demografica la scritta rimase soltanto sulla confezione in carta velina per riapparire nel dopoguerra in traduzione vulgata: «Hatù, e son tranquillo». Relegato nelle farmacie notturne, il preservativo conservò negli anni dell'era fascista una sua liceità essenzialmente come profilattico contro le malattie veneree, e anche in questo caso con una réclame istituzionalizzata che non faceva onore al prodotto. Nei cessi pubblici compariva un avviso firmato Paolo Mantegazza, autore della *Fisiologia del dolore* e della *Fisiologia del piacere*, molto popolare ma scomparso già nel 1910: «Il pre-

29-30 ottobre 1922, *foto sopra e sotto*. Le squadre fasciste raggiungono Roma in treno dopo che Mussolini ha ricevuto da re Vittorio Emanuele III l'incarico di formare il governo

Chiusi (Siena) 1931. I contadini del podere San Vincenzo al Passo della Quercia festeggiano la mietitura con il padrone e il fattore.

Anno scolastico 1923-1924. Fotografia ricordo di scolari biellesi (Vercelli) con il corpo insegnante e la bandiera.

Un figlio della lupa di due anni. A partire dal 1936 Mussolini consentì l'iscrizione all'Opera nazionale balilla di tutti i bambini fin dal primo giorno di vita.

Bambino piemontese vestito alla marinara, 1923.
Nella pagina a destra, la famiglia contadina prima della campagna demografica ritratta come simbolo populista dell'Italia fascista, 1925.

La spesa in uno dei mercati milanesi all'inizio degli anni Trenta. L'uva, frutto italiano per eccellenza, era tra i prodotti più accessibili a prezzo rigorosamente controllato.

Milano, maggio 1930. Le vecchie carrozze tramviarie vengono pubblicamente messe al rogo nel quartiere di San Siro. *Nelle foto in basso*: *a sinistra*, un autobus funzionante a gassogeno (gas di carbone o di legna) nel 1937; *a destra*, impiegati e operai vanno al lavoro in bicicletta.

Qui sotto, la partenza notturna di un Treno Popolare da Roma. *Nella pagina a destra, in alto*, foto ricordo dei lavori per la costruzione della nuova stazione Termini. *In basso*, una delle prime littorine a Milano. (1932).

Servette, balie asciutte e bambinaie con le carrozzelle nei viali del parco Sempione a Milano all'inizio degli anni Trenta.

Nella pagina a sinistra, giocattoli in affitto ai giardini pubblici:
le automobili a pedali (1930) e, *in basso*, l'aereo a pedali (1938).
Qui sotto, un negozio di balocchi (Natale 1936).

Stufe e Fornelli a gas di petrolio

Stufe "Aureola" originali **Haller** a gas di petrolio.

Fornello "Primus" originale, a gas di petrolio,
in ottone lucido, con becco silenzioso o rumoroso.
N. 4, capacità litri 0,900 - *silenzioso* .... L. 60,—
N 1 S, capacità litri 1,200 - *rumoroso* ..... L. 62,—
Fornelli "Hirao"
N 1, capacità litri 1,200 - *rumoroso* .... L. 49,50

Stufe "Aureola" originali **Haller** a gas di petrolio.

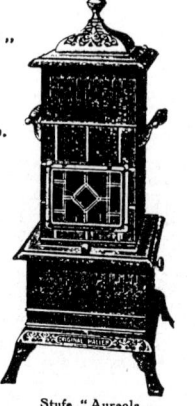

35-1876

Stufe "Aureola",
originali Haller, a gas di petrolio,
in lamiera smaltata *(non verniciata)*
nera, fiamma gialla, inodore, recipiente
in ottone, vetro colorato,
da 30", alta cm. 66 .. L. 87,50
da 60", alta cm. 72 . L. 129,50

35-1877
Cucinetta economica "Primus" originale,
a gas di petrolio,
con parte superiore d'acciaio, due recipienti in ottone lucido,
due becchi rumorosi a due fuochi, inodore.
Misura cm. 55 p. 16. . . . . . . L. 185,—

Anticipare almeno un terzo dell'importo.

Stufe "Aureola"
originali Haller, a gas di petrolio,
tipi di lusso a fiamma bleu, gasificata,
inodore, in lamiera smaltata a colori
diversi e con parti nichelate.
Mod. *rettangolare* come l'illustrazione,
da 30", alta cm. 68 ... L. 220,—
da 60", alta cm. 80 .. L. 290,—

Usare sempre Petroli "Aureola" della Società Nafta

Cucine economiche ◦ Braciere

N. 35-1879 - Piccola **Cucina Economica**
La Populare in lamiera e ghisa, da
usare a legna o carbone, con relativo forno, raccomandabile per piccole famiglie,
L. 195,—

Cucine economiche
N. 35-1880 - **Cucina economica** di solidissima costruzione, a
doppia circolazione di calore interno, 2 forni, caldaia in rame,
da usare a legna od a carbone, funzionamento garantito.
Tipo N. 1, dimensione cm. 60 p. 40.............. L. 475,—
Tipo N. 2, dimensione cm. 70 p. 45.............. L. 550,—
Tipo N. 3, dimensione cm. 80 p. 50.............. L. 725,—
Tipo N. 4, dimensione cm. 90 p. 60.............. L. 850,—
Tipo N. 5, dimensione cm. 100 p. 65............ L. 950,—

N. 35-1881 - **Braciere** a carbonella, in
lamiera zincata e con scaldino interno
di ferro, costruzione solida,
N. 2, alto cm. 75........... L. 45,—
N. 3, alto cm. 80............ L. 55,—
N. 4, alto cm. 85........... L. 65,—

Avvertenza - Anticipare almeno un terzo dell'importo. - **Avvertenza**

Cataloghi della Rinascente del 1923 e del 1928: dalle prime cucine economiche agli articoli sostitutivi del bagno in casa.

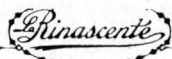

Articoli da toeletta

N. 36-1201 - Piattino per sapone, in maiolica bianca...... L. 2,75

N. 36-1200 - Servizio da camera in maiolica avorio, decorata a disegni bleu, 5 *pezzi*, catino diam. cm. 34. L. 60,—

N. 36-1202 - Servizio da camera per toeletta, in maiolica avorio, decorazioni bleu, 5 *pezzi*, catino diametro cm. 37 .. L. 75,—

N. 36-1204 - Vaso da notte in maiolica bianca .... L. 11,50

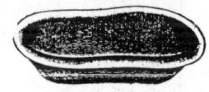

N. 36-1206 - Bidet in maiolica extraforte, bianca, bordo largo ricurvo, lungo cm. 48 ... L. 60,—
Portabidet analogo, in ferro vuoto smaltato bianco lavabile.............................. L. 40,—

36-1203 - Portasapone da appendere, con porta spazzola e spazzolino in maiolica bianca.
L. 12,50

N. 36-1205 - Piattino portapettini ecc., in maiolica bianca,
L. 4,—

N. 35-1560
Lavabo in ferro smaltato bianco, piano di marmo con foro pel catino, specchio molato, modello elegante.. L. 175,—

N.36-1209 - Catino speciale per lavabo, in pesante maiolica, diam. cm. 42 L. 38,—, 45 L. 48,—
Detto, con foro per valvola a piletta per lo scarico, diam. cm. 42 L. 40,—, 45 L. 50,—

N. 36-1207 - Catino in maiolica bianca, diam. cm. 34 L. 16,50, cm. 36 L. 20,—

N. 36-1208 - Sputacchiera con coperchio levabile, in maiolica bianca.
L. 12,50

N. 36-1210 - Padella per ammalati, in maiolica bianca, forte, misura cm. 30 L. 18,—, cm. 36 L. 20,—

N. 36-1211 - Manico in giunco e impugnatura legno adatto al secchio N. 34-1215.
L. 5,—

N. 36-1212 - Portaspazzole da gabinetto, in terraglia bianca............ L. 15—
Detto, tipo gigante,
L. 18,

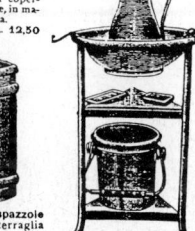

N. 36-1213 - Brocca forma elegante, in maiolica bianca, capacità litri 3 ...... L. 20,—
litri 4 ...... L. 28,50

N. 36-1214— Brocca, maiolica pesante, bianca, capacità l. 3 1/2 L. 27
capacità litri 5 L. 45

N. 35-1561 - Lavabo in ferro smaltato bianco, con servizio completo in pesante alluminio, specchio molato, L. 185,—. *Solo fusto* con specchio L. 95,—

N.36-1215 - Secchio con coperchio ad imbuto, in maiolica bianca, tipo extraforte........ L. 55,—
Con manico giunco.. L. 60,—

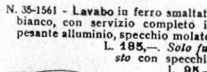

N. 36-1217 - E det, vasca in maiolica bianca, supporto di ferro verniciato, bordo all'ingiro di legno lucidato, modello indicato per persone sofferenti e molto robuste.................. L. 120,—

Spedizione
a mezzo ferrovia

N 36-1216 - Servizio di camera per toeletta, modello grande, in porcellana, decorazioni assort., 7 *pezzi*, catino cm. 43. L. 239,50

Anticipare almeno
un terzo dell'importo

Scampagnate piccoloborghesi.
Qui sopra, giovani del servizio premilitare durante l'esercitazione domenicale. *A sinistra*, in campagna per la vendemmia. *A destra* una gita organizzata dal dopolavoro di Biella, negli anni Trenta.

Lussi piccoloborghesi. *Qui sopra*, una famiglia in gita con l'automobile a noleggio (1937).
A sinistra, nella foto grande, la presentazione della Fiat 508, Balilla, in piazza San Marco a Venezia (1932).
A sinistra in alto, una domenica sulla neve (1935).

A destra, la pubblicità delle calze Noemi con la cucitura anteriore (1936). *Qui sotto*, in piena autarchia, l'Italdado per fare il brodo. Da notare la scritta: «Approvato dalle Autorità religiose nei giorni di magro ed astinenza».

La pubblicità dell'Ovomaltina, il ricostituente per ragazzi più diffuso. Agli adulti era riservato l'Ischirogeno. *Nella pagina a fianco*, la propaganda dell'apparecchio Radiobalilla in Galleria a Milano (1935).

Qui sopra, un gerarca di provincia in visita a una piccola industria di Savona (il proprietario è al centro). *Sotto*, il lavatoio pubblico in vicolo Lavandai a Milano. *A destra*, il «cinema ambulante» e i contadini in attesa dello spettacolo.

CONFEDERAZIONE FASCISTA
LAVORATORI AGRICOLTURA
CINEMASONORO N. 1

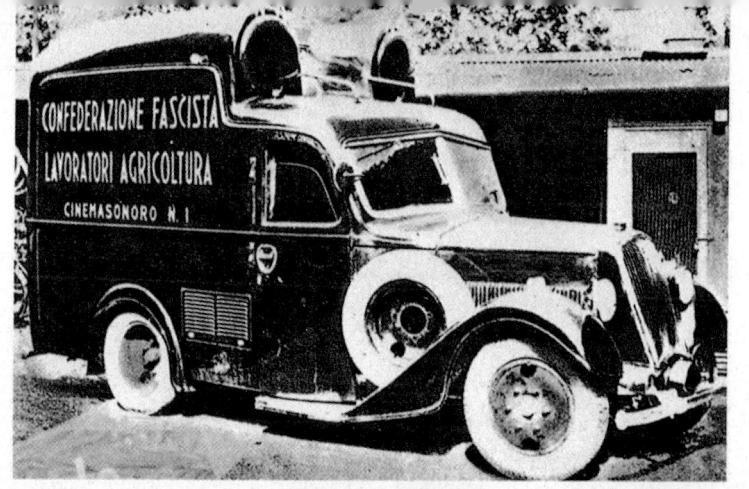

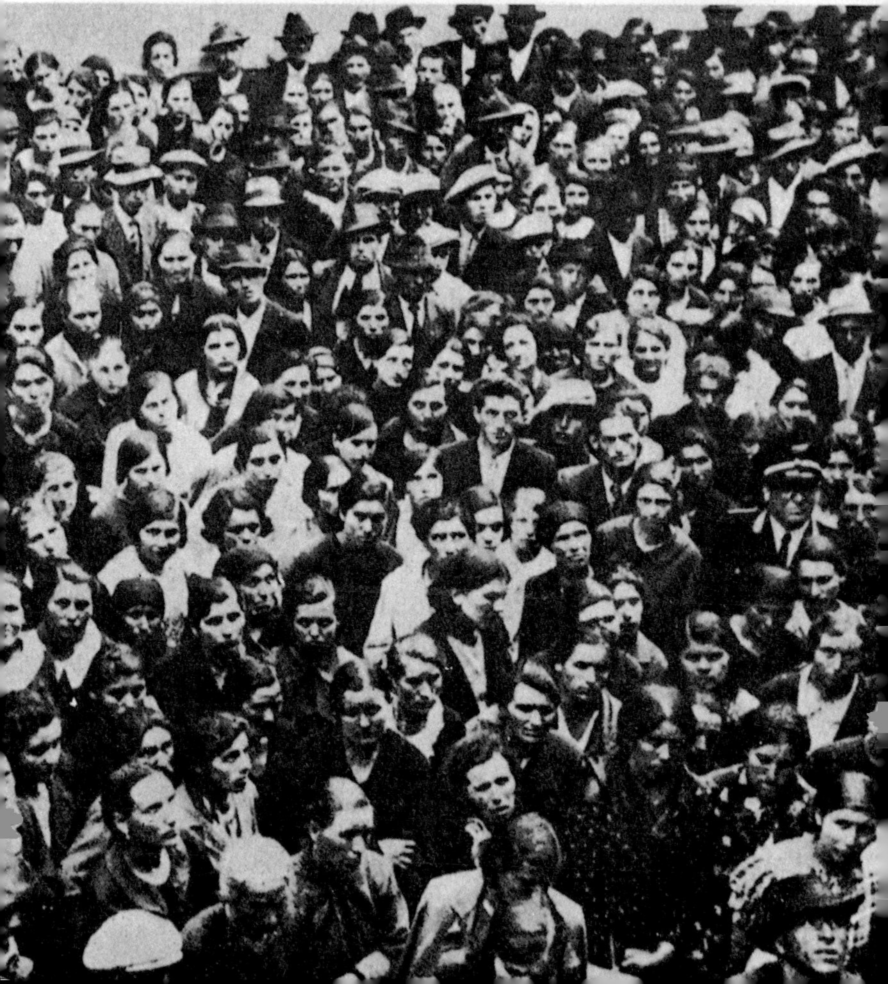

Qui sotto, la premiazione scolastica (fine anni Venti). *A destra*, *in alto*, la cerimonia della «Leva fascista» a Roma (anni Trenta); *in basso*, una famiglia premiata per la prole numerosa durante la campagna demografica.

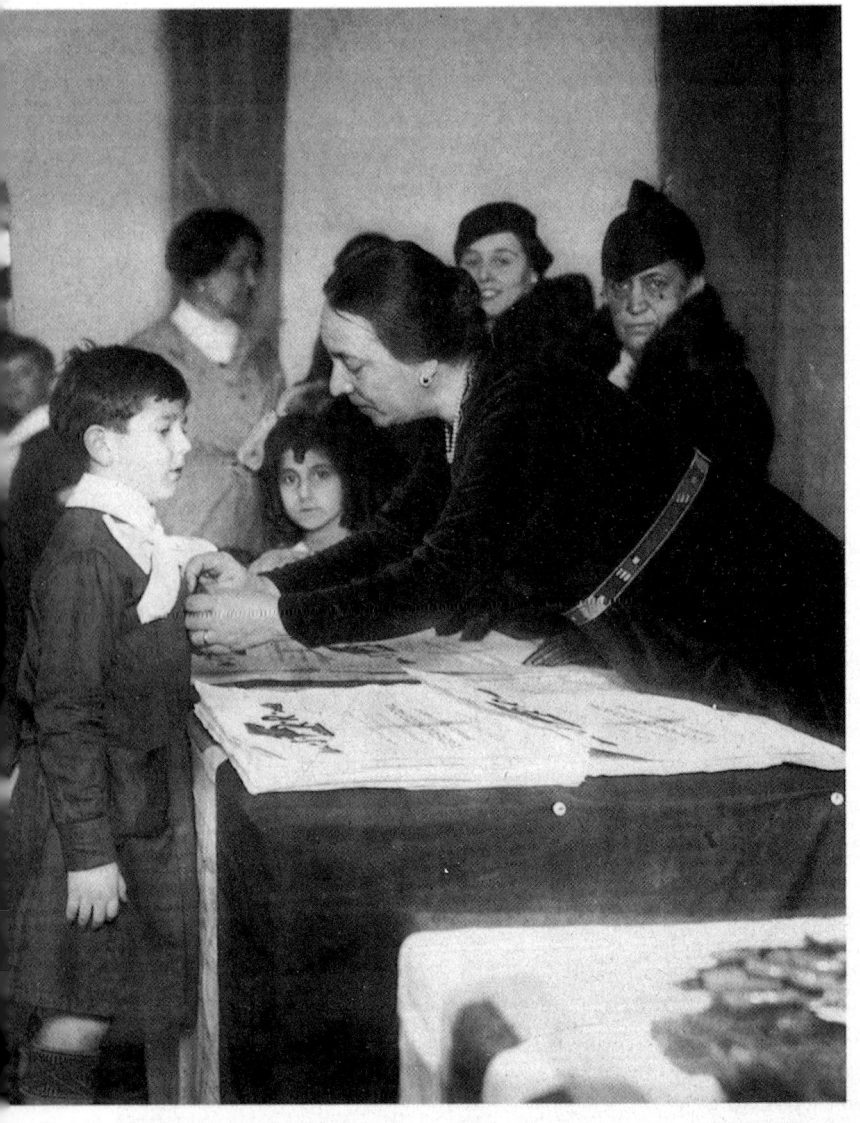

Un gigantesco fascio littorio troneggia su un carro allegorico durante la Festa dell'uva. *A destra*, padre e figlio salutano romanamente dal balcone il corteo per la conquista dell'impero (maggio 1936). *Nella pagina a fianco*, il botteghino della lotteria di Tripoli a Milano.

In alto, la raccolta della lana per le divise militari (1939-1940).
Qui sopra, Natale 1939: due bambini in divisa da ufficiali brindano al futuro militare italiano.
A destra, foto ricordo del soldato di leva triestino Nordio M. chiamato alle armi alla vigilia della guerra (primavera 1940).

servativo è una corazza contro il piacere, una ragnatela contro il pericolo».

Per comprare una bustina di Hatù occorreva superare sbarramenti psicologici tra i quali restavano impigliati brandelli sanguinosi di dignità. Le farmacie che distribuivano il prodotto si distinguevano per un termometro appeso fuori dell'ingresso con la scritta Hatù, senza specificare. Era un segnale riservato ai competenti, cioè ai reprobi. Per gli altri era la marca di un ciucciotto. Nessuno avrebbe osato chiedere un Hatù se in negozio c'erano altri clienti, tantomeno se al banco serviva una donna. I preservativi erano nascosti nel retrobottega. Gli acquirenti passeggiavano a lungo davanti al negozio e quando si risolvevano acquistavano anche un cachet Kalmine, rimedio famoso per il mal di testa e il mal di denti.

Benché grossolani, malamente scorrevoli, del tipo «secco» oggi improponibile, gli anticoncezionali di caucciù erano molto cari: 5 lire e mezzo una bustina da tre pezzi del tipo popolare K27; ben 14 lire e 80 centesimi la confezione di sei Hatù-oro.

«Gondone» (da *comdom*) era un'ingiuria pesante e in certe regioni, per definire un essere infido, un laido traditore, si diceva «gondone scoppiato». Le mogli rifiutavano il preservativo come un'onta infame, almeno se a proporne l'uso era il marito. Era un accessorio riservato alle donne disponibili, colpevoli di troppi amori, quindi probabilmente infette. Di sifilide si moriva e il gioco della moglie-amante era una bestemmia. I ruoli andavano rispettati e lo erano.

Come l'omosessualità, l'adulterio scoperto in flagrante era un delitto, e come la maggior parte dei delitti non finiva sulla cronaca nera dei giornali perché l'immagine del paese non ne fosse macchiata. L'adulterio, però, era un reato per il quale soltanto le donne potevano essere punite. La legge non prevedeva che lo commettesse un uomo. L'articolo 559 del codice penale fascista testualmente recitava: «Adulterio – La moglie adultera è punita con la reclusione fino a un anno. Con la stessa pena è punito il correo dell'adultera. La pena è della reclusione fino a due anni nel caso di relazione adulterina. Il delitto è punibile a querela del marito». Come dire che appena nasceva un po' d'amore (relazione) la pena raddoppiava. L'adulterio del marito veniva invece contemplato sotto la voce «concubinato». «Il marito che tiene una concubina nella casa coniugale, o notoriamente altrove, è punito con la reclusione fino a due anni. La concubina è punita con la stessa pena. Il delitto è punibile a querela della moglie». L'uomo era perseguibile, insomma, soltanto se trasformava la propria abitazione in harem, oppure se protraeva una convivenza adulterina costante. Poiché la confidenza dei poveri diavoli con la lettera della legge era più o meno quella di Renzo Tramaglino, capitava che ai comandi dei carabinieri si presentassero mogli ferite nei sentimenti e nell'onore a suggerire pedinamenti e trappole per i mariti fedifraghi. Per il maresciallo era difficile far capire loro che il concubinato del marito doveva essere notorio, sempre nello stesso luogo, sempre con la stessa donna. Se così non era, la signora era invitata a non far perdere tempo: «L'uomo è sporcaccione, si sa».

Ben diverso il peso della denuncia se presentata da un marito: la pattuglia in borghese si acquattava nei luoghi sospetti, seguiva la coppia adulterina fin dentro l'albergo a ore, irrompeva con il passe-partout quando, secondo ragionevoli previsioni, la fedifraga si era già spogliata. Il correo se la cavava ostentando buonafede: «Questa è sposata? Mai saputo». Oppure: «Maresciallo, io l'ho pagata, non le ho chiesto la carta d'identità». Contava, ovviamente, il ruolo sociale dell'uomo, sia del fedifrago, sia del querelante. Per moderare le storture della legge il maresciallo dei carabinieri ragionava prima di appostare la pattuglia. «Lei è una persona in vista, un membro del partito, le conviene dichiararsi cornuto?» chiedeva suadente al marito. E si sincerava sulla posizione del fedifrago in pericolo di diventare correo: l'Italia dei gerarchi era affollata di potenziali correi, a cominciare dal duce e dal segretario del partito. Tuttavia anche i poveri, i contadini, i piccoloborghesi erano in qualche modo protetti dalla legge se capaci di cogliere la moglie in flagrante adulterio: l'assassinio per onore era un diritto esteso, impunemente, a tutti i maschi.

Ogni pomeriggio di giorno feriale frullavano via, attraverso le maglie serrate della legge, le «rondinelle del pied-à-terre». Una definizione molto popolare nell'era fascista, più poetica che pettegola. Come rondini, ad ore fisse, le piccoloborghesi sciamavano dalle loro abitazioni per sostare un attimo davanti al campanello dell'appartamentino affittato dall'amante. Un trillo, e s'imbucavano nel provvisorio nido dal quale uscivano spennacchiate al tramonto.

La gente continuava a dire «pied-à-terre», ma sui giornali era vietato stampare parole straniere, così, negli annunci economici, compariva la voce «piedatterra». Le signore della piccola borghesia che facevano e rifacevano i conti dell'amministrazione familiare nel vagheggiamento di una casa un po' più grande, con la stanza per i bambini e una cameretta per la serva (che normalmente dormiva in corridoio o in cucina), si imbattevano nei «piedatterra» leggendo la colonna delle occasioni d'affitto: la loro fantasia s'infervorava allora attorno al mistero peccaminoso di quei rifugi descritti come «elegantissimi» ma «a prezzo modico», «modernamente arredati», talvolta «con acqua corrente e servizio» e, sempre, con «ingresso discreto e riservato, tranquillissimo». «Fittasi a persona seria»: precisazione accorta ma superflua. Gli affittuari dei «piedatterra» non potevano essere che signori, professionisti, grossi commercianti, industriali, professori universitari, clinici, o anche faccendieri il cui nome nel 1923, all'inizio dell'era fascista, era comparso nelle liste dei licenziati dai pubblici impieghi per scarso rendimento e, più spesso, per aver partecipato ai grandi scioperi del 1920-1921. Il regime, nel '23, aveva deboli radici e i fascisti rimasti al loro posto in molti casi favorirono gli ex antifascisti licenziati a mettersi discretamente in affari, spesso nebulosi e sempre scaltri. Se fosse cambiato il vento le cointeressenze nell'economia sommersa, come diremmo oggi, sarebbero diventate un buon alibi politico. È un fatto che, caduto il fascismo, quando lo stato democratico offrì ai 50.000 ferrovieri licenziati nel '23 la riassunzione in servizio con il riconoscimento di tutti gli arretrati e la ricostruzione presunta della carriera, pochi accettarono: molti «avevano trovato ottime sistemazioni altrove e non rientrarono»; avevano saputo mettere a frutto la buonuscita e il pieno diritto alla pensione ricevuti insieme alla lettera di licenziamento.

La polizia politica, l'Ovra, teneva d'occhio con particolare attenzione i pied-à-terre e chi li affittava. Lo sapevano sia i proprietari sia gli affittuari, ed era un vantaggio per entrambi: i primi avrebbero sempre potuto accampare la buonafede, i secondi badavano bene a che il pied-à-terre non degenerasse in luogo di cospirazione. Per il resto gli informatori dell'Ovra avevano un bel scrivere rapporti su rapporti, raccogliere aneddoti maligni, descrivere gli abiti delle rondinelle, seguirle dal parrucchiere, registrare i loro nomi spesso storpiati apposta: finché la questione non diventava politica le loro restavano cartacce, pezze d'appoggio per ottenere il compenso di un vano lavoro. Il regime non si impicciava delle palazzine liberty che i massimi gerarchi regalavano alle loro amanti, figurarsi se frugava nei «piedatterra a prezzo modico».

La frequentazione del pied-à-terre era pomeridiana. Il censo dell'affittuario era tale da consentirgli una libertà dal lavoro sconosciuta agli uomini di categoria sociale inferiore e quasi sempre accessibile, invece, alle loro mogli che durante il pomeriggio, almeno nelle prime ore, avevano poco da fare. Provvisoriamente il pied-à-terre avvicinava cittadini appartenenti a strati sociali che in altre circostanze non avevano occasione di incontrarsi: lui senz'altro appartenente alla fascia superiore, lei, il più delle volte, attratta dall'incursione in un ambiente «di rango», come si diceva allora, e in ciò favorita sia dalla certezza che il marito era in ufficio o in fabbrica, sia dalla monotonia della vita casalinga praticamente impostale dall'inopportunità di cercarsi un lavoro extrafamiliare. Paradossalmente, furono proprio la mentalità dell'epoca e la politica del regime – entrambe volte a scoraggiare il lavoro femminile per restituire le donne alla vita familiare – a creare le condizioni ottimali per lo svolazzo stagionale delle rondinelle verso i pied-à-terre.

L'ora di cena era lontana, la cucina e la spesa si facevano al mattino, i figli delle famiglie operaie giocavano per strada o in cortile, quelli piccoloborghesi per qualche ora venivano affidati alla serva o alla vicina di casa («Mi tiene i ragazzi oggi pomeriggio? Così fanno i compiti e giocano insieme ai suoi. Domani preparo io la merenda per tutti e le ricambio il favore») ed era consuetudine che le signore uscissero fino al tramonto: la sarta, le piccole compere, il tè in casa di un'amica – il regime non riuscì mai ad abolire questo rituale di marca anglosassone, poté solo imporre la sostituzione del tè col surrogato chiamato karkadè – anche le chiacchiere in un caffè centrale se le amiche erano più di due.

Le mogli degli operai non avevano queste abitudini né questi alibi. Erano loro stesse sarte, parrucchiere, rammendatrici. In compenso il mondo dei pied-à-terre era talmente remoto da quello in cui vivevano che le fughe in quella direzione apparivano del tutto improbabili, quindi erano meno rischiose e più tentatrici. Persino l'Ovra lasciava perdere quando nel compilare il rapporto su un pied-à-terre, percorso a ritroso il volo di una rondinella, si ritrovava nella palude di un quartiere operaio.

II
AI GIARDINI PUBBLICI

Il passeggio pomeridiano delle signore che potevano permetterselo esigeva altrettanti preparativi di quello domenicale, anche se gli itinerari erano diversi a eccezione della visita in chiesa. Le donne anziane di qualsiasi ceto frequentavano quotidianamente le funzioni delle cinque nella parrocchia e vestivano come per la messa: abiti lunghi neri, polacchette alte, guanti di rete, velo. Alcune portavano al collo, ben aderente, un nastro bianco sigillato da un cammeo o dal minuscolo ritratto incorniciato di un morto. Camminavano lentamente a coppie, sostavano per chiacchierare, si prendevano per mano nell'attraversare la strada. Nella loro borsa c'era sempre qualche caramella, casomai avessero incontrato la figlia di un'amica con i bambini. Anche senza necessità, molte portavano il bastone laccato di nero.

Dopo il vespro le anziane fedeli si disponevano in ordine sulle panche davanti ai confessionali e aspettavano il loro turno in ginocchio, il volto tra le mani. Per molte la confessione serale, quotidiana, era un'abitudine come la comunione di primo mattino. Attraverso di loro i parroci, anche nelle grandi città, sapevano tutto di tutte le famiglie, e spesso erano ospiti in casa. Per questa ragione anche le signore più giovani, a meno che non avessero con sé la carrozzina, entravano in chiesa prima della fine del passeggio e delle commissioni: il tempo di un segno della croce e di un atto di dolore. Il velo bianco ripiegato nella borsetta era pregno dell'odore della cipria. Prima di aprire il portale si nettavano il rossetto con il fazzoletto: il rossetto indelebile, d'altronde, non esisteva e le labbra laccate erano sconvenienti.

Il trucco, per quanto rudimentale, era carissimo: la cipria era d'obbligo anche tra le piccoloborghesi, ma costava 25 lire la scatola; il rossetto 15 lire e il «rosso compresso per guance» 8 lire. Sul pallore della cipria il «rosso compresso» da applicarsi col piumino di cigno, che costava due o tre lire, imprimeva tinte di febbre. I profumi, condannati anche da una celeberrima canzone (*Balocchi e profumi*: «Mamma, mormora la bambina/ mentre pieni di pianto ha gli occhi/ non compri mai balocchi...»), erano sconsigliati perché d'importazione francese (Coty, Caron, Chanel) e, comunque, di prezzo proibitivo. Nichy Chini mise in vendita una lavanda da 35 lire per un quarto di litro e la chiamò «Colpevole».

Le ammalianti scie di profumo che accompagnavano le grandi signore e le attrici erano pura leggenda come i bagni di latte d'asina di Poppea e l'alta moda. Le velette delle signore piccoloborghesi che uscivano di pomeriggio si impregnavano più spesso di odore di borotalco e di burro di cacao. Nonostante ciò, sui bavaglini dei piccoli c'era la scritta ricamata «Non mi baciare», per un senso dell'igiene motivato dalle tante malattie mortali che colpivano la società, ma anche per diffidenza nei confronti del trucco a poco prezzo delle signore.

Di pomeriggio tutte le signore al di sopra della classe operaia portavano il cappellino, in ogni stagione. Più prevaleva tra gli uomini iscritti al partito la tendenza a eliminare il cappello sostituendolo con strati di brillantina, più le signore si impuntavano non solo sull'obbligo del cappellino ma sulla necessità mondana di distinguersi avendolo diverso dalle conoscenti. Nonostante le difficoltà economiche, la lamentela «Non posso nemmeno comprarmi un cappellino nuovo» aveva toni d'angoscia ribelle. Tale era il mercato che un fantasioso cappellino piccoloborghese mai eguagliò, durante il regime, il prezzo di un borsalino maschile.

Fino agli inizi degli anni Trenta la moda imponeva i cappellini «a cloche», cioè a caschetto, sempre chiamati così nonostante la locuzione francese. Calavano sugli occhi fino a nascondere le sopracciglia, alzavano e esageravano il sommo del cranio per contenere i capelli raccolti a treccia; visti di lontano parevano tutti eguali a parte il colore, ma i nastri e i fiocchetti intorno, la piega sbarazzina della corta tesa rivolta in basso da un lato e in su dall'altra, gli ornamenti in similoro e pietre finte, le fibbie, i pennacchi, le «guarnizioni fantasia» per cui un nastro vistoso avvolto intorno al cappello ricadeva con una coccarda sull'orecchio destro, rendevano ogni modello diverso. Negli anni Trenta le tese si allargarono oppure scomparvero del tutto rendendo il cappellino un accessorio sempre più simbolico. I modelli più semplici assomigliavano a un tamburello o a un berretto da spiaggia; quelli più elaborati, a tesa orizzontale o spiovente, avevano la cupola ridotta al minimo e trasformata in un tronco di cono non più grande di un bicchiere. Nella buona stagione la paglia colorata, tessuta o intrecciata, sostituiva la stoffa: non la classica paglia di Firenze, ma un tipo più rigido colorato o laccato.

Prevalevano il nero, il blu, il marrone e il ciclamino. Il cappellino primaverile più costoso (sulle 70 lire) era di crine e sovvertiva le regole pratiche del copricapo: niente cupolino, solo una gran tesa circolare volta all'insù, più alta sulla nuca, più bassa sulla fronte. Il modello meno caro, un pentolino di paglia celeste con un fiocchetto in cima, costava 15 lire.

Una signora piccoloborghese misurava il proprio benessere contando il numero dei cappellini conservati nella cappelliera, contenitore oggi rarissimo ma a quell'epoca d'uso normale. Era una sorta di valigia circolare, di fibra o di vimini, di mezzo metro di diametro o anche più, pressoché intrasportabile perché, più larga che alta, aveva il manico al centro del coperchio. Per variare il più possibile l'aspetto del cappellino, le signore cominciarono a fiorire e a fruttificare. Con pochi soldi le mercerie vendevano grappoli d'uva e di ciliegie di cotonina, fragole di cartapesta, albicocche di velluto; e fiori: bouquet di fiorellini di campo in tela, col manico di fil di ferro ricoperto di filo verde, camelie, viole di Parma, viole mammole, garofani rossi, rose Thea. Lo stesso cappellino, così, variava a seconda delle fioriture e dei frutti che la stagione offriva e un nuovo personaggio entrava nella vita della donna: la modista.

Figura ormai scomparsa, la modista era un'artigiana cui la signora delegava il patrimonio della propria cappelliera confidandole in sincerità le moderate possibilità economiche del marito. Non era lì per comprare un nuovo cappellino ma per farsi un'idea delle creazioni di cui le aveva parlato un'amica, già cliente del negozio. Se intanto, però, la modista le avesse dato un consiglio su come rammodernare i cappellini dell'anno scorso, ecco, le aveva portato quelli cui teneva di più. La modista conosceva il discorso: i modelli esposti in vetrina, sorretti da lunghi steli cromati, erano quasi sempre anch'essi cappellini rinnovati, ritinti, impreziositi da guarnizioni fantasia di sua invenzione. Il suo minuscolo negozio, un banco scuro simile a una cattedra, su di un lato una cassettiera alta fino al soffitto, un grande specchio, era in realtà l'anticamera di un laboratorio più vasto con uso di cucina dove l'artigiana, più che creare, restaurava, intagliava nel velluto finte piume, ritagliava feltri usati, trasformava un cappello da pomeriggio in un cappello da sera o da cerimonia nuziale. Lavorava lì, pranzava lì, spesso ci dormiva. La modista riceveva a qualsiasi ora, portava gli occhiali e un grembiule nero. Si informava sui cappellini delle amiche della nuova cliente per non cadere nell'imperdonabile errore di fare qualcosa di analogo, suggeriva ed era obbedita. C'era una modista in ogni quartiere, alcune non avevano negozio: solo una piccola targa sulla porta di casa. Accettava di essere chiamata per nome, si faceva pagare poco e alla consegna di ogni cappellino restaurato si scioglieva in complimenti, assestava il modello in capo alla cliente, drappeggiava la veletta, suggeriva la pettinatura più adatta, assicurava che nessuno avrebbe riconosciuto il vecchio cappellino in quello rigenerato e concludeva: «Mi faccia buona réclame». Riceveva rigorosamente una cliente per volta.

L'esibizione del cappellino era il più evidente segno di demarcazione tra le signore piccoloborghesi e le donne dei ceti inferiori che andavano a testa nuda oppure raccoglievano i capelli nel fazzoletto, come in campagna. Ma, rammodernato dalla modista o comprato nei grandi magazzini, il cappellino era anche il distintivo di appartenenza a un ceto sociale che non aveva rapporti con gli strati superiori. Le vere signore altoborghesi portavano in capo modelli davvero unici, disegnati da firme celebri nella moda internazionale. Impossibile confondere, lo sapevano le une e le altre. D'altronde non percorrevano mai la stessa strada per il passeggio pomeridiano.

Ma sul finire degli anni Trenta l'alta moda lanciò per le sue poche clienti un'idea che minacciò seriamente le distanze di classe tra cappelli firmati e cappellini fioriti. Irruppe sulle riviste, anche su quelle che regalavano modellini d'abito in carta da ricopiare alla macchina da cucire, il turbante. In origine, il turbante degli anni 1938-1939 era un ampio fazzoletto vistoso di seta che culminava, sul davanti, in un fiocco gigantesco. Ridotto il fiocco, il turbante era pur sempre simile a se stesso: poco più di una guaina di panno o di raion il cui progetto era stato consegnato alla storia dai popoli orientali. A lungo andare, per le signore, fu difficile affidare a questo praticissimo, semplice e poco costoso copricapo, i segni appariscenti del ceto d'appartenenza: sulle strade del passeggio si riversarono turbanti a milioni, tutti simili se non uguali, personalizzati appena da una spilla, dal fiocco portato davanti o dietro e dalla sua ampiezza, che, a scanso del ridicolo, restava pur sempre relativa.

Più tardi, quando gli sfollamenti dai centri urbani per via della guerra rimescolarono gente di città a gente di campagna, le signore piccoloborghesi che già s'erano accorte di assomigliare un po' di più a quelle del ceto superiore almeno per il turbante, si avvidero di portare in testa, con appena qualche ritocco, lo stesso copricapo che le contadine calzavano da sempre: un fazzolettone annodato.

Le signore piccoloborghesi si addentravano nei giardini pubblici, di pomeriggio, soltanto se avevano con sé i bambini in carrozzella o quelli, più grandi, da far giocare all'aperto. Sceglievano una panchina dove fosse seduta un'altra signora, mai una balia o una bambinaia. Balie asciutte e bambinaie si riconoscevano dalla divisa, una via di mezzo tra quella delle serve promosse cameriere per il pranzo domenicale e quella delle infermiere. Avevano le scarpe di tela basse, bianche con la suola di gomma blu. Il grembiule non era nero ma di «tessuto papalina» celeste; il grembiulino di organdis molto più ampio e lungo di quello delle cameriere, veniva allacciato sulle reni con un gran fiocco. Anziché la crestina portavano la cuffia di «tessuto opaline con risvolto inamidato». Balie asciutte e signore mantenevano le distanze per tacito e mutuo consenso. Le prime avevano l'ordine di impedire che i bambini facessero amicizia con coetanei le cui famiglie non potevano permettersi la bambinaia; le seconde non desideravano farsi vedere dalle amiche sedute a fianco di una persona a servitù.

Le signore sedute sulla stessa panchina, davanti alle carrozzelle, facevano la maglia o leggevano un libro la cui copertina era sempre nascosta da una sovracoperta di carta a fiori che ne celava il titolo. Per una donna la lettura di un libro conservava un che di trasgressivo, di impudico. Da ragazza i libri le erano stati proibiti, tranne quelli suggeriti dalla biblioteca scolastica, e il lungo divieto aveva lasciato una sorda cicatrice non solo nella sua coscienza ma anche nell'inclinazione con la quale affrontava la lettura: le pareva di essere alla ricerca di qualcosa di morboso e temeva che gli altri se ne accorgessero. La copertina del libro prescelto le appariva come la spia di curiosità inconfessabili che solo la sovracoperta di carta a fiori poteva mascherare.

Nel 1929 l'editore Arnoldo Mondadori cominciò a pubblicare i libri gialli diretti da Alberto Tedeschi. Il primo, di Van Dine, s'intitolava *La strana morte del signor Benson* e costava 5 lire. Nel 1933 uscirono i gialli economici a 2 lire: primo titolo *Il consiglio dei quattro* di Edgar Wallace. Il successo dei gialli fu subitaneo e straordinario per l'epoca: 40.000 copie ogni titolo, in media. Una donna, però, non avrebbe mai portato un giallo ai giardini pubblici per timore di apparire propensa a storie violente, foriere di turbamenti, e talmente distorta nella fantasia da interessarsi a vicende che un animo materno avrebbe dovuto aborrire. In realtà le donne leggevano assai più degli uomini ma, se lo facevano, non se ne vantavano. Lo slogan «Libro e moschetto» valeva solo per i tempi della scuola.

Sotto le sovracoperte a fiorami si celava spesso un nome che, dati gli umori dell'epoca, giustificava la prudenza delle signore: l'ungherese Ferenc Kormendi, un caposcuola.

Nel 1932 il giovane editore conte Valentino Bompiani, uomo di grande cultura ma anche di grande astuzia, pubblicò di Kormendi *Avventura a Budapest*. Fu un tentativo che conquistò una generazione. Gli orizzonti femminili piccoloborghesi, praticamente costretti entro la casa angusta, la cucina fumosa, la passeggiata pomeridiana, e teoricamente dilatati dal regime fino all'Africa orientale, dove difficilmente però una signora avrebbe potuto ambientare un proprio sogno avventuroso, diventarono grazie a Kormendi quelli dell'Europa centrale, affollati di antiche nobiltà, sconvolti da furibonde passioni e soprattutto da adulteri a lieto fine che esplodevano in Ungheria, si corroboravano a Parigi, si incenerivano sull'Orient Express, treno internazionale frequentato da malintenzionati eleganti, cocainomani in via di redenzione, donne che in Italia si sarebbero chiamate puttane ma lì, sul treno dorato, solo «avventuriere di lusso».

Ad *Avventura a Budapest* si aggiunsero titoli più allusivi: *Peccatori*, *L'errore*, *Cominciò così*, tutti di Kormendi. E vennero gli emuli di Kormendi, provenienti da altri paesi, anche dalla stessa Italia, ma sempre accomunati dalla formula «romanzi ungheresi». «Hai letto l'ultimo romanzo ungherese?» chiedeva la signora all'amica, e per troppo successo conseguito Ferenc Kormendi finì sepolto dal genere da lui stesso inventato. I suoi libri, in realtà, poteva leggerli anche una comunicanda: sugli adulteri gravava l'angoscia del peccato, le parole «desiderio ardente» erano il limite massimo dell'audacia espressiva, la violenza si sublimava nel sacrificio e dopo tante turbolenze la lettrice ritrovava semplicemente se stessa e la giustizia del proprio mondo morale nonché il perdono solitario per eventuali esperienze da rondinella. La censura del regime, che poco o nulla fece contro la cultura seria e per pochi ma tenne d'occhio le letture dei ceti che gli davano il massimo consenso, giudicò che gli ungheresi non rappresentavano un pericolo.

Liquidò invece, e in pratica indusse al suicidio nel 1939, uno scrittore italiano che era stato non meno popolare di Kormendi tra le lettrici piccoloborghesi e che si presentava come altrettanto «peccaminoso»: Guido Da Verona, il D'Annunzio dei poveri, come lo chiamavano (*Colei che non si deve amare*, *Mimi bluette, fiore del mio giardino*, soprattutto *Sciogli la treccia, Maria Maddalena*). Era ebreo, si dichiarava dannunziano e tuttavia non fascista, ma non fu perseguitato per questo. Ebbe l'ardire di riscrivere *I promessi sposi* attribuendo alla somma gerarchia del regime le colpe, i vizi e la mentalità ottusa dei potenti manzoniani e spacciando ironicamente gli umili per potenziali sovversivi. I suoi *Promessi sposi* furono clamorosamente proibiti, ed essendo il divieto d'ordine politico, non morale, fu rispettato. C'era d'altronde chi, pur ligio al fascismo, scorrazzava lo stesso qua e là attraverso i limiti della trasgressione morale: Lucio D'Ambra, più arguto ma meno insolente di Da Verona, più attento nel distinguere tra fantasia e realtà. Scrisse lo spiritoso *Il mestiere di marito*, ma propose anche l'«Ordine del nastro bianco per le madri prolifiche»: «Col nastro rosso, sui campi di battaglia, Napoleone fregiava il petto eroico dei suoi soldati. Ma c'è un'altra legion d'onore in casa nostra. Col nastro bianco delle culle, Mussolini fregia il seno fecondo delle donne italiane che, benedette da Dio nella gloria della maternità, preparano – primavera di fanciulli – l'Italia di domani».

Come un qualsiasi ungherese, vero o supposto, valeva Kormendi, così le signore scambiarono D'Ambra per Da Verona, sovrapponendoli, leggendoli nella stessa chiave che alla loro coscienza suonava sempre ugualmente liberatrice e che apriva i loro cuori, nei quali regnava Liala, sovrana di amori alati.

Né gli uomini che compravano i gialli, né le donne che li leggevano a casa (il giallo economico era grande come un quaderno, non bastava la sovracoperta a non farlo riconoscere) seppero mai di una disposizione governativa che imponeva di modificare i testi originali così: l'assassino non doveva essere italiano ma straniero; nessun italiano poteva comparire suicida; il finale doveva sempre contemplare lo smascheramento e l'arresto del colpevole straniero, possibilmente da parte di un italiano.

Nei giardini pubblici c'era la pista per le automobiline a pedali, i monopattini, le biciclettine con il carrozzino a fianco. Le automobiline erano tinte di rosso e di blu e assomigliavano vagamente alle macchine da corsa vere sulle quali, fino al 1932, correvano due piloti affiancati. Disponevano infatti di un'assicella per due bambini e doppia era la pedaliera, ma il volante era singolo. I pedali andavano avanti e indietro con una certa difficoltà, ed era motivo di vanto filare via senza ammaccarsi i malleoli. Le bicicarrozzette simulavano i sidecar, mezzo di locomozione ritenuto allora il più idoneo e il più meritato dalle famiglie ben sistemate: quelle dei medici condotti, dei capufficio e dei negozianti di successo. I monopattini del parco pubblico, per battere la concorrenza dei monopattini semplicissimi, di legno, che avevano un po' tutti, erano dotati di un marchingegno che li rendeva più veloci ma anche più pericolosi e meno praticabili: la spinta iniziale veniva data col piede destro ma per acquistare una certa velocità occorreva pigiare a più riprese una pedaliera laterale. Per la forma e per il funzionamento erano gli antesignani rudimentalmente meccanici del motoscooter, anche se allora nessuno avrebbe potuto pensarci. Su questi veicoli i bambini si rincorrevano, applauditi dalle mamme che avevano riposto nella borsa i loro lavori a maglia e i loro autori ungheresi. Quindi ne uscivano sovreccitati da un successo personale che finalmente li separava dai più piccoli contenti della giostra a mano, quella con i cavallucci appesi a un'asta manovrata a forza di braccia da un disgraziato a torso nudo.

Nelle vasche dei giardini pubblici si potevano tuffare ochette di celluloide legate al collo per un filo: alcune erano grandi al naturale. Sovrannaturale la dimensione di certi pesci galleggianti, gialli e rossi, più grandi delle oche, dello stesso materiale. Piccole invece, e raffazzonate, le barche a vela: un asse sagomato, giallo, che galleggiava per misericordia, sul quale svettavano due triangoli di vela. I bambini un po' più ricchi varavano i primi giocattoli a elica, modelli molto approssimativi di transatlantici, navi da guerra, idrovolanti, dal funzionamento semplice, ingegnoso, ma poco efficiente. Sotto la chiglia correva un lungo elastico fissato alla prua con un perno corredato di manovella e agganciato all'elica. Girando la manovella l'elastico si attorcigliava su se stesso facendo poi frullare l'elica per qualche secondo. La nave scivolava nell'acqua per brevi distanze e andava a fermarsi sotto lo zampillo della fontana, porticciolo tempestoso dove finivano anche i minuscoli motoscafi a meta o a candela. Per fare navigare queste leggere imbarcazioni di latta occorreva l'assistenza dei fratelli maggiori o delle madri perché bisognava armeggiare con i fiammiferi: all'interno del motoscafo c'era una piccola caldaia che andava riempita d'acqua, la meta o la candela provocava l'ebollizione e la fuoruscita del vapore a poppa sotto la linea di galleggiamento. Era una sorta di propulsione a reazione.

Toccava poi ai sorveglianti del parco tirare a riva le imbarcazioni rimaste prigioniere dello zampillo: era tra i loro compiti, come far rispettare il divieto di calpestare le aiole, di buttare cicche e cartacce nei viali, di incidere col temperino la corteccia degli alberi e le assi delle panchine. I parchi erano lindi come i giardini delle ambasciate, e continuarono ad esserlo anche quando il regime, per far fronte alle sanzioni internazionali e alle spese di guerra, fece svellere le belle cancellate per ricavarne il ferro.

I sorveglianti si occupavano anche della pulizia dei costumi con estrema severità: un bacio in pubblico, anche un bacetto, tra fidanzati era un reato previsto e punito dalla legge, un atto osceno che non solo i sorveglianti ma le stesse madri e balie avrebbero denunciato dopo aver tappato con la mano gli occhi dei bambini. Vietato abbracciarsi, passeggiare tenendosi allacciati per la vita, accavallare scompostamente le gambe, vietato alle ragazze posare la testa sulla spalla del compagno. Già la mano nella mano era un atto temerario. Le coppie non del tutto adulte erano seguite con sospetto, con occhi insolentemente inquisitori, dalle signore che sussurravano tra loro: «Guarda guarda, ma quella non è la figlia di...» Avvenuto il riconoscimento, la spiata diventava un dovere «da madre a madre». I primi amori erano sempre clandestini, gli appuntamenti furtivi e complicati dai sotterfugi; indispensabile la complicità di un'amica per uscire di casa: l'amica restava insieme alla coppia e il giovanotto, al centro, si comportava in modo da non lasciar capire alle signore quale fosse l'innamorata.

Prima di uscire dal parco, le mamme lavavano le mani e le ginocchia dei bambini, sotto il getto della fontanella. Non li lasciavano bere perché guai a bere da sudati, ed erano strilli e capricci incontenibili che terminavano all'ordine: «Vieni qui che ti soffio il naso». Anche questa era una caratteristica dell'epoca, ormai sconosciuta: i moccoli sotto il naso dei ragazzini. I fazzoletti erano troppo grandi e cari per essere affidati ai bambini che li avrebbero persi; toccava alle madri, alle bambinaie, alle maestre soffiare il naso e «smoccolare», verbo che significa letteralmente «spegnere le candele» e in senso lato «bestemmiare» ma che allora veniva usato per togliere da sotto le narici dei bambini, e anche degli adolescenti, bave di muco che scendevano fino al labbro e finivano per essere un'indecenza propria dell'età e dello stato sociale, quindi fastidiosa ma tollerabile.

I moccoli dei poveri e dei contadini, non più frequenti ma più trascurati, si indurivano, provocavano arsura, si incrostavano di polvere e di sudiciume, prudevano, venivano grattati con le unghie sporche o con la manica ruvida, sanguinavano, si infettavano, degeneravano in piaghe ed eczemi. I bambini di città presero gusto nel lambire con la punta della lingua l'ultima goccia di muco. Il vizio ormai raro d'infilarsi le dita nel naso, allora pressoché generale tra i ragazzi, e la perversa inclinazione ad assaporare ciò che restava sul dito furono con ogni probabilità incoraggiati dalla diffusione dei moccoli e sono praticamente scomparsi con essi.

I raffreddori erano molto più frequenti e venivano sommariamente curati, anche in città, aspirando il vapore di qualche infuso d'erbe. Non esistevano antistaminici. Non c'erano vere medicine che non fossero rivoltanti a parte un improbabile ricostituente, la Biocalciosterina, che sapeva di latte di mandorla, i fermenti lattici zuccherati, qualche lieve purgante. Olio di ricino e olio di fegato di merluzzo equivalevano a una sentenza di tortura. Il medico condotto, sia in città sia in campagna forse la più nobile figura del ventennio, era temuto dai bambini come un aguzzino per via delle medicine che somministrava, e cercava di somministrarne pochissime per via del prezzo. A salvare molte vite intervennero i sulfamidici, rimedi benedetti con una caratteristica diabolica: erano del tutto insolubili e di sapore pestilenziale; le pasticche si trituravano e nell'acqua zuccherata precipitavano a fondo formando una poltiglia granulosa da raccogliere col cucchiaino; pochi frammenti bastavano a rendere insopportabile il sapore di un cucchiaio di zucchero, di una minestra, di un'intera tazza di latte. Si vomitava e si ricominciava. Poco o niente abituati alle medicine, i bambini non sapevano inghiottire le pillole.

In campagna e sulle montagne, il dottore arrivava a cavallo «quando l'ammalato era agli estremi», riferisce il memorialista contadino. «La polmonite era all'ordine del giorno. Se non veniva curata tempestivamente, anche se l'ammalato non moriva, interveniva la pleurite e poi la tubercolosi, che era talmente contagiosa che i familiari che stavano vicino al malato dovevano usare tante precauzioni. Questi ammalati venivano poi ricoverati nei sanatori dove uscivano solamente morti. Per curare l'aumento della pressione del sangue i pazienti venivano salassati. Quando invece si localizzavano i dolori, allora si mettevano delle mignatte che succhiavano "il sangue cattivo". L'appendicite, che ora non desta più nessuna preoccupazione, allora pochissimi dottori la capivano e il più delle volte andava in peritonite ed era la fine per il povero malato che moriva di "torcibudello".»

Il parco pubblico dei ragazzi di campagna era il bosco o il pascolo. Dopo la scuola del mattino incominciava il lavoro: era un dovere sia nei confronti del padrone che aveva dato il permesso di iscriversi alle elementari, sia nei confronti dei genitori cui le ore trascorse a scuola apparivano un'oziosa stravaganza moderna. Al pascolo i ragazzi più volterosi portavano con sé i libri, ripassavano la lezione, studiavano la poesia da mandare a memoria per l'indomani. Seduti su un masso provavano anche a fare i compiti, almeno quelli che si potevano eseguire a matita. Evitavano così di rovinarsi gli occhi facendoli a casa a lume di candela. Sotto questo aspetto il pastorello, anche se doveva accudire a un branco di porci sui quali infieriva a bastonate, era un privilegiato: fantasticava a voce alta, si sentiva autonomo, allevava dentro di sé, in libertà, l'odio per il padrone e spesso per i genitori, bersagliava gli uccelli con la fionda, raccoglieva castagne, more e gelsi, rubava frutta.

Più faticoso, anche se ritenuto leggero e quindi adatto ai ragazzi, l'incarico di andare a far legna nei boschi: abbattere con l'accetta un alberello poteva costare una fucilata, si trattava quindi di strappare con le mani i rami secchi, raccogliere quelli lasciati cadere dai boscaioli e legarli in una grossa fascina da portare a casa in spalla o sulla testa. Oltre che ai ragazzi questo lavoro spettava alle donne; spesso, così, erano le mamme ad accompagnare i figli. Grazie all'ampio grembiule, che ripiegato e legato alla cintura diventava una specie di sacco, le donne raccoglievano anche foglie secche per accendere il fuoco ed erbe selvatiche, mentuccia, rosmarino, lattugaccia, raperonzoli, che poi vendevano nei giorni di mercato.

Nei paesi i figli maschi raggiungevano il padre sul lavoro. Era un'usanza ben tollerata anche negli uffici comunali perché ammantata da principi morali. I bambini non dovevano stare in casa a infastidire le madri che lavoravano né andare a zonzo; inoltre era bene che imparassero da vicino il mestiere paterno. Nella pratica questi ragazzi finivano per lavorare sul serio e gratis: venivano mandati a fare commissioni, trasportavano i secchi di calcina se il padre era muratore, ripulivano la bottega, riempivano i misurini di granaglie in negozio, imparavano ad avvitare bulloni, a riparare le biciclette, a piallare. Prima dei dieci anni erano già eccellenti apprendisti e pochi di loro avrebbero in seguito cambiato mestiere se non quel tanto che sarebbe stato imposto dall'evoluzione tecnologica e sociale: i piccoli carbonai di allora oggi commerciano in elettrodomestici e bombole di gas, i riparatori di biciclette hanno un'autofficina con elettrauto, i venditori di granaglie sono padroni di un supermarket, i garzoni di falegname vendono cucine di laminato plastico. Solo i figli dei burocrati municipali ne hanno ereditato il posto, spesso il medesimo ufficio.

Nei paesi non c'erano vasche intorno alle quali giocare, tantomeno piste per automobiline a pedali. Le battaglie tra ragazzi si risolvevano a sassate; le bambine imparavano ad agucchiare sedute sul gradino del portone, accanto alla nonna che s'era portata sulla strada la sedia impagliata. L'aria era polverosa per la terra sollevata dagli zoccoli dei cavalli, dai carri e dalle greggi che tornavano dal pascolo. Come le mosche, la polvere non dava fastidio. Se ne riempivano i polmoni i ragazzini che avevano costruito con un'asse e quattro piccole ruote di legno una sorta di carrello sul quale, seduti in due e guidando con una corda, si avventavano giù per le discese seguiti nella corsa dai compagni a piedi. Respiravano polvere quelli che aspettavano fuori del paese la vettura a cavalli o la corriera per farsi portare clandestinamente fino alla piazza aggrappati alla scaletta posteriore che saliva al portabagagli. Tra i giochi all'aperto uno dei più diffusi e pericolosi era la lippa. Erano sufficienti un bastone robusto e un pezzo di legno lungo una ventina di centimetri con le estremità appuntite a colpi di coltello. Con il bastone si colpiva violentemente il legno posato per terra facendolo saltare in alto, lo si doveva battere al volo scagliandolo contro l'avversario che a propria volta lo ribatteva. Dalle finestre aperte dei signori del paese gocciolavano sempre sulla piazza le stente note di una sventurata ragazza costretta a studiare pianoforte o, peggio, a solfeggiare (25 lire, quattro lezioni).

III
PANE E LARDO

Agli inizi dell'era fascista il ciclismo italiano vantava tre veri campioni: Alfredo Binda, Costante Girardengo e Ottavio Bottecchia. Nato vicino a Vittorio Veneto, di aspetto non simpatico, la bocca troppo grande nel volto ossuto e i denti sporgenti, Bottecchia era poverissimo e nelle foto che documentano la sua breve carriera appare sempre in una tenuta miserabile, coi pantaloncini laceri e un lembo di mutanda sfilacciata che spunta sulla coscia. Bruno Roghi lo incontrò alla Milano-Sanremo del 1923: «Era un povero diavolo. C'era da convenirne badando al suo vestito civile, sbrindellato e liso. Recava a tracolla una bisaccia, c'era dentro pane e formaggio, se li era portati dal paese, le vivande ghiotte del "rifornimento" le avrebbe riportate a casa intatte perché i suoi mangiassero un po' meglio del solito. Sceso di bicicletta, pareva spaesato, sperduto».

Nel 1923 Bottecchia era solo una promessa un po' troppo in là con l'età. Nel 1924 e nel 1925 vinse con distacchi multichilometrici il Tour de France; i francesi, osannandolo, lo ribattezzarono Botescià. Il direttore della «Gazzetta dello Sport», Emilio Colombo, lanciò in suo favore una colletta nazionale con lo slogan «Tutti una lira». Al campione arrivarono di colpo più di 60.000 lire. Ex combattente, decorato con medaglia di bronzo al valore durante la Grande Guerra, Bottecchia era cocciutamente antifascista, forse l'unico campione popolare che avesse rifiutato pubblicamente l'iscrizione al partito e mai indossato la camicia nera. A metà giornata del 15 giugno 1927 il suo corpo con il cranio fratturato fu trasportato a spalle, da chi l'aveva trovato, nell'osteria del paese di Peonis, in Carnia. Non riprese conoscenza. Per i carabinieri fu assassinio, ma un fonogramma da Roma ingiunse di sospendere le indagini e decretò «incidente».

Ad infiammare gli appassionati del ciclismo rimasero Girardengo e Binda finché dalla palude dello «sport povero» emersero Learco Guerra, stucchevolmente definito «la locomotiva umana», quindi Gino Bartali e infine, alla vigilia della guerra, Fausto Coppi.

Sport povero, perché? Certo, sgolarsi a incitare Girardendo, Binda, Guerra, Bottecchia per quel poco che fu possibile, e Bartali, non costava nulla tranne una passeggiata lungo le strade della corsa, meglio se in montagna. L'origine dei campioni era bassa, se non infima, e c'era una ragione precisa: per allenarsi molto, farsi i muscoli, conoscere la propria capacità polmonare e iscriversi a una società di dilettanti (ogni cittadina ne aveva più d'una) occorreva svolgere un lavoro quotidiano che contemplasse l'uso continuo della bicicletta, possibilmente di proprietà del datore di lavoro, non del dipendente che non poteva permettersela. I giganti del ciclismo furono così ex garzoni di fornaio, fattorini, portalettere, o anche figli di contadini che, per andare a scuola, arrancavano su strade pessime, con molte salite, per decine di chilometri al giorno. Pedalare al mattino e alla sera per raggiungere la fabbrica e l'ufficio, come facevano operai e impiegati, non bastava.

L'immensa popolarità del ciclismo, non inferiore e in certe occasioni superiore a quella del calcio, nasceva dall'uso del mezzo comune a tutte le classi, veniva alimentata dai campioni emersi dal basso e stimolava la sterile imitazione di giovanotti che mai avrebbero partecipato a una vera gara e tuttavia si esibivano nei pomeriggi della bella stagione sulla bicicletta da corsa, camuffati da corridori. Costoro, poveri non lo erano di sicuro. La bicicletta da corsa era un lusso che oggi si può paragonare all'automobile 2000 di cilindrata, e con il turbo. I garzoni destinati al Giro d'Italia e al Tour de France debuttavano su bici da corsa prestate loro dalla società sportiva o da qualche industria locale (le sponsorizzazioni esistevano già), ma soltanto dopo essersi allenati cavalcando quotidianamente, sotto sole neve e pioggia, ferrivecchi ingombranti, appesantiti dalle ceste portapacchi davanti al manubrio e dietro la sella.

I ragazzi con la bici da corsa erano invece i pavoni dello sport povero: di solito studenti liceali che si lanciavano in volate tra di loro con più rischio che successo. E a ben guardare, anche le loro biciclette talvolta rivelavano il trucco. Di lontano parevano da corsa, da vicino mostravano i segni della manipolazione, pur se ingegnosa: spesso, di veramente sportivo, c'era soltanto il manubrio con le corna ad ariete voltate all'ingiù. Per il resto erano biciclette normali private del catarifrangente e del carter, ridipinte, con i cerchioni arrugginiti ritoccati con la porporina, una polvere color argento da sciogliersi nell'acquaragia. Al manubrio erano stati applicati i due cestelli per le bottiglie dell'acqua, come facevano i corridori veri. I liceali più raffinati sostituivano anche i mozzi delle ruote, togliendo i bulloni e avvitando al loro posto i galletti. I pedali erano e restavano quelli di gomma, anziché quelli artigliati di ferro, per risparmiare la suola delle scarpe, e una qualsiasi cinghietta simulava i fermapedali. Il camuffamento era ancor più visibile nella tenuta del corridore da pomeriggio. Calzoni corti o alla zuava di stoffa borghese, scarpe di tela con la suola di gomma come quelle dell'ora di ginnastica a scuola, una maglia e, particolare determinante dell'esibizione, una o addirittura due vecchie camere d'aria portate a tracolla.

Per i corridori veri erano una necessità: allora non si cambiavano le ruote in gara, l'assistenza meccanica era minima, le forature continue dato il fondo stradale, e il ciclista doveva fare tutto da sé; per i liceali della bicicletta le gomme a tracolla erano solo un modo di distinguersi dai ciclisti che affollavano le strade rientrando dal lavoro. I corridori calzavano buffi berrettini di tela con la corta visiera; gli studenti li preferivano a spicchi, con la visierina di celluloide verde. Alcuni, invece, portavano un fermacapelli d'elastico allora molto gradito ai ragazzi che tenevano in particolar modo alla pettinatura fissata dalla brillantina solida: era la versione sportiva della ridicola reticella che molti adulti usavano di notte, ma ai ragazzi pareva che desse loro un'aria ribalda, e proprio perciò le madri non volevano saperne: «Togliti quell'affare dalla testa». Il fermacapelli consisteva in un caschetto formato da due elastici incrociati.

La sostituzione del manubrio con quello da corsa non era un'operazione semplice. Le biciclette normali avevano freni a bacchetta, rigidi; i manubri da corsa erano già compatibili con quelli flessibili, a cavo; occorreva quindi il lavoro di un meccanico e la trasformazione era irreversibile. Così i giovani meno benestanti escogitarono un trucco ancora più smaccato: rivoltavano all'ingiù il manubrio normale privandolo delle manopole di bachelite per sostituirle con del nastro isolante rosso; via il campanello, via il fanale, la posizione del ciclista assomigliava abbastanza a quella del corridore in volata, ma l'equilibrio diventava del tutto precario e frenare era quasi impossibile.

I ragazzi più piccoli, che riuscivano a mettere le mani su una bicicletta, tentavano invece una trasformazione più fantasiosa e avveniristica: facevano in modo che la bici, andando, emettesse il rumore di un modesto motore a scoppio. Con una molletta per stendere la biancheria pinzavano alla forcella una cartolina infilata tra i raggi ed ogni raggio, girando, provocava un borbottio plausibilmente simile a quello di un motorino.

La difficoltà di ottenere quel che si desiderava, l'aspetto rudimentale di quasi tutti i giocattoli (non esisteva il modellismo per ragazzi), le martellanti suggestioni politiche, il contrasto tra la modestia della realtà quotidiana e gli stimoli a vivere qualsiasi evento come un'avventura trionfale, provocavano nei ragazzi liberi dalla scuola un'irrequietezza della fantasia che compensava la modestia dei loro giochi.

Un solo giocattolo era la copia fedele dell'originale funzionante, a parte le dimensioni: il fucile modello '91 messo in produzione dall'Opera balilla, un'arma lunga un'ottantina di centimetri, peso un chilo e 780 grammi. Per compensare le spese di produzione (l'Opera balilla ne ordinò un quantitativo limitato) il fucile finì nelle vetrine dei giocattolai, non certo a buon prezzo. Per i genitori fu imbarazzante dover tergiversare sull'unico giocattolo progettato dal regime. Il funzionamento dell'arma era identico a quello vero, tranne che per due particolari. La baionetta aveva la punta arrotondata e il percussore aveva la testa larga come il diametro dei bossoli. Il '91 era corredato da due caricatori di sei cartucce: uno a salve, uno no. I bossoli delle cartucce andavano riempiti con qualche «fulminante», dischetti di carta con una punta di polvere da sparo. Quelli a salve facevano il botto e tutto finiva lì, il proiettile era tutt'uno col bossolo. Le cartucce funzionanti avevano invece la pallottola di legno che l'esplosione dei fulminanti espelleva per una decina di metri.

Presto i ragazzi scoprirono che, con un'arma così, bellissima ma pesante, ingombrante e dura da caricare, il gioco della guerra si risolveva in sicura sconfitta. I coetanei nemici assaltavano all'arma bianca, con spade di legno, oppure sparavano con fucilini e pistole di latta che si caricavano a pressione, infilando nella canna un'asticciola guarnita da una ventosa. Il proprietario del '91 veniva colpito e costretto alla resa quando ancora stava trafficando con l'otturatore.

I negozi di giocattoli cominciarono a vendere anche divise dell'esercito a misura dei bambini, meno complete di quelle che le mamme della buona borghesia costringevano a indossare nei giorni di festa, ma più ricche di bardature: oltre l'elmo di latta col piumetto dei bersaglieri c'erano le sciarpe ricamate da alta tenuta, medaglieri, gradi da generale. Anche in questo caso, però, l'eccesso di realismo finiva per impacciare, e l'improvvisazione sopraffaceva la verità storica. Allora non si giocava a indiani e cowboy, bensì a italiani contro abissini e gli abissini, con le guance tinte di nerofumo e un vecchio asciugamano sulle spalle a simulare lo sciamma, armati di lance di canna e di archi ricavati da un ramoscello piegato in due o, meglio ancora, da una stecca d'ombrello, combattevano assai più agilmente dei bambocci vestiti da marescialli d'Italia per i quali, se la divisa si lacerava, erano botte. Per gli abissini, far prigioniero e mettere alla berlina un maresciallo d'Italia con elmetto e decorazioni era una tentazione che toccava nervi profondi della psicologia infantile: se andava bene prendevano a calci l'elmo dello sconfitto, se no ci facevano dentro la pipì.

Benché causa di innumerevoli ferite, la latta era la materia prima dei giocattoli meccanici. Ogni parte del giocattolo era fissata provvisoriamente all'altra per via di una serie di linguelle che, prima di saltar via, diventavano taglienti. Tutti i giocattoli di latta erano divisibili a metà in senso verticale: pure i piloti delle motociclettine e delle automobili da corsa, come i loro veicoli. Dopo due o tre colpi i loro visi, già appiattiti lateralmente, si sdoppiavano, il lato sinistro non combaciava più con il destro; presto la stessa cosa accadeva all'intero giocattolo che metteva in mostra il meccanismo a molla. Treni, automobiline, pupazzi semoventi e capriolanti, uccellini becchettanti, giostre con aeroplanini miracolosamente alternati a cavallucci, tutti volanti alla stessa altezza, funzionavano a carica, con una chiavetta collegata a una molla che lentamente si srotolava e provocava ogni sorta di movimento.

A carica funzionava anche il treno, e basterebbe l'evoluzione del treno giocattolo a dimostrare l'incommensurabile distanza che separa i divertimenti dei ragazzi di oggi da quelli dell'era fascista. Anche in epoca di avanzata elettrificazione delle ferrovie, i fabbricanti di giocattoli si ostinarono a mettere in commercio principalmente locomotive a vapore il cui meccanismo a molla consentiva di trainare due vagoncini su un binario circolare del diametro di un metro al massimo. I modelli, si fa per dire, più fragili e approssimativi costavano già sulle 25 lire. Il primo trenino degno di attenzione anche da parte degli adulti fu il Märklin tedesco, verso il 1935, e l'italiano Ingap di Padova, la maggiore industria italiana del giocattolo, con oltre 600 operai. Qualcuno favoleggia ne esistesse anche una versione elettrica, ma certo non era per i ragazzi della piccola e media borghesia. Il Märklin a molla, che riusciva a percorrere un paio di volte un tracciato ovale, continuava ad essere trainato da una locomotiva che denunciava il luogo di fabbricazione, la Germania, per essere verde anziché nera. Sia la locomotiva, sia i vagoni, sia il tender per il carbone simulato da un pezzo di latta martellato e verniciato di nero, erano in proporzione molto più corti e tozzi di quelli reali; in compenso i treni Märklin potevano essere corredati da nuovi accessori. Per esempio la stazione: una casetta di latta sulla cui facciata figuravano l'ingresso e l'uscita, la distribuzione dei biglietti, il buffet e l'orologio. Oppure la galleria, altro arnese di latta a forma di panettone bucato da sistemare in un punto qualunque dei binari. O ancora, il vagone cisterna: un merci capace di trasportare una botte di finto legno con il finto tappo in cima. C'è questo di notevole: nella realtà i vagoni cisterna più o meno analoghi a quelli di oggi c'erano già, per il trasporto dei carburanti; ma il pur favoloso treno Märklin distribuiva sul mercato italiano l'umile cisterna a botte di legno.

Mentre i fabbricanti di giocattoli degli anni vicini al Duemila almanaccano macchine futuribili e il più delle volte improbabili, finzioni spaziali dove fantasia e tecnologia producono mostri onnipotenti, quelli dell'era fascista non solo non tentavano alcun passo in avanti rispetto alla realtà, ma si rifacevano al passato. Le automobiline sportive degli ultimi anni Trenta erano ancora ispirate a quelle degli anni Venti; i cannoncini di latta dello stesso periodo imitavano vagamente quelli con ruote cingolate della prima guerra mondiale. Il solo giocattolo veramente modellato sulla realtà era, come s'è detto, un fucile di mezzo secolo prima. Tra i giocattoli musicali, in un'epoca che già apprezzava il jazz, ai bambini spettavano l'organetto a soffietto, la fisarmonica a bocca, la trombetta, il tamburo da portare a tracolla come nelle battaglie ottocentesche (9 lire), il minipianoforte (20 lire).

Questo offriva il mercato, che si rimetteva alla fantasia dei suoi giovanissimi consumatori, di solito talmente sicuri del presente da non poterne immaginare uno diverso. La fantasia si sfogava quindi entro prospettive praticabili. Come i giovanotti camuffavano le loro bici da passeggio in bici da corsa e i ragazzini simulavano il rombo dei motorini, quelli che si divertivano con il treno a molla s'inventavano una attività da capostazione. Cosa farai da grande? Il ferroviere, era la risposta più comune tra i ragazzi piccoloborghesi del tempo fascista. E i giocattolai misero in vendita, a corredo del trenino, la divisa di un immaginario ferroviere che fosse insieme capostazione, bigliettaio e controllore. Costava assai meno della divisa da generale: consisteva in un berretto rosso a pentolino, di cartone con la visiera; in un fischietto e nella paletta rosso-verde per dare il via al treno. In più c'era un borsello di carta pressata da portare a tracolla che conteneva una mazzetta di biglietti ferroviari e una pinza per forarli. Solo, in piedi al centro del breve percorso ferroviario, il ragazzino deponeva i biglietti forati dentro i finestrini dei vagoni, fischiava e caricava la molla. Ogni eccesso di fantasia veniva però punito; se la locomotiva si ribaltava accorreva la mamma: «Se tratti così i giocattoli, non ci giochi più». Giocare senza rompere i giocattoli meccanici era la massima prova di buona condotta e lasciava presagire un futuro da buon cittadino.

Tra i più intelligenti giochi fantasiosi del pomeriggio c'era il meccano, sia per i ragazzini, sia per gli adolescenti, sia per i giovani. A seguirne la progressione numerica per età indicata sulla scatola si arrivava al diploma dell'istituto tecnico. Il meccano per bambini era una scatola di montaggio composta da pezzi geometrici di ferro smaltato, triangolari, rettangolari e quadrati, arricciolati lungo i lati. Occorreva comporli collegandoli attraverso i riccioli per mezzo di un perno. Grazie al modello allegato, il puzzle finiva per somigliare a un carrettino (c'erano anche le ruote) a un camion o a un carro, a una chiesetta.

Ben più complicato, il meccano Märklin o di tipo Märklin, riservato agli adolescenti. Le scatole partivano dal numero zero, consigliato ai ragazzi dai 6 agli 8 anni, e ascendevano fino a toccare età incompatibili con i giocattoli. Fin dal numero zero questo tipo di meccano presupponeva che un bambino sapesse distinguere tra dadi, controdadi e bulloni e arrangiarsi con la filettatura delle viti. Il gioco si componeva di listelle d'alluminio di varia lunghezza, ogni centimetro un foro dove infilare le viti: già nella scatola numero zero erano comprese una manovella e quattro ruote scanalate adatte a far funzionare una puleggia. Il libretto d'istruzioni numero zero suggeriva di costruire un semaforo a braccio da ferrovia nel quale il faro luminoso era sostituito da una rotella d'ottone, un carretto trainato da un cavallo la cui sagoma era risolta da una serie di sbarre, un carrello ferroviario, una piccola gru, oppure pupazzi simili a quelli che oggi si chiamerebbero robot ma che allora erano definiti dal manuale «Pinocchio» o «Pagliaccio da circo». Chi si appassionava al gioco e otteneva scatole superiori di numero riusciva a costruire gru girevoli alte un metro e mezzo, teleferiche, velivoli che ovviamente non volavano ma sospinti sul pavimento facevano vorticare l'elica collegata alle ruote. Il meccano esigeva attenzione, ordine, minuzioso scrupolo nell'osservare le istruzioni: tuttavia per godere del risultato necessitava anche di fantasia, perché l'aspetto dell'oggetto costruito era pur sempre quello di uno scheletro squadrato, irto di viti e bucherellato.

Al meccano i bambini più piccoli venivano iniziati con le costruzioni di legno: scatole che contenevano una serie di parallelepipedi di varia misura e colore più la sagoma di un arco che serviva sia come ponticello sia come portale, un frontale triangolare, un rettangolo che recava dipinto un orologio e un numero variabile di colonnine. Qui le istruzioni erano sommarie: con quei pezzi di legno si poteva erigere sia la facciata di una villetta, sia quella di una cattedrale o di una stazione. I pezzi si componevano grazie al senso dell'equilibrio, come i castelli di carte: tra il gioco del «Piccolo architetto», come si chiamavano le costruzioni, e il «Lego» dei nostri tempi c'è la differenza che corre tra i muri a secco dei trulli di Alberobello e il cemento armato.

Il meccano si regalava a Natale, il «Piccolo architetto», che in versione ridotta costava relativamente poco, sulle sei lire, in occasione del compleanno. Ma durante l'era fascista le famiglie borghesi festeggiavano rigorosamente anche l'onomastico e, in questa ricorrenza, i nonni o gli zii regalavano il «Piccolo falegname» (i genitori no, perché l'avevano già fatto: certi giocattoli erano destinati a moltiplicarsi). Il «Piccolo falegname» era più impegnativo che divertente, eppure non c'era famiglia piccoloborghese nella quale un ragazzino non fosse condannato ad apprendere i rudimenti dell'arte del traforo. Era l'equivalente del ricamo per le bambine e del pianoforte per le ragazze ricche.

Gli attrezzi del piccolo falegname erano sempre gli stessi, cuciti a un foglio di cartone lucido che portava l'intestazione del gioco: un martello, le tenaglie, un morsetto da tavolo, ma tutto in scala molto ridotta; un curioso pezzo di legno forato a un'estremità che nessuno sapeva usare ma che doveva servire come guida al seghetto; il seghetto, appunto, e un trapano a mano. Il trapano consisteva in una sbarretta di ferro attorcigliata su se stessa lungo la quale scorreva un cilindro di legno; manovrando il legno su e giù, la sbarretta faceva vorticare la punta sottile fissata alla sua estremità. Il seghetto da traforo non aveva somiglianza alcuna con la sega: era una grande forcella di ferro con un'impugnatura sotto l'estremità esterna; il seghetto vero e proprio – un sottile filo d'acciaio – veniva inserito tra i due bracci della forcella che lo tenevano teso.

I più abili riuscivano così a ritagliare da un foglio di legno compensato una qualsiasi sagoma dapprima disegnata a matita. Era inevitabile tagliuzzarsi e spezzare il seghetto sottilissimo che, durante il gioco, si surriscaldava. Il luogo delle operazioni era il tavolo di cucina, il solo che potesse sopportare i segni del morsetto con il quale si fissava il compensato e i buchi fatti dal trapano. Bucare il foglio di legno era infatti indispensabile per ricavare una qualsiasi sagoma all'interno di un'altra (per esempio i finestrini di un'automobile o di una casetta); il seghetto sottile veniva passato attraverso il foro e poi assicurato agli estremi della forcella.

I ragazzi che incominciarono a traforare sul finire degli anni Venti, se davvero tenaci, alla vigilia della guerra riuscirono a produrre piccoli capolavori; così si spiega perché in tante case ancor oggi si trovi, nei solai, qualche gabbia per canarini di complicatissima fattura orientaleggiante, senza sbarre di ferro, ma tutta a traforo, simile a un castello moresco irto di guglie gotiche, con tanti tettucci a pagoda.

Una versione più popolare del «Piccolo falegname» non serviva a traforare ma proprio a piccoli giochi di carpenteria. Non c'era il seghetto, bensì una sega in scala ridotta. Però ricordava troppo il lavoro artigiano e alle mamme non piaceva. Il «fai da te» non era una mania domenicale com'è oggi: era una necessità per risparmiare cui il capofamiglia impiegato si dedicava sacramentando. In ogni casa c'era, ordinatissima e tenuta lontano dalla curiosità dei bambini, la cassetta degli attrezzi. Ai bambini venivano invece precocemente sottoposti i fascicoli, rilegati, di una pubblicazione degli anni del primo dopoguerra ritenuta dai genitori piccoloborghesi fondamentale per sveltire la fantasia e aguzzare l'ingegno. S'intitolava, naturalmente, «Il piccolo inventore». Era un manuale del «fai da te» nobilitato dalla suprema futilità e dall'impraticabilità di ciò che insegnava.

Per esempio, il cannone ad acqua. Farsi dare dalla

mamma un tubetto vuoto di latta, di quelli da pasticche tipo Formitrol. Riempirlo d'acqua e tapparlo con un turacciolo ben premuto. Costruire, col traforo, due supporti di legno in modo che il tubetto resti sollevato orizzontalmente. Prendere un moccolo di candela, accenderlo e porlo all'estremità senza turacciolo del tubetto. Seguiva la spiegazione fisica per cui l'acqua, bollendo, sprigiona vapore, il vapore crea pressione (divagazioni sul funzionamento della locomotiva) e la pressione una forza propulsiva. «Quando l'acqua bollirà vedrete il vostro cannone sparare il turacciolo a una bella distanza.» Venivano invece taciuti l'effetto dello schizzo d'acqua bollente al seguito del proiettile e le probabilità che, se il turacciolo era ben pigiato come raccomandato, esplodesse l'intero cannone.

Altro suggerimento per il piccolo inventore, il veicolo semovente a moto perpetuo. Bastava raccogliere tra i vecchi giocattoli un bel carretto di legno, di quelli ampi dove un bambino può anche rannicchiarsi seduto. Fissare sul davanti e sul retro del carrello due robuste molle, abbastanza lunghe per essere assicurate con le estremità alle pareti opposte di una stanza. Spingendo il carretto coi piedi avvicinarsi a una parete il più possibile in modo da tendere la molla posteriore (spiegazione sul funzionamento delle molle contrapposte), quindi lasciarsi andare. Se non perpetuamente il carretto avrebbe dovuto muoversi per un bel po'.

Eppure per i genitori era un piacere notare che il figliolo si appassionava alle invenzioni: lo raccontavano agli amici con la stessa fierezza delle madri che, durante l'ora del tè con le amiche, imponevano agli adolescenti la recita di «L'albero cui tendevi/ la pargoletta mano...». «Senta come la dice bene.»

Il più frustrante, ma anche il più silenzioso ed economico giocattolo casalingo dell'epoca fascista era una serie di modelli in cartoncino. Poteva durare, senza mai riuscire, l'intero pomeriggio e anche quello successivo. Occorreva ritagliare da due grandi fogli illustrati i pezzi per costruire, in tre dimensioni, un castello da fiaba, oppure un aeroplano fedele al vero, una caravella di Cristoforo Colombo, un carro armato. Già l'operazione di ritaglio era più laboriosa del traforo: si dovevano seguire con le forbici le «linguette» ai lati delle sagome, migliaia di triangoli di cartoncino di un centimetro di lato che poi, ripiegati e spalmati di colla da ufficio, servivano a tenere insieme le parti. I collanti allora più conosciuti, a parte il bianco d'uovo, erano la colla da falegname e quella di pesce – lastre brune, simili a cioccolata, la prima: grandi e fragili scaglie trasparenti la seconda – entrambe da far cuocere sul fuoco; la resina indiana in tubetti e la colla «cocoina» per ufficio in barattoli di latta, che costava poco, si diceva fosse fatta con residui di ossa, ma ai bambini piaceva gustarla: aveva un sapore tra il burro e la mandorla, forse più dolce.

La cocoina era la sola colla compatibile con i modelli di cartoncino, ma spalmarla contemporaneamente col piccolo pennello sulle decine di triangolini indispensabili per unire ogni parte del modello risultava impossibile. Il fabbricante lo capì e mise in commercio i modelli «senza colla» o meglio, con poca colla. Le linguette andavano infilate una per una in altrettante fessure indicate con un tratteggio. Occorrevano, però, le forbici con la punta anziché quelle arrotondate riservate ai bambini, sicché il torturante lavoro di intagliare la linea tratteggiata toccava alle madri. Il gioco finì così nel novero di quelli ritenuti più adatti durante una malattia, quando il ragazzino stava a letto e la mamma sedeva al suo fianco.

Anche le decalcomanie erano un gioco riservato ai piccoli malati. Oggi le chiameremmo autoadesivi, ma il paragone è irriverente: un autoadesivo è banale, applicarlo non è per niente un gioco, non ha nulla della lenta magia per cui la decalcomania aderiva su una pagina di quaderno. Si compravano dai cartolai in serie da venti o più, in fogli simili a quelli dei francobolli. Ogni serie seguiva un tema: «Fiori esotici», «Pesci orientali», «Soldati d'Italia». La decalcomania andava immersa in una tazzina d'acqua per qualche secondo, scossa e applicata con la figura contro la pagina. Quindi, con moto rotatorio della punta dell'indice, delicatissimamente, occorreva togliere dal retro una sostanza gommosa che veniva via a minuscole scaglie, come una pelle morta. Alla fine riappariva la figura attraverso un velo; tolto il velo molto spesso veniva via anche la figura o una parte di essa; altrimenti, il bambino se ne compiaceva come di un'opera di pittura.

Le decalcomanie erano uno dei pochi giochi bisex dell'epoca, come la trottola musicale e il teatrino. La trottola musicale era un giocattolo di piccole dimensioni e quasi povero: se ne trovavano anche al mercato. Assomigliava in qualche modo a una grossa cipolla di latta, multicolore, dalla quale usciva una sbarra di ferro attorcigliata con un pomolo. Pigiando più volte il pomolo la trottola acquistava un moto rotatorio sempre più veloce. Quanto alla musica, bastava usare la fantasia e tendere l'udito: una serie di fori oblunghi sulla parte più larga del giocattolo emetteva una specie di rantolo, di soffio lamentoso che si spegneva via via che la trottola rallentava.

Oltre ad alimentare la fantasia il teatrino offriva il vantaggio di far divertire insieme un bambino e una bambina senza che ricorressero all'ambiguo gioco di «marito e moglie» o a quello più temuto e forse ancor più frequente del «medico e l'ammalata». Toccava al maschio montare il frontale, le quinte e il palcoscenico del teatrino che a volte aveva persino il sipario e raggiungeva le dimensioni di un piccolo tavolo. Quanto alle marionette con la testa di terracotta rozzamente verniciata a mano, di conseguenza fragili oltre che brutte, il bambino manovrava quelle maschili, la bambina quelle femminili.

Come l'allestimento tecnico e scenico del teatrino era riservato ai maschi, così soltanto ai maschi un po' più grandi si regalava la macchina da proiezione cinematogrfica, un giocattolo la cui scarsissima funzionalità e l'alto prezzo (da 40 lire in su, fino a oltre 250) erano compensati dalla modernità, caratteristica inusuale ai giocattoli d'allora. Già sul finire degli anni Venti si trovava in commercio un «cinematografo giocattolo a lanterna magica» che non proiettava soltanto «lastrine figurate» immobili, ma vere pellicole, sia pure della durata di pochi secondi, tanto da dimostrare il funzionamento del cinema.

L'aspetto del marchingegno era funereo, del tutto uguale a una stufa in miniatura dipinta di nero sormontata da un tubo volto all'indietro. E un po' stufa era, visto che la luce interna funzionava a petrolio (soltanto in seguito il giocattolo fu modificato con la lampadina). Sul davanti dell'apparecchio c'erano le lenti per la messa a fuoco e le ruote dentate per far scorrere la pellicola, il cui formato era identico a quello del cinema vero. Ai lati una manovella bilanciata da un piccolo volano di piombo che facilitava la velocità di scorrimento delle immagini. La pellicola era agganciata a una bobina asportabile alta come il tubo di sfiatamento. Mancava la bobina di riavvolgimento: i film lunghi oltre il mezzo metro e quindi più lunghi dell'anello tra la bobina e le ruote dentate, finivano a serpente sul pavimento. Dieci anni dopo la comparsa del «cinematografo a lanterna magica» i fabbricanti si decisero a mettere in commercio un proiettore giocattolo più accessibile per il prezzo e più adatto ai bambini, il «Cinepoli», facilissimo da adoperare, a parte la dubbia sicurezza della corrente elettrica.

«Cinepoli» era una cassetta di legno dipinta di rosso e guarnita da stelline argentate con due obiettivi fissi disposti orizzontalmente sul davanti. La manovella faceva girare all'interno un asse con due fessure asimmetriche corrispondenti agli obiettivi, disposte in modo che quando una lasciava filtrare la luce, l'altra la impediva. Le pellicole erano di carta e ogni scena stampata era riprodotta di lato con un diverso fumetto e una diversa posizione, tale da indicare, rispetto alla prima, un movimento. L'apparecchio era corredato da uno schermo di cartone argentato e da una serie fissa di pellicole di carta: «Biancaneve e i sette nani», «Gli amici della foresta», «La dea dei fiori», «I pinguini», «I pionieri americani», «Il gioco del calcio» e, per un maggior impegno educativo, «Il tamburino del reggimento».

Le bambine potevano guardare il proiettore, ma non toccarlo: per loro non esistevano giocattoli meccanici. A differenza di quelli dei maschi, i giocattoli femminili erano molto più somiglianti al vero, quindi esigevano minor sforzo di fantasia. Attraverso i giochi i bambini potevano, com'è sempre stato e sempre sarà, scoprire le proprie attitudini manuali o mentali, non certo prepararsi alla professione che avrebbero scelto: il destino del fascismo si sarebbe risolto in una immensa moltitudine di capitreno. Le bambine invece, esattamente come Gertrude monaca di Monza tre secoli prima, crescevano insieme alla progressiva dimensione di giocattoli veridici che, dall'adolescenza in poi, sarebbero stati sostituiti da utensili casalinghi veri.

La bambola era la dea inanimata di un piccolo mondo perfettamente funzionante, mai lezioso. La bambola adulta, Barbie per intenderci, non solo non era ancora stata inventata ma, nel caso, sarebbe stata bandita come simbolo di leggerezza o di perversione. Le bambine povere avevano bambole di stracci, con la testa gonfia di trucioli o di paglia, messe insieme dalla mamma; quelle piccoloborghesi bambole di celluloide, quelle ricche di porcellana. Molte mamme piccoloborghesi tenevano seduta al centro del letto la loro vecchia bambola a testimonianza della continuità di orizzonti tra la loro vita infantile e quella adulta. I bambolotti di celluloide da spogliare e rivestire, sicuramente maschi per via della pettinatura (a differenza delle bambole avevano i capelli dipinti) se messi a nudo si rivelavano rigorosamente asessuati. Le bambole non avevano capezzoli, tantomeno rotondità sul seno. Alcune venivano messe in vendita con abiti vistosi, zeppi di volants, con le maniche corte a sbuffo, ma non servivano per giocare. Quelle ritenute educative si potevano spogliare e valevano soprattutto come manichini cui cucire addosso un abitino nuovo.

Per le bambine più piccole esisteva una versione femminile dei modelli di aereo e di carro armato in cartoncino da ritagliare: prima un pupazzo, poi tre o quattro indumenti diversi da mettergli addosso. I capi di vestiario in cartoncino si agganciavano al collo, alla vita o alle caviglie della figura. Ma a sei anni una bambina sapeva già cucire l'abito della sua bambola ritagliandolo da un lembo di stoffa su indicazione della mamma, aveva già il suo ditale di celluloide, l'ago di celluloide, i cucirini in miniatura. La scatola con gli accessori per il ricamo, compreso il tombolo, costava meno di dieci lire con gli uncinetti, una serie di fili colorati, i modelli da eseguire su carta.

La bambola, come un giorno i figli, doveva nutrirsi quindi aveva diritto a una mamma esperta di cucina. Ecco quindi la «cucina economica per bambola», modello in scala estremamente rigoroso, con gli sportelli per il carbone apribili, i cerchi dei fornelli estraibili, il tubo per il fumo, il secchio per il carbone, la batteria completa di pentole in metallo a 18 lire. Ecco, sempre in scala, il tagliere, il matterello, un'infinita varietà di stampi per gli sformati, i budini e le torte e il servizio da tavola per quattro in maiolica decorata, completo di insalatiera, zuppiera e portasalse a solo 7 lire. La carrozzella di vimini con soffietto in tela cerata – stesso materiale, stessa forma di quella vera – costava invece 40 lire perché nella realtà era riservata alle ubbie della media borghesia.

La macchina da cucire giocattolo, perfettamente funzionante, «capace anche di eseguire il punto catenella», costava invece un po' più della metà della carrozzella di lusso, ma soltanto cinque volte meno di quella vera; i prezzi dei giocattoli delle bambine avevano sempre un riscontro con l'oggetto vero e ne rispettavano l'effettiva utilità; una bambina capace di manovrare la macchina da cucire giocattolo poteva pure cimentarsi con quella della mamma.

La prima esperienza culinaria delle bambine tra i dieci e i dodici anni maturava a poco a poco verso le quattro del pomeriggio, ora sacrale della merenda, integrazione necessaria dello scarso vitto del mezzogiorno. Il regime incrudeliva contro l'abitudine dei pasti molteplici, ma l'abbondante merenda pomeridiana fu sempre rispettata anche nelle colonie estive gratuite dello stato. L'industria dolciaria era ancora ben lontana dal mettere in commercio merendine conservate e preconfezionate, quindi toccava ancora una volta alla padrona di casa o alla serva bene istruita radunare i bambini e servirli. La figlia adolescente dava una mano: scodellava il budino Elah che aveva imparato a cucinare con le bustine, friggeva le frittelle di bianco d'uovo e di mela, apparecchiava sommariamente la tavola. I dolci, però, erano un'eccezione. La padrona di casa consentiva di prepararli soltanto se aveva come ospiti i ragazzi della vicina. Altrimenti i piccoloborghesi mangiavano come i figli degli operai e dei contadini. A differenza della refezione delle 10,30 del mattino da consumare a scuola, non occorreva ostentare le possibilità economiche della famiglia. Finché il burro mantenne un prezzo tollerabile la sorellina preparava ai fratelli un pane imburrato. Sul burro si spargeva mezzo cucchiaino di zucchero; per i più grandi una punta di sale. Le marmellate durarono fino ai tempi della guerra, più dello stesso pane bianco, perché si facevano in casa con frutta di scarto. I giovanotti che ritornavano dalla gita sulla finta bicicletta da corsa avrebbero voluto pane e salame ma si contentavano di pane e cotenna di lardo.

Di quando in quando anche la merenda diventava una spesa da calcolare nel bilancio delle famiglie piccoloborghesi. Capitava in occasione dei compleanni e degli onomastici, quando era consuetudine che le mamme radunassero i compagni di scuola dei figli appartenenti allo stesso livello sociale. Allora le mamme e le ragazzine cucinavano la torta, le mamme sorvegliavano e provvedevano agli ornamenti. «Se voleste ben degnamente o ben artisticamente, o ben allegramente, impolverar di bianco una torta, tagliate in cartoncino un disco del diametro stesso della vostra tortiera; sul disco disegnate o foglie o stelle, o parole bene auguranti specie se dovete festeggiare un onomastico (W Giovanni!) o la promozione del ragazzo (WW il Liceale!); colle forbici intagliate, indi asportate le parti interne dei vari disegni; applicate il disco sulla superficie della torta; impolveratelo con zucchero tutto quanto; togliete il disco con precauzione (adagio che non si sposti!) e vedrete così spiccare, sul fondo scuro della torta e nel biancore dello zucchero, gli ornati e le parole bene auguranti che faran salir sorrisi su tutte le labbra!»

Qualcosa di simile, forse con minor fatica, si ripete

anche oggi, ma se il festeggiato era avanti nell'adolescenza o già giovanotto, sul festino pomeridiano di compleanno incombeva l'acquisto di una carabattola meccanica e costosa cui i genitori, fino a quel momento, avevano rinunciato nella prospettiva di poter comprare un giorno o l'altro la radio: il fonografo, o grammofono.

Già all'inizio dello stato fascista i fonografi a tromba, con l'altoparlante simile a un gigantesco tulipano di ferro colorato, erano desueti: intrasportabili, preziosi, erano affidati alle cure esclusive del capofamiglia appassionato di romanze d'opera. Verso la metà degli anni Venti comparvero le «valigette musicali da viaggio e da casa». Come i giocattoli meccanici funzionavano a molla, e qualche indecisione nel marketing dovette pur esserci se le valigette musicali furono reclamizzate, allo stesso prezzo, sia nei cataloghi dei giocattoli sia in quelli della tecnologia fonica dell'epoca. Un fonografo a manovella «tipo extra», con «punte in acciaio delle marche Pathè, la Voce del padrone, Fonotipia ecc.» costava 200 lire nel 1926 e, nel 1936, ben 225 il modello Cetra, benché la pubblicità suonasse: «Fonografo di fabbricazione interamente italiana per famiglie italiane – costa e pesa meno dei tipi simili oggi in commercio, e rende di più e meglio». Lo strumento, nella réclame, appariva tra le zampe della Lupa di Roma, al posto dei gemelli. Quanto al peso, il fonografo superava sempre i dieci chili e durante i festini casalinghi colui che lo manovrava, sempre il proprietario, si autoescludeva dal ballo.

L'arnese aveva bisogno di continua assistenza. I dischi erano fragilissimi, pesanti, a 78 giri, e venivano conservati all'interno del coperchio della valigetta musicale. La carica a molla del fonografo durava non più di una canzone, tre minuti, talvolta anche meno; occorreva quindi girare la manovella durante la stessa canzone badando a che la valigetta non fosse scossa, altrimenti la puntina, scivolando sui solchi, li avrebbe irrimediabilmente rovinati. In compenso un giro di manovella in più faceva saltare la molla, come nei giocattoli. Il braccio era pesantissimo, di ferro cromato, e terminava con un piccolo altoparlante sempre in metallo, rivolto verso l'esterno: i suoni uscivano da questa specie di colino al di sotto del quale si inseriva la puntina d'acciaio che andava cambiata ad ogni disco, ossia ogni due canzoni.

Ammesso che un giovane d'oggi riesca a immaginare la differenza che corre tra il suo stereo e il fonografo o grammofono dell'era fascista (perfino il nome è scomparso) c'è da chiedersi se possa comprendere quale precisa scansione di tempi l'attrezzo imponesse a un festino danzante. Appena il disco incominciava a frusciare conveniva affrettarsi a ballare: anzi era opportuno che le coppie fossero già in posizione per poter seguire i primi due minuti del ritmo perché sul finire della canzone, verso il terzo minuto, la musica rallentava e la voce del cantante si incupiva. «Carica!» gridavano i ballerini, che allora si chiamavano così avendo la maggior parte di loro frequentato la scuola di danza cittadina. Suonare un disco senza ballare era impensabile durante un festino, né si ballava continuamente per non logorare la molla del fonografo e non sprecare troppe puntine d'acciaio.

Da questo punto di vista erano più fortunati i ragazzi e le ragazze contadine. Nei pomeriggi festivi si ballava su tutte le aie al suono di un fisarmonicista o di un violinista (niente chitarre, i virtuosi suonavano il mandolino oltre al violino) che si contentavano di un fiasco di vino e non riposavano mai finché non stramazzavano ubriachi secchi. Le molte sale da ballo di città erano spesso vietate ai minori e, ad eccezione della domenica pomeriggio, funzionavano soprattutto la sera, quando una ragazza piccoloborghese non avrebbe mai potuto uscire se non accompagnata dai genitori o dal fidanzato vincolato da impegno matrimoniale ai sensi della legge. Per questo d'estate, al mare, alle cinque del pomeriggio non c'era più un giovane in costume da bagno: tutti radunati sulla rotonda dello stabilimento dove a quell'ora un'orchestrina qualsiasi accordava gli strumenti e invitava a ballare.

Senza infingimenti ragazzi e ragazze ballavano nella piena consapevolezza di non avere altro modo lecito di avvicinarsi fisicamente, di stringersi a lungo le mani, talvolta di sfiorarsi la guancia. La frequenza dei balli con la stessa persona era prova sicura di corteggiamento; fare, come si diceva, «coppia fissa» per un intero pomeriggio implicava una dichiarazione d'amore. Le madri, che non perdevano mai d'occhio lo svolgersi del festino, lo sapevano e si affrettavano a trarre da parte la figliola per sibilarle con finto sorriso: «Adesso cambia cavaliere o ti porto via».

Durante i festini la padrona di casa sorbiva il tè con le mamme delle invitate, la serva indossava la divisa e la crestina: per i giovanotti era segno di buona educazione invitare almeno una volta le signore a danzare una canzone del loro tempo che, riascoltata oggi, sarebbe difficile distinguere da quelle giovanili dell'era fascista. In realtà una differenza di fondo c'era: la canzone prefascista aveva una sua tetraggine romantico-passionale, affollata di amori perduti, di amanti perfide, di esotismi scombiccherati. La canzone dell'era fascista tendeva alle belle speranze, all'ottimismo, persino al trionfo del buon senso sulla passione: «Voglio vivere così, col sole in fronte e beatamente» cantata da Ferruccio Tagliavini era l'inno del ritorno allo stato libero di un uomo piantato in asso dall'amante. Se la passione era incallita, durava invece eternamente senza screzi.

Non sempre accessibili i grammofoni, rare le radio almeno fin dopo la conquista dell'impero, la popolarità di una canzone era affidata agli spartiti musicali in vendita a lire 3, alle orchestrine e soprattutto al cinema. Al contrario di oggi i film di maggior successo, non solo di pubblico ma anche di critica, si imperniavano su una canzone. E *La canzone dell'amore* s'intitolò, nel 1930, il primo film sonoro italiano. La canzone era quella di Bixio-Cherubini che incominciava «Qual menestrello d'amor», ma divenne celebre per il ritornello: «Solo per te Lucia...» Nove anni più tardi i ragazzi nei loro festini e sulle rotonde degli stabilimenti balneari ballavano un'altra canzone scritta per il film cui dava il titolo: *Mille lire al mese*. Il film è stato del tutto dimenticato, a torto perché il regista austriaco Max Neufeld fu un pioniere della commedia cinematografica e gli attori, Alida Valli, Umberto Melnati e Renato Cialente, erano eccellenti; la canzone, al contrario, è ricordata anche troppo, e troppo spesso viene citata dagli evocatori di quegli anni come parametro utile a definire il valore reale del danaro alla vigilia della seconda guerra mondiale. Mille lire al mese, secondo questa generica interpretazione, indicavano la soglia della ricchezza, il che non è assolutamente vero.

Il film raccontava l'ingarbugliata vicenda di un tecnico radiofonico italiano cui veniva offerta l'occasione di essere assunto a Budapest dove si cominciavano i primi esperimenti televisivi. (Una televisione a circuito chiuso aveva già sbalordito gli spettatori delle Olimpiadi del 1936 a Berlino.) Giunto a Budapest con la fidanzata il tecnico litigava con uno sconosciuto prendendolo a ceffoni, senza sapere che la sua vittima era proprio il direttore dell'azienda televisiva. La fidanzata escogitava allora il trucco per cui un amico avrebbe preso il nome e il posto del tecnico. Tanti spassosi equivoci e lieto fine. La trama di *Mille lire al mese*, insomma, chiariva molto bene che per guadagnare questa cifra un giovane non solo doveva essere specializzato in un ramo della tecnologia d'avanguardia, ma gli conveniva emigrare: e i riferimenti alla televisione, mezzo del tutto sconosciuto agli italiani, nonché la collocazione della vicenda a Budapest, capitale di sogno delle lettrici dei romanzi ungheresi, proiettavano la conquista delle mille lire in una dimensione da operetta.

La canzone inquadra invece il problema realisticamente. Nonostante la sua superspecializzazione, il tecnico ammette d'essere, in Italia, disoccupato e tormentato dai debiti, di non trovare nemmeno i soldi per sposarsi: «Che disperazione, che delusione/ dover campar/ sempre in disdetta/ sempre in bolletta./ Ma se un posticino/ domani cara/ io troverò/ di gemme d'oro ti coprirò».

Gemme d'oro simboliche, adeguate al «posticino» e a un'idea riduttiva della felicità. «Se potessi avere/ mille lire al mese/ senza esagerare/ sarei certo di trovare/ tutta la felicità.» Carlo Innocenzi e Alessandro Sopranzi, autori della canzone, precisavano quali potevano essere le ambizioni concrete di chi guadagnava mille lire al mese e, tirate le somme, le facevano coincidere con quelle del ceto piccoloborghese: «Un modesto impiego/ io non ho pretese./ Voglio lavorare/ per potere alfin trovare/ tutta la tranquillità./ Una casettina/ in periferia/ una mogliettina/ bella giovane e carina/ come te./ Se potessi avere/ mille lire al mese.» Il sogno dell'impiegato.

I grammofoni tacevano e il festino pomeridiano si scioglieva prima del ritorno a casa degli impiegati. Tra gli amici dei figlioli e il capofamiglia c'era un velo di intimorita soggezione più che di rispetto, come tra tutti i giovani e gli adulti (nelle campagne molti figli davano ancora del lei o del voi ai genitori, e tutti i nipoti ai nonni).

Il ritorno vespertino dell'impiegato obbediva a un rituale niente affatto ipocrita attraverso il quale si esprimeva la gratitudine dei familiari per un'altra giornata guadagnata. La moglie aiutava il marito a sfilarsi la giacca e il cappotto, gli porgeva il pigiama da casa e le pantofole, si informava, ma senza petulanza e neppure vera curiosità, sul lavoro in ufficio. L'impiegato poteva finalmente leggere il giornale che odorava fortemente di petrolio. Le notizie erano quasi sempre raccontate al passato remoto, come se fossero accadute nell'epoca indefinita dei romanzi: «Alle ore 18 di ieri, per ignoti motivi, un carretto di frutta e verdura si ribaltò sulle rotaie della linea tramviaria...» Negli elzeviri di terza pagina, meditazioni o brevi racconti, non si scriveva «c'è» ma «v'è». Era preferibile, per iscritto, premettere alle domande il pronome personale: «Egli è venuto? Egli tornerà prima di cena?» Ogni vocabolo di vaga derivazione straniera, bar, sport, club, appariva in caratteri corsivi, che almeno ne sottolineassero l'origine barbara.

Un po' per spirito di emulazione, ma soprattutto per rispettare il silenzio cui l'impiegato reduce dall'ufficio aveva diritto, i ragazzetti spingevano una sedia vicino a quella del papà e aprivano il loro libro seduti all'indiana. Superata l'età dei *Piccoli libri della patria* i ragazzi ricevevano in regalo i volumi della Scala d'oro, raggruppati in serie. Contenevano, meravigliosamente ridotti e illustrati, i classici della letteratura universale scelti tra i più avventurosi. Di romanzi che avessero per protagonisti adolescenti eroici se ne scrivevano a dozzine e il più delle volte gli autori cadevano nella tentazione non sempre redditizia di glorificare il coraggio dei balilla. Si distinse Salvator Gotta che riprese il suo libro più fortunato per ragazzi, il *Piccolo alpino*, ambientato nella grande guerra, per iscrivere Giacomino, il protagonista, alla marcia su Roma. Assai maggior successo ottenne, invece, il «poliziesco» di un autore sconosciuto, certo Pessina, del quale non esiste traccia biografica, intitolato *La teleferica misteriosa*. Cinque ragazzi si mettevano sulle piste del contrabbando e provocavano l'arresto dei fuorilegge. Benché il romanzo si svolgesse in piena era fascista, i ragazzi non solo non erano in divisa ma facevano parte di una loro società segreta detta «Mano d'argento», con tanto di soprannomi corrispondenti alle cinque dita. Ed era questa la sola situazione davvero irreale del libro.

IV
DOPO IL LAVORO, DOPOLAVORO

Nell'aprile del 1937, anno XV dell'era fascista, la gelateria torinese Paolino lanciò, probabilmente senza brevettarla, una di quelle invenzioni in apparenza futili e transitorie, in realtà destinate a un successo duraturo universale: il gelato «pinguino». Era allora, com'è sostanzialmente oggi in infinite versioni, un tronco di piramide di crema ricoperto da uno strato di cioccolato fondente e infilato su di una stecca di legno. Fino a quella data, il solo gelato da passeggio era quello contenuto nel cono o tra due biscotti: per motivi estetici e di garbo era vietato alle signorine, alle signore e agli adulti in genere.

La domenica, tra le cinque e le sette del pomeriggio, c'era sempre un caffè all'aperto con un'orchestrina e una cantante vestita da maestrina. Le famiglie degli impiegati occupavano i tavolini con una mezz'ora d'anticipo: gli adulti si permettevano il gelato nella coppa di peltro, i ragazzini ottenevano il cono, la granatina o l'aranciata San Pellegrino. Ai bambini non si concedeva mai il gelato in coppa perché, dovendolo ingoiare col cucchiaino, lo avrebbero finito troppo in fretta procurandosi il mal di pancia oppure lo avrebbero lasciato sciogliere, sprecandolo. In realtà, perché costava troppo. Si diceva che gli impiegati statali di basso livello e gli operai portassero i figli a guardare «i bambini dei signori che mangiano il gelato». Battuta da commedia e da film. Nella realtà le famiglie degli impiegati di basso livello e degli operai si radunavano attorno alla cerchia dei tavolini per ascoltare la musica a sbafo. Erano mal visti dai camerieri che si destreggiavano tra loro con rabbiosi «Permesso!» rintuzzati da borbottii intemperanti.

I signori seduti al tavolino erano quelli che non potevano permettersi la gita domenicale benché, dal numero di macchine fotografiche a tracolla, sembrassero turisti. «Fermo così, sorridi, fai vedere bene il gelato»: il bambino felice del suo cono, la moglie con la veletta e l'espressione lieta, la signorinella che prima di mettersi in posa fingeva di vergognarsi, si schermiva e si lamentava di non riuscire a tenere gli occhi ben aperti, erano soggetti sui quali consumare chilometri di pellicole Isopan, Agfa e Ferrania. I formati correnti erano 6 per 8 e 6 per 6; la stampa in positivo ricalcava le misure del negativo; solo in casi eccezionali si ricorreva all'ingrandimento, che costava molto, e qualcuno colorava sommariamente il bianco e nero con i pastelli.

In un angolo della piazza del caffè-concerto i fotografi ambulanti con il grande apparecchio di legno e la tendina nera assistevano impotenti all'agonia della loro professione. Da tempo avevano smesso di guardare di traverso i dilettanti con la borsa gialla a tracolla, e da un certo giorno in avanti apparve anche la macchina fotografica per bambini, una cassettina nera a fuoco fisso e obiettivo per modo di dire, il cui mirino era sostituito da un rettangolo di robusto filo di ferro che rientrava nell'apparecchio: un giocattolo, ma più funzionale e funzionante di molti altri, e senz'altro poco caro se lo si regalava assai prima dell'orologio da polso. (Gli orologi per bambini non meritavano neppure il nome di giocattoli: le lancette erano dipinte sul quadrante di celluloide; oppure giravano, sì, ma senza meccanismo, solo manovrando il pulsante di latta.)

La qualità scadentissima delle fotografie familiari dell'era fascista testimonia, invece, quanto fossero complicati gli apparecchi degli adulti. La macchina Agfa, ripiegata, aveva più o meno le dimensioni di un libro di forma allungata. Bisognava aprirla per estrarre il soffietto: un mirino era collocato sopra l'obiettivo. Di automatico non c'era niente: la pellicola nuova, preceduta da una lunga striscia di carta rossa e nera, si faceva scorrere a mano lentamente, traguardando attraverso un oblò rosso posto sul retro dell'apparecchio finché compariva una manina con l'indice puntato che indicava l'imminente arrivo del fotogramma numero uno. Quindi, sempre a mano, si abbassava l'otturatore e lo si faceva scattare.

Il fine settimana com'è inteso oggi, in epoca fascista non solo era al di là del praticabile, ma addirittura dell'immaginabile. A parte la spesa del viaggio e del pernottamento, il sabato era giornata lavorativa di otto ore fino al 1935 e il sabato fascista non sconvolse le abitudini al punto da indurre i ceti medi e bassi a lasciare i luoghi di residenza per capriccio. Così fu il regime a organizzare gli svaghi di massa che contemplavano un soprassalto della vita quotidiana, e lo fece con trionfale successo attraverso l'Opera nazionale dopolavoro, la più attiva, popolare e meritoria organizzazione fascista insieme all'Opera balilla.

All'Opera nazionale dopolavoro potevano iscriversi anche i non aderenti al fascio, così come l'Opera balilla accoglieva nelle proprie colonie e nei corsi di avviamento professionale anche i non balilla; e alla fine sarebbe risultato che il partito era sopraffatto numericamente dai dopolavoristi. In pratica aperto a tutte le idee, purché non espresse in alcun modo esplicito, il dopolavoro accoglieva esponenti di ogni ceto senza badare al mestiere o all'impiego o agli abiti indossati: medioborghesi, piccoloborghesi, operai, negozianti e contadini, il corpo e il sangue, se non il cervello, della nazione. E poiché questo accadde davvero, ne derivò un livellamento verso il basso: non verso l'infimo perché i molti analfabeti trovarono nelle sedi del dopolavoro la possibilità di seguire i corsi d'istruzione primaria serale. Quel che il partito fascista dichiarava di poter raggiungere attraverso lo stato corporativo - una società corporativa al di sopra delle classi - senza mai riuscirci né volerci veramente riuscire, fu ottenuto dal dopolavoro grazie all'organizzazione del tempo libero di milioni di italiani cui si chiedeva, semplicemente, di divertirsi con poco.

Al contrario delle case del fascio, le sedi del dopolavoro, assai più numerose e certo meglio attrezzate, assomigliavano più a osterie con gioco di bocce che a caserme, più a sale biliardo che a questure. La tessera dava diritto a forti sconti sui viaggi, sui cinema, sui teatri, sugli ingressi nelle balere, sugli abbonamenti ai giornali e alle partite di calcio. I progetti insoddisfatti dei singoli si trasformavano in iniziative collettive. Così si organizzavano tornei di qualsiasi sport, dalla palla a pugno piemontese al baseball, dalle gare ciclistiche alle corse nei sacchi, dal ping pong al tiro a segno, dagli scacchi alla briscola.

All'opposto delle sedi del partito, il dopolavoro era davvero la seconda casa degli operai e il ritrovo dove gli impiegati si toglievano la giacca. «L'attività prevalente del dopolavoro», ricordava Emilio Radius, «era la distensione, lo stirarsi e mettersi in libertà, l'annacquare il fascismo e il suo regime, il tornare a essere se stessi ma in tanti, collettivamente, sul piano nazionale, generalmente e totalmente come non era stato mai prima di allora. L'Italia trovò la sua prima unità spirituale nel dopolavoro, nella distrazione consentita e regolata, nella tregua quotidiana della rivoluzione [...] I dirigenti erano educatori di modesta estrazione, insegnanti delle università popolari, attori del teatro del popolo, conferenzieri, fini dicitori, autodidatti, buontemponi di quartiere o di cascina, filodrammatici, dilettanti di ogni genere; ed anche squadristi ormai carichi di famiglia e convertiti al buon senso. Bisogna dire che nel suo genere non si corruppe, non divenne mai una camorra o una mafia [...] Anche chi non frequentava la sede del dopolavoro, o non vi aveva mai messo piede, era legato alla benigna istituzione da uno o più fili. Bastava che, direttamente o indirettamente, si valesse di qualche facilitazione dopolavoristica. Erano tante e disparate. Bisognava proprio essere antifascisti incalliti per rifiutarle tutte, in ogni occasione e circostanza [...] L'Opera nazionale dopolavoro era l'Italia in maniche di camicia, in canottiera, in brache; l'Italia in libera uscita, esente per il momento dal servizio fascista.»

Certo, i piccoloborghesi più colti e di maggior gusto si accorgevano che «roba da dopolavoro» erano le chiassate popolaresche, i cori stonati, la comicità grossolana, le sbracate partite a carte; che cultura e genialità non si tesseravano; ma era pur sempre il dopolavoro che li portava a visitare la Fiera di Milano o le grotte di Postumia, che offriva loro gratis la lettura dei settimanali illustrati, che indiceva il concorso per il miglior scarabocchio dei bambini. Una gita organizzata dal dopolavoro costava poco (la colazione al sacco era di norma) e soprattutto non aveva bisogno di giustificazioni di sorta: qualsiasi fosse l'itinerario, il responsabile riusciva sempre a presentarla come utile a irrobustire il fisico e a corroborare lo spirito. Anziché gite si chiamavano escursioni, benché tra andata e ritorno raramente superassero i cento chilometri, un po' in treno o in corriera, un po' in bicicletta o a piedi su per le montagne. Ove possibile il programma comprendeva una visita d'ossequio a un sacrario della rivoluzione fascista o della Grande Guerra, e come ogni scuola era dedicata a un martire sconosciuto o a un decorato che avesse studiato sui banchi dell'istituto, così ci voleva poco per incontrare lungo il cammino un luogo di meditazione che il capogruppo annotava sul suo rapporto. Si raccoglievano mazzi di papaveri, si attraversavano torrentelli rimboccando i calzoni. Le compagnie inalberavano il cartello «Dopolavoro di...» come una bandiera: i cittadini entravano nei paesi con l'aria di truppe di conquista, si stravaccavano nel caffè o nell'osteria, ammucchiavano gli zaini. Dovunque, una foto ricordo; anzi tante foto ricordo quanti erano i possessori di macchine fotografiche.

Alle escursioni del dopolavoro, tuttavia, non partecipavano tutti scriteriatamente: per apparire in pubblico assieme agli operai, gli impiegati cercavano, per se stessi e per gli altri, una giustificazione ragionevole. Così gli impiegati più giovani che si accodavano a una gita in montagna s'inventavano la vocazione per l'alpinismo, gli aderenti a una visita nella città vicina portavano con sé la guida del Touring Club e si perdevano nei vicoli dei centri storici; altri scattavano fotografie artistiche o raccoglievano erbe selvatiche rare o portavano l'attrezzatura da pesca se l'escursione prevedeva la sosta lungo un torrente. Vere o immaginarie, queste predilezioni trovavano sfogo nel dopolavorismo che via via si frazionava, sollecitava preferenze e n'era sollecitato, riproduceva gruppi tra i quali il comune interesse extraprofessionale sopraffaceva le differenze di ceto. E col trascorrere degli anni, anche dopo il fascismo e il dopolavoro, certe inclinazioni rimasero e talvolta divennero passioni autentiche.

I responsabili del dopolavoro davano per scontato che il popolo italiano fosse felice del fascismo e non avevano l'obbligo di controllare, caso per caso, se fosse vero. A loro toccava attirare più gente possibile, non infastidirla.

Gli iscritti che disertavano la baldoria non venivano inquisiti, se mai commiserati per la loro supposta tristezza. Come la fabbrica e l'ufficio, il dopolavoro alimentava le amicizie, ma tra un gruppo e l'altro di amici non c'erano rivalità di carriera che le spie di professione potessero sfruttare. Il clima di allegra brigata favoriva le confidenze e lo scambio di opinioni.

Gli storici del fascismo e dell'antifascismo che hanno indagato a fondo sulla fronda intellettuale dei Gruppi universitari fascisti (Guf) hanno trascurato i mormorii scambiati sotto i platani del gioco delle bocce perché non ne è rimasta traccia scritta, ma quell'«unità spirituale» cui accenna Radius, amalgamata dal lento ribollire della solidarietà del dopolavoro, resistette ben oltre la data ufficiale di scadenza del regime e, tradotta in azione, si assicurò nella storia dei fatti un ruolo difficilmente calcolabile ma potente. Il passaggio dal dopolavoro al non fascismo e poi all'antifascismo non impose abiure né voltafaccia né crisi di coscienza. Fu il risultato di amari stupori dapprima, di ribellione poi. Compagni di trincea nella prima guerra mondiale, gli stessi che durante le escursioni al sacrario di Redipuglia cantavano «Montegrappa tu sei la mia patria», cominciarono a interrogarsi al suono di «boh» e «mah» e «qui finisce male» quando nel 1938 l'«eterno nemico tedesco» diventò il primo alleato dell'Italia.

Per pochi che fossero gli ebrei in Italia (circa 42.000) molti aderivano sia al partito sia al dopolavoro, ma le semplici anime dopolavoristiche non li avevano mai ravvisati come tali. La campagna razziale, che fino all'occupazione nazista non fece vittime di sangue, provocò intorno a loro una sorta di bonaria curiosità, e per istinto, per intelligenza, perché il razzismo pareva proprio fuori da questo mondo, la proclamata discriminazione antiebraica diventò tacita protezione. I maestri che insegnavano gratuitamente agli analfabeti del dopolavoro usavano lo stesso testo di stato obbligatorio nelle scuole. Dopo il 1938 sul libro apparve il capitoletto «Le razze»: «Gli ebrei. Fra i nuovi conquistatori si era mescolata la razza giudaica, disseminata lungo le rive del Golfo Persico e sulle coste dell'Arabia, dispersa poi lontano dalla patria d'origine, quasi per maledizione di Dio, e astutamente infiltratasi nelle patrie degli ariani. Essa aveva inoculato nei popoli nordici uno spirito nuovo fatto di mercantilismo e di sete di guadagno, uno spirito che mirava unicamente ad accaparrarsi le maggiori ricchezze della terra. L'Italia di Mussolini, erede della gloriosa civiltà romana, non poteva rimanere inerte davanti a questa associazione di interessi affaristici, seminatrice di discordie, nemica di ogni idealità. Roma reagì con prontezza e provvide a preservare la nobile stirpe italiana da ogni pericolo di contaminazione ebraica e di altre razze inferiori. Dopo la conquista dell'Impero venne bandita, ad esempio, una severa crociata contro il pericolo della mescolanza fra la nostra razza e quella africana (meticciato). I popoli superiori non debbono aver vincoli di sangue con i popoli assoggettati, per non venir meno a un'alta missione di civiltà, per non subire menomazioni di prestigio e per non porre in pericolo la purezza della propria razza».

«Be', questo lo saltiamo», diceva il maestro volontario agli irsuti allievi del dopolavoro.

Gli impiegati di discreto livello, quelli di una certa età e i laureati con famiglia e bambini, aderivano raramente alle escursioni dopolavoristiche. Gli schiamazzi e il linguaggio dei gitanti non erano adatti alle signore e agli innocenti. Due o tre volte l'anno, in primavera e in autunno, i piccoloborghesi programmavano con molto anticipo una gita pomeridiana domenicale fuori città in carrozza o in automobile condizionandola a una sequela di «se». «Se sarà veramente una bella giornata», «Se, bambini, la mamma potrà dire al papà che siete stati buoni tutta la settimana», «Se vai a farti togliere il dentino senza storie», «Se prendi lodevole nel dettato». Fino alla scadenza ricorreva la minaccia: «Allora niente gita», inattuabile perché il costo e l'itinerario erano già stati contrattati con il vetturino o con lo chauffeur. In funzione di bambinaia era reclutata anche la serva.

Benché un'appiccicaticcia canzoncina di Odoardo Spadaro abbia incollato la carrozza nell'album dei ricordi degli innamorati dell'era fascista, questo veicolo era prediletto dalle famiglie in gita perché spazioso, aperto, comodo, disponibile a sostare dovunque senza traffico di accensione o spegnimento di motori. Il noleggio non costava meno di quello dell'automobile, ma la spesa sembrava meglio compensata. Nella carrozza con il mantice abbassato si poteva cambiare di posto agevolmente, gettare per strada le bucce d'arancia, acchiappare al volo le fronde basse degli alberi. La gita in carrozza era una variante dinamica, più gioiosa, della passeggiata familiare domenicale. Quella in automobile, una stravaganza da provare, sì, una volta tanto, ma con qualche turbamento per lo stomaco e soddisfazioni difficili, alla fin fine, da cogliersi e da esprimersi. La carrozza, inoltre, non smentiva l'abituale modestia della vita quotidiana, godersela non suscitava scrupoli né invidie e regalava ai ragazzi una sensazione fisica di movimento del tutto diversa da quella che i mediocri scrittori, già allora, definivano «ebbrezza della velocità».

La velocità era un'astrazione; nell'epoca in cui si consumavano soprattutto le scarpe, movimento era, per i ragazzi in carrozza, puntare lo sguardo su un sasso in mezzo alla strada di terra battuta, poco più avanti del cavallo, e vederlo avvicinare fino alle ruote di legno cerchiate d'acciaio, scomparirvi sotto per ricomparire dietro il mantice e perdersi nella polvere; movimento era fissare il predellino che scorreva sul selciato finché la vista si confondeva, piombava la sonnolenza, e solo allora si assaporava lo struggente piacere di avanzare senza fare un passo.

La carrozza divertiva, l'automobile stupefaceva: ma una volta osservate dai sedili posteriori le manovre incomprensibili e sempre uguali dell'autista, capiti i meccanismi elementari, studiati con lo sguardo i minimi particolari dell'abitacolo senza poter toccare nulla, i ragazzi accoccolati sugli sgabelli ribaltabili che costringevano a dare la schiena al posto di guida erano presi dalla malinconia che la gita finisse prima che la loro fantasia si assopisse. Speravano che il buio della sera precedesse l'arrivo per contemplare l'effetto dei fari; che piovesse perché l'unica bacchetta del tergicristallo fosse messa in funzione attraverso la chiavetta sistemata al sommo del parabrezza; che si forasse una gomma almeno per ritrovare un po' d'euforia nell'imprevisto.

Le caratteristiche tecniche dell'automobile interessavano una ristretta cerchia di appassionati; a stento si distinguevano i tipi e le marche, benché fosse buona educazione che quando due vetture dello stesso tipo si incrociavano fuori città gli autisti si scambiassero un saluto a lunghi colpi di tromba o di clacson. Le frecce direzionali erano palette rosse, di celluloide, che saltavano fuori dai montanti delle portiere o dai lati del cofano. Anche i nuovi modelli avevano nella parte bassa della mascherina un foro attraverso il quale inserire la manovella d'emergenza per la messa in moto. Le maniglie degli sportelli ricordavano quelle delle porte di casa. Al di sopra dei grossi fanali esterni alla carrozzeria e montati sugli ampi parafanghi anteriori c'era una fessura-spia, rossa, grande come un'unghia. Le automobili Lancia, di maggior prestigio rispetto alle Fiat, continuarono per tutta la durata dell'era fascista a montare la guida a destra, ritenendo che l'autista dovesse preoccuparsi più del superamento dei carri e del ciglio della strada, protetto nelle curve lungo i baratri dai paracarri bianchi e neri detti per questo «piccole italiane», che del traffico in senso contrario. La targa non era al centro, ma sul lato sinistro posteriore della macchina, sormontata da un solo fanalino rosso che serviva da luce di posizione e da stop. E queste caratteristiche esteriori erano le sole che i ragazzi in gita tenevano a memoria oltre all'intimità della vettura, favorita dai finestrini piccoli, dal lunotto posteriore quadrato o ovale ma molto ridotto, poco più di uno spioncino, e dal soffitto di tela o imbottito che per le persone anziane, abituate al calesse o alla carrozza, era sempre soffocante.

Sui montanti interni delle portiere c'erano spesso piccoli vasi di cristallo smerigliato e lavorato, a fiala, che potevano contenere un fiore artificiale profumato per confondere almeno un po' il puzzo acre della benzina. Per via dei vapori di benzina, l'automobile era uno dei rarissimi luoghi dove fosse sconsigliato fumare. La benzina, il tanfo di grasso bruciato rimescolato a quello della pelle dei sedili, le vibrazioni e il rumore stridente del motore, costringevano le signore in gita a posare la fronte contro il finestrino tuffando il naso nel fazzoletto profumato. Con le tempie sudate, gli occhi lacrimosi, la nausea che impediva loro di parlare, le sofferenti cercavano conforto nello sguardo della figliola maggiore, afflitta dallo stesso male, impronunciabile per non guastare la festa. I ragazzini resistevano o fingevano di poterlo fare: patire la macchina era una vergogna riservata alle femmine. La mancanza d'abitudine influiva, ma per quanti progressi abbia fatto l'automobile il più confortevole fu l'eliminazione del fetore che arroventava l'esofago, rimaneva nelle narici per tutta la notte successiva, provocava vertigini e dolorosi languori, imponeva soste supplementari che spazientivano l'autista, persuaso che la sua vettura fosse immune dalla generale pestilenza.

Per le famiglie che non la possedevano, cioè quasi tutte, l'automobile era una conquista da ammirarsi soprattutto da ferma, a motore spento, con le portiere spalancate sui cromi e sul mogano lucido, sul solido, grande volante a tre razze una delle quali mostrava il sigillo d'ottone del Regio Automobile Club d'Italia.

I genitori chiedevano allora all'autista il permesso di far salire il bambino al posto di guida per fotografarlo, benché le madri non fossero tranquille finché non era sceso a terra. Così scarsa era infatti la conoscenza della meccanica automobilistica che non solo i ragazzi immaginavano bastasse girare il volante o pigiare il clacson perché la vettura partisse da sola; lo temevano anche gli adulti.

Nel 1922, anno della marcia su Roma, gli italiani erano 38 milioni e le automobili poco più di 40.000. Nel 1924, anno II dell'era fascista, le auto erano già 57.000, tra le quali si distinguevano per lusso e tecnologia le Lancia Lambda Torpedo, le prime vetture al mondo con carrozzeria a struttura portante, caratteristica che impressionò i costruttori americani ma rimase sconosciuta alla stragrande maggioranza degli italiani, colpiti invece dall'aspetto possente del cofano, dai grandi fari cromati, dalla doppia ruota di scorta a vista, dai pneumatici bianchi, dal predellino sporgente ampio e robusto sul quale si stava comodamente in piedi, dall'abitacolo a sei posti diviso dallo chauffeur per mezzo di un cristallo scorrevole.

A tal punto la Lambda era l'automobile dei signori (70 litri di carburante per poco più di 300 chilometri) che la sera del 9 giugno 1924, a Roma, Domenico Villarini s'insospettì nel vederne una, con tre persone a bordo ma senza autista, andare lentamente su e giù tra il Lungotevere Arnaldo da Brescia e via Stanislao Mancini dov'era custode di uno stabile. «Quelli l'hanno rubata», disse alla moglie, e segnò sul calendario a muro il numero di targa della vettura: 55/I2169.

Il giorno dopo, lenta e sfarzosa come un carro funebre, la Lambda tornò a pavoneggiarsi sul Lungotevere, distrasse con la sua meraviglia di cromi e di cristalli i ragazzi che facevano il bagno nel fiume con le mutande di tela a mezzagamba, gli altri stesi a rosolarsi sui gradini di pietra della sponda, un pescatore, un carabiniere di servizio. I passeggeri che si beavano di quel poderoso veicolo da meraviglia non erano più tre ma sei e presto furono sette, anche se il settimo fu infilato nella vettura a calci in pancia e pugni sulla nuca. La Lambda era così spaziosa da poter ospitare nel suo abitacolo un linciaggio e il settimo passeggero, il deputato socialista Giacomo Matteotti, fu massacrato sul pavimento dell'auto che filava via liscia, senza scossoni grazie a un sistema di sospensioni a ruote indipendenti che anni più tardi la Ford americana avrebbe adottato.

Alle tre del pomeriggio di due giorni dopo, 12 giugno 1924, quando i giornali inveivano contro il governo per la scomparsa del deputato (il cadavere sarebbe stato ritrovato molto tempo dopo) e l'era fascista pareva tramontata dopo soli due anni di vita, il portiere Domenico Villarini consegnò alla polizia il foglio di calendario sul quale aveva scritto la targa della Lambda. Le sue deduzioni istintive trovarono conferma: una macchina così, se di proprietà, non sarebbe scorrazzata senza uno chauffeur in divisa. Risultò infatti che la Lancia Torpedo, appena immatricolata e ancora in rodaggio, era stata noleggiata presso il garagista Giovanni Tomassini, in via dei Crociferi.

I noleggiatori furono i veri mediatori tra gli italiani del regime e l'automobile. Dall'estate 1924 fino al gennaio 1925, quando il governo Mussolini traballava sulla fossa di Matteotti, le automobili vendute furono poco più di duemila, ma dal 3 gennaio 1925, data in cui Mussolini, giocando il tutto per tutto, si assunse la piena responsabilità del delitto Matteotti e sfidò il parlamento a cacciarlo oppure a dargli i pieni poteri (il parlamento accettò), le prenotazioni di automobili s'impennarono e se ne vendettero, solo in quell'anno, circa 30.000. Meccanici intraprendenti, vetturini, proprietari di diligenze, magazzinieri con magazzino, s'indebitarono per improvvisarsi autonoleggiatori: così consentirono a un'imprevedibile quota di italiani di salire almeno una volta su un mezzo che nonostante gli sforzi di popolarizzazione solo i ricchi veri avrebbero potuto permettersi almeno per qualche decennio. (Uno degli assassini di Matteotti, Amerigo Dumini, percepiva dal giornale fascista «Il Corriere italiano» ben 1500 lire al mese, ma, di suo, aveva solo una motocicletta, per di più regalatagli dal partito per le imprese di squadrista della vigilia.) La vendita della centomillesima automobile fu festeggiata nel 1926. Nel 1932 la Fiat presentò al Salone dell'automobile di Milano la Balilla 508, salutata come la prima macchina destinata al popolo, 7 litri e mezzo di benzina per 100 chilometri, 80 di velocità, prezzo da 9900 a 10.800 lire, una volta e mezzo lo stipendio annuo di un capocommesso del ministero. L'Augusta della Lancia, vettura di lusso uscita l'anno successivo, costava 19.000 lire.

La guerra d'Etiopia 1935-1936 commosse milioni di italiani, che donarono la fede alla patria per risarcirla delle sanzioni, ma li distrasse dall'automobile: il numero delle vetture circolanti precipitò da 240.000 a 220.000 e fu proprio allora che la Fiat, con squilli di trombe che attraversarono la penisola e furono raccolti persino dai banditori di paese, annunciò la nascita di «una nuova piccola italiana», la Fiat 500, la Topolino. «Il duce, dopo avere guidato una "cinquecento" nei viali del parco di villa Torlonia, si è vivamente compiaciuto della nuova creazione Fiat, giudicandola una realizzazione perfetta del concetto della vera vetturetta del lavoro e del risparmio.»

In realtà la Topolino non intaccò minimamente il ruolo degli autonoleggiatori: costava solo 1300 lire meno della Balilla più economica, consumava 6 litri per 100 chilometri, ospitava due persone e un bambino rannicchiato o un bagaglio. Fu messa in mostra, la domenica pomeriggio, nei giardini pubblici, e parve la versione migliorata di un'automobilina a pedali. Nelle intenzioni doveva inaugurare una nuova era, nei fatti urtò contro l'indigenza generale e la mentalità per cui l'automobile, essendo un lusso da signori, doveva fare sfoggio d'imponenza e scintillii, non assomigliare a un giocattolo. (Lo capì la Lancia, che nello stesso anno presentò la prima auto aerodinamica, l'Aprilia, a 23.500 lire.) Gli autonoleggiatori non sapevano che farsene: per solidità, almeno nell'aspetto, e per dimensioni, la Topolino contraddiceva alle regole elementari del loro mercato. Sguinzagliata in un paese con 222.000 vetture circolanti, contribuì all'aumento del traffico per quel che poté, ma negli anni dal suo avvento alla guerra l'intero parco-macchine del paese riuscì appena a superare le 290.000 unità, su circa 44 milioni di italiani.

Toccò ancora una volta ai noleggiatori far da ponte tra la curiosità della gente per l'automobile e la reale possibilità di usarla. Nel prezzo del noleggio era compresa la benzina che dalle 2 lire e 6 centesimi al litro della prima metà degli anni Trenta sfiorò le 3 lire all'inizio della guerra d'Etiopia, le 4 fino alla conquista dell'impero (per ciò il calo netto delle vendite di auto) per tornare a 2 lire e 23 centesimi nella prima metà del '37 e via via risalire fino al blocco dell'erogazione in tempo di guerra e di agonia del regime. I distributori erano pochi, le pompe si manovravano a mano per mezzo di una leva e assomigliavano a giganteschi pupazzi con una gamba sola, i polmoni di vetro bene in vista dentro i quali ribolliva il carburante, e la testa rotonda di vetro, illuminata dall'interno come un palloncino veneziano.

I noleggiatori e i garagisti facevano rifornimento per mezzo di taniche da venti litri che allora si chiamavano semplicemente «latte» ed erano bidoni a forma di parallelepipedo. Soprattutto nei paesi non c'era altro modo di procurarsi il carburante, così l'ex magazziniere che aveva trasformato il magazzino in garage e in officina diventava anche benzinaio. E nei paesi il noleggiatore non poteva sottrarsi all'obbligo morale di far fare un giro, con un fondo di benzina, agli amici di piazza, di osteria, di carte, di dopolavoro, ai ragazzi che lo aiutavano a lustrare i cromi e ad asciugare la carrozzeria; così come nei grandi poderi di campagna, il fattore e i suoi figli, il capoccia e la sua famiglia, almeno una volta, nei pomeriggi di festa, potevano salire sull'automobile scoperta del padrone.

L'automobilismo da corsa non era meno generoso ed equanime dei noleggiatori. Distribuiva indifferentemente emozioni fugaci ai cittadini e ai contadini, anzi a questi ultimi forse di più, perché le gare stradali si arroventavano dove i percorsi diventavano più tormentati.

«Il martedì dopo Pasqua, per la prima volta, la gara automobilistica delle mille miglia transitò sulla strada del Piccione durante la tappa Perugia-Gubbio. Qui la strada è molto in salita e le macchine andavano relativamente piano, particolarmente sulla Voltataccia, una curva che tutt'oggi esiste, nella vecchia strada. Le due maestre condussero gli alunni in quel punto, ed io mi aggregai a loro. Ricordo che l'insegnante Fusari aveva con sé un giornale dove vi era scritto il programma della corsa con tutti i nomi dei partecipanti contraddistinti con un numero. Il primo automobilista che arrivò alla Voltataccia quasi si fermò per affrontare la curva: la macchina era contraddistinta con il numero otto, che corrispondeva al nome di Tazio Nuvolari. Rimasi meravigliato che un famoso atleta com'era lui fosse così piccolo di statura e magro, che quasi sembrava un fanciullo. Un casco gli copriva i capelli ed era allacciato sotto il mento, gli occhiali gli coprivano quasi metà del volto che era bianco dalla polvere della strada maestra. Dopo alcuni secondi arrivò un'altra macchina contrassegnata dal numero due e la maestra ci disse che era guidata da Varzi, seguiva Ascari contraddistinto con il numero tredici; di seguito, poco lontani l'uno dall'altro, arrivarono Brilli e Trossi... I partecipanti erano molti: contai una cinquantina di macchine. Questo fatto fu per me e per tutti gli abitanti del Piccione, un avvenimento indimenticabile» (Presciutti).

Non meno popolare del ciclismo, come il ciclismo l'automobilismo da corsa ebbe i suoi emuli improvvisati durante i pomeriggi domenicali, soprattutto se la macchina era a nolo o a prestito.

Pochissime le strade asfaltate e per brevi tratti, meno di 500 chilometri di autostrade in tutta la penisola compresa la camionabile Genova-Serravalle (non esistevano i bulldozer: per costruire un'autostrada occorreva prima distendere chilometri di binari a scartamento ridotto sui quali viaggiavano vagoncini carichi di materiale trainati da buffe locomotive a vapore; e anche i rulli compressori, «macadan», somigliavano a vaporiere), gli automobilisti si lanciavano in prove di velocità acrobatica che si risolvevano in stermini di animali ed ecatombi di cristiani. Le 240.000 vetture e gli 80.000 autocarri circolanti nel 1935 massacrarono 3400 persone e ne invalidarono

45.000. La maggior parte degli incidenti fu rubricata come «investimenti di pedoni», ma il vocabolo usato non era «incidente» bensì «accidente», a indicare l'origine oscura, imprevedibile eppure fatale del fattaccio. «Accidente» scrivevano i giornali e la gente traduceva «disgrazia»: «È successa una disgrazia», «Ho avuto una disgrazia con l'auto».

La segnaletica stradale era una burla, i passaggi a livello spesso senza sbarre, greggi e mandrie si pigliavano il diritto di precedenza, i cani aggredivano le automobili sul muso. Si continuò a credere che fuori città la legge del '26, «tutti i veicoli a destra», non valesse più. Oggi milioni di automobili s'incanalano sulle grandi autostrade; allora le poche decine di migliaia si disperdevano lungo vie appena indicate dalle carte, esploravano una ragnatela di strade carrettiere al di fuori di ogni possibile tutela della milizia stradale fascista. La licenza di guida era necessaria, certo, ma lo stesso Amerigo Dumini, pur sapendo di condurre cinque camerati a compiere un assassinio, non l'aveva: imparò a guidare la Lambda «alla dioboia», come diceva lui che era toscano, lo stesso giorno in cui l'aveva noleggiata.

Per risparmiare carburante, dopo le sanzioni, qualcuno inventò la guida «a benzina italiana» e fece proseliti. Consisteva nello sfruttare al massimo l'abbrivio e le discese: a un terzo del rettilineo, al massimo della velocità, si staccava la chiavetta del motore che assomigliava a un chiodo infilato al centro del cruscotto, e si continuava così, scivolando silenziosamente, finché l'auto non rallentava troppo, allora si reinseriva il contatto. Giù per le lunghe discese alpine e appenniniche, torturate di tornanti, i freni rudimentali si arroventavano, le ruote molto sottili si torcevano controllate soltanto dallo sterzo e la tromba, con voce di papera, annunciava il passaggio volante e suicida della macchina «a benzina italiana».

Molto meno pericoloso, ma anche meno veloce, fu il carburante italiano adottato nel 1936, in piena autarchia, da alcuni autobus di città: in attesa del metano si sperimentò il gassogeno da legna o da carbone di legna. Gli autobus a benzina, da poco diventati familiari, ricomparvero dopo gli adattamenti del caso sconciati da un culo enorme di ferro dal quale emergeva al di sopra del tetto un gigantesco scaldabagno.

Alle automobili non toccò mai un simile insulto: i taxisti, aiutati dalla Fiat, dettero l'esempio di come si potesse usare energia nazionale senza ridursi a trascinare una stufa e sui tetti delle vetture o sulla parte posteriore, appoggiate a una rastrelliera di ferro, comparvero le bombole di gas metano, siluri massicci lunghi più di un metro e mezzo, in coppia o triplici, che pesavano quanto un paio di passeggeri, ma ai quali l'occhio si poteva abituare, soprattutto se argentati con la porporina. Gli autonoleggiatori, ormai esperti meccanici, caricarono i siluri sulle loro vetture, si specializzarono nel ramo distribuendo o affittando bombole ai proprietari e continuarono ad essere i benigni intermediari tra gli italiani e l'automobile.

«Ho viaggiato in automobile, per la prima volta, nel 1923. Era l'unica auto del mio paese, e avevo diciannove anni. Quando ho visto il mare ne avevo ventisei, nel '30.»

Gli italiani saliti in automobile erano più numerosi di quelli che avevano visto il mare.

V

IL TRENO POPOLARE

Da Milano al Mar Ligure, fino al 1937, il biglietto ferroviario di terza classe costava sulle 32 lire a persona. Dal '37 alla guerra circa sette lire in più. Quindici lire e 20 centesimi ogni 70 chilometri erano un prezzo alto per vedere il mare, anche se teoricamente compensato dall'efficienza, rapidità e puntualità del servizio, senz'altro tra i migliori d'Europa. Severità nell'organizzazione, genialità e voglia di ben figurare, sovvertirono le leggi dell'evoluzione tecnologica: treni assai più lenti di quelli di oggi percorrevano lo stesso percorso in tempo minore e qualsiasi minuto di ritardo, ritenuto un insulto ai diritti del popolo pagante, era perseguito disciplinarmente. Anche il costo del biglietto, tuttavia, era imparagonabile a quello del nostro tempo. Tenuto conto, ovviamente, della svalutazione, la terza classe costava quasi un terzo più della prima di oggi, e il confronto rimane astratto perché gli stipendi reali di allora erano molto più bassi.

Per la maggior parte degli italiani, quindi, viaggiare in treno, sia pure per lavoro sui convogli pendolari e sulle linee secondarie, era sempre un lusso. Gli studenti e gli impiegati in grado di procurarsi l'abbonamento erano ritenuti ricchi rispetto a quelli che si alzavano prima dell'alba e raggiungevano la città in bicicletta. I treni dei pendolari erano, per la verità, anche treni scialacquatori. Perché fossero più rapidi, nonostante le molte fermate, erano composti al massimo da tre vagoni, senza bagagliaio né vagone postale, e trainati da locomotive di potenza eccessiva rispetto al peso. Si chiamavano, infatti, «treni leggeri»: partivano a sussulti, arrivavano e frenavano in volata con raccapriccianti e scintillanti stridori di ruote d'acciaio sui binari: treni corsari.

I vagoni di terza classe, color verde-marrone, rimasero identici per l'intero corso dell'era fascista, e si sarebbero ritrovati anche dopo il 1956, quando lo stato democratico annullò la terza mandando le tradotte al Sud ridipinte e camuffate da seconda. Ma il servizio esemplare prevedeva una pulizia ossessiva, la lustratura degli ottoni e delle leghe di alluminio una volta al giorno, il rispetto rigoroso delle regole del buon viaggiatore elencate dalle targhette smaltate, l'ossequienza dei ferrovieri nei confronti dei viaggiatori, la personale responsabilità degli addetti per la manutenzione del materiale, la spiccia severità della milizia per gli inadempienti o i clandestini. Una cartaccia o una cicca per terra, i piedi sul sedile, l'uso della toilette (a buco, ma più linda di quella delle case) durante la fermata: multa immediata; senza biglietto: giù alla prima stazione e interrogatorio di polizia; oggetti smarriti: pronta restituzione al domicilio del distratto; furto di un ombrello: inchiesta di polizia rigorosa come per un assassinio.

Pavimenti di linoleum, sedili di legno allineati senza un graffio, con il corridoio in mezzo, niente scompartimenti e uno sportello ogni due panche ricoperto all'interno di quercia. Gravava nei vagoni di terza classe un costante odore di disinfettante e di nerofumo bagnato. I finestrini erano stretti e alti, apribile quello dello sportello, fissi i due laterali. Meno si aprivano meglio era: linee di grande importanza come la Milano-Venezia funzionavano ancora a carbone e il fumo della locomotiva, prima di disperdersi, lasciava cadere un turbinio di pulviscolo nero, impalpabili scaglie che ferivano gli occhi. La sostituzione della locomotiva con il locomotore elettrico durante lo stesso viaggio era un evento da commentare, benché la velocità restasse la stessa: «Bene, ora andiamo a elettricità», e gli sguardi seguivano al di là dei finestrini l'effetto cinematografico dei cavi dell'alta tensione animati dal moto ondulatorio scandito dai pali.

Sul muso di tutte le locomotive elettriche o a vapore figurava un massiccio fascio littorio d'ottone, e Littorine si chiamarono i brevi convogli veloci, caffelatte sopra, rossi sotto, che andavano a nafta e avevano forma aerodinamica con muso di autocorriera, adottati nel 1932 per sostituire i treni leggeri.

Tra la terza e la seconda classe, il biglietto aumentava di una volta e mezzo; tra la terza e la prima di due volte e mezzo. Le 15 lire e 20 ogni 70 chilometri si moltiplicavano inesorabilmente fino a 400 chilometri. Da Milano al mare, in prima classe, ci volevano dunque 80 lire, il doppio del costo in benzina di una Balilla con quattro passeggeri.

Ma nello stesso anno della Balilla e della Littorina, il 1932, qualcosa accadde che avvicinò gli italiani dell'interno alle coste mediterranee almeno per un pomeriggio. Dalle stazioni di Torino e di Milano (un po' meno da Roma) cominciarono a partire i «treni popolari», convogli speciali, di sola terza classe, con lo sconto del 70 per cento sulle normali tariffe. Partivano la domenica e ritornavano lo stesso giorno. I biglietti venivano timbrati a destinazione e ricontrollati al ritorno: scelta una meta non erano tollerate diserzioni.

«Treno popolare ai nostri giorni vuol dire poesia del lavoro, bellezza e amore per il nostro paese, istruzione indispensabile, immagazzinamento di nuove idee, acquisto di gentilezza, di esperienza, di nobiltà di pensiero; vuol dire far uscire il popolo dalla gretta concezione di un egoismo chiuso e infruttuoso, da un beghinismo marcio, incancrenito per le abitudini che si creano necessariamente nella muffa dei paesi oscuri e delle vie strette di città», scriveva con vano vigore la rivista «Libro e moschetto» che nessuno leggeva. In realtà, le principali destinazioni dei treni popolari sembravano tacitamente rispondere al paradosso per cui un popolo peninsulare era perentoriamente diviso tra chi viveva sul mare e chi non l'aveva mai visto. San Remo, Riccione, Venezia, Napoli, Bari erano le mete predilette. Per raggiungerle in tempo nell'arco massimo di 24 ore senza pernottamento, perché il viaggio durasse una domenica di calendario senza sottrarre nemmeno un minuto al sabato fascista o al lunedì, i treni popolari partivano dalla mezzanotte e dieci all'alba ed entro la mezzanotte successiva dovevano ritornare. Come il dopolavoro furono presi d'assalto senza bisogno di propaganda, e come il dopolavoro si inzepparono di folle medioborghesi e proletarie rimescolate sui sedili di legno.

Non erano ammessi privilegi né distinzioni: accettare l'orario e l'itinerario o starsene a casa. Vanna Piccini, autrice del galateo *Nuove usanze per tutti* intuì nel 1938 il disagio delle signore piccoloborghesi in partenza per un pomeriggio sul mare. «Solo qualche anno fa i viaggi di piacere erano riservati alla gente, se non propriamente ricca, certo molto agiata; i lavoratori, gli impiegati, i commessi di negozio, il popolo e la piccola borghesia dovevano accontentarsi di qualche scampagnata fatta nella buona stagione alle porte della città, tanto per prendere una boccata d'aria... L'era di Mussolini ha abbattuto tutte le barriere che precludevano agli occhi e al cuore la conoscenza dell'Italia agli Italiani... Corrono i treni sulle strade ferrate, colmi di gente che intona i canti della Patria, avviata verso le città belle che accolgono festosamente questi loro fratelli... La signora, la signorina, il giovanotto che desiderano approfittare di questo comodissimo mezzo per conoscere le città predilette, quando abbiano deciso di partecipare a un viaggio popolare debbono considerarsi "uno della folla", e perciò ogni idea di grado e di condizione sociale si metterà da parte. L'insegnante, la dattilografa, la madre di famiglia, in un treno festivo possono trovarsi fianco a fianco, e in mezzo ad esse vi sarà l'operaia, lo studente, il commesso di banca o il piccolo bottegaio. Aboliti i convenzionalismi e le differenze di classe, resta il piacere di affiatarsi in una comune gaiezza. E se la mamma di famiglia porterà con sé i suoi irrequieti marmocchi, si farà buon viso anche ad essi, aiutandola nel sistemarli nello scompartimento, senza dar peso se essi sono troppo vivaci o invadenti... Non abiti che abbiano la pretesa di farci distinguere dagli altri, perché se scegliamo il treno popolare, il più elementare buon senso suggerisce di non dare nell'occhio. Poiché questi viaggi si fanno d'estate, si scelga un tessuto fresco e resistente, che possa sopportare eventualmente una spruzzata di pioggia, e non sarà male che sia formato da camicetta e gonna, con una piccola giacca da levare e mettere, come la temperatura consente. Consigliabile un berretto sportivo, quando non si voglia adottare un nastro intrecciato per fermare i capelli, secondo una moda specialmente adatta per chi è abituata a stare esposta al sole. Borsa capace, preferibilmente di tela che è più leggera. Scarpe da campeggio col tacco basso che calzino perfettamente. Inutili i guanti; da abolirsi i parapioggia; da escludersi le calze corte che sono volgari. Si abbia come principio che tutto ciò che può essere "eventualmente" di utilità, non serve, o per lo meno dà così fastidio che è assai meglio farne senza.»

Destinati all'avventura di un pomeriggio domenicale irripetibile almeno nel corso dell'anno, i viaggi in treno popolare travolgevano anche i pomeriggi del sabato.

Tutta la famiglia era tenuta a fare il bagno completo, i genitori nell'acqua già usata dai bambini o all'albergo diurno. La prospettiva del viaggio conservava un che d'imponderabile che conveniva affrontare puliti: il bisogno di un medico sconosciuto, per esempio, o del pronto soccorso. Ma fare il bagno quando? Non dopo il pranzo per la digestione, non verso sera perché in previsione del viaggio notturno con partenza dopo la mezzanotte, i bambini, volenti o no, dovevano dormire l'intero pomeriggio. Capitava così che le mamme infilassero i figli nella tinozza mentre il padre pranzava solo in cucina e che poi li mettessero a tavola dopo le due, già in camicia da notte, rabbiosi per dover interporre tra l'eccitazione dell'attesa e la partenza ore di sonno forzato.

Mentre i bambini erano a letto, nel buio artificiale, vincolati alla promessa di tenere gli occhi chiusi («se no non si parte») le signore stiravano gli abiti da viaggio e i mariti allineavano i biglietti sul tavolo come pezzi da collezione, studiandone punto per punto i regolamenti, e infastidivano i traffici della moglie con i loro «ricordati»: «Ricordati di preparare il thermos del caffè», «Ricordati la bottiglia d'acqua di Vichy». (Si chiamava acqua di Vichy, a disdoro dell'illustre fonte francese, la bevanda frizzante preparata con due bustine di sali, una rossa una blu.) Qualcosa da prendere nella stanza dove i bambini fingevano di dormire c'era sempre; le mamme s'intrufolavano con passi da lupo, aprivano un cassetto e si sinceravano: «Sei ben addormentato, vero?» Il sole obliquo del tramonto, attraverso gli interstizi delle persiane, disegnava binari luminosi sulla parete inseguendo i quali, a poco a poco, i bambini si assopivano sul serio per essere risvegliati furiosamente a un'ora misteriosa della notte, che poi erano le otto di sera. Spinti in cucina, strattonati fino alla tavola non apparecchiata, trovavano anziché la colazione abituale del mattino gli avanzi del pranzo di mezzogiorno, che odoravano però di biancheria stirata e di frittata.

I panini con la frittata, avvolti nella carta oleata trasparente, erano allineati sul tavolo accanto alla bottiglia di acqua gassata con l'idrolitina del cavalier Gazzoni, il thermos, i due bicchieri da viaggio in alluminio composti di tanti cerchi concentrici da aprire a canocchiale, la macchina fotografica, la busta con i biglietti. Benché non fosse del tutto buio e mancassero diverse ore alla partenza, le finestre erano già sigillate come per un'assenza indefinita. Chiudere la casa, in era fascista, era un rito da compiersi con il massimo scrupolo: estate o inverno, non doveva penetrare una bava d'aria né uno spiraglio di sole.

In certe occasioni, la serva diventava una presenza insidiosa più che ingombrante. La signora chiudeva a chiave i cassetti, non vista tracciava un segno sulla bottiglia dell'olio per poterne verificare il livello, controllava la quantità di zucchero, si raccomandava alle vicine: «Noi andiamo in viaggio e la ragazza resta sola. Ha l'ordine di non uscire, tantomeno di far entrare qualcuno. Le dispiace ogni tanto di bussare per vedere se tutto è in ordine?»

Uscire di casa con i pochi bagagli sul far della mezzanotte era come sovvertire l'ordine della natura. Prima ancora di salire sul tram per la stazione, i bambini troppo eccitati per essere davvero svegli non reggevano alla pipì e a ragione venivano sgridati perché prima di chiudere la porta le mamme li avevano fatti giurare di non aver voglia di fare né pipì né cacca: «Guardate che in treno non si può, siete avvertiti!»

Alla stazione i treni popolari erano assediati anzitempo da una folla vestita da festa marinara e odorosa di frittate. «Nci treni comuni», avvertiva l'educatrice di «Mani di fata», «far colazione in treno è sempre una cosa imbarazzante, non soltanto per chi si permette questa licenza, ma anche per chi deve subirla. Non così invece nei treni popolari. Gli orari sono tali che non consentono di premunirsi: occorre saltar dal letto qualche ora dopo la mezzanotte, partire talvolta anche pochi minuti dopo. È naturale che l'appetito voglia essere soddisfatto ancor prima di giungere a destinazione. La persona previdente si procurerà dei panini imbottiti, refezione spiccia che si può consumare senza apparecchiatura né posate, e senza che restino tracce intorno. Qualche banana, qualche frutto succoso taciteranno le esigenze dello stomaco, pur non ingombrandolo soverchiamente. Se è lecita la gaiezza, specie fra la gioventù, è invece da evitarsi ogni chiassosa trovata che metta lo scompiglio nelle affollate carrozze; e così ogni forma di esibizionismo, che se è sempre contrario a ogni buona regola di galateo, tantomeno è sopportabile in queste adunate promosse per il sano svago delle masse lavoratrici.»

Il treno popolare non diventò mai un'abitudine, durò meno di otto anni e lo sconto del 70 per cento sulla tariffa normale imponeva pur sempre una spesa da calcolare con molta prudenza. Forse per questo continuò a rimanere nella memoria come un'avventura a metà tra il lecito e il permissivo, una dimensione nella quale gli italiani entravano con i loro fagotti, riconoscendosi l'un l'altro e tuttavia meravigliandosi d'essere lì. Se ne accorse il cinematografo che nel 1933 dedicò al treno popolare un film di Raffaele Matarazzo con una caratteristica unica: niente scenari, niente ricostruzioni. Gli attori (Marcello Spada, Lina Gennari, Carlo Petrangeli, Maria Denis) salirono a Roma su un vero treno popolare e recitarono davanti alla macchina da presa sistemata sul vagone in mezzo alle famiglie in gita le quali, a propria volta, fecero da comparse o da comprimari senza preavviso.

La novità del viaggio, il mutato orizzonte naturale, la confusione della notte con il giorno, la distanza percorsa, persino lo sfinimento che lo svago imponeva, valevano una vacanza per un popolo che non aveva alcuna nozione delle ferie come le intendiamo oggi. Periodo massimo di riposo annuo: sette giorni per gli operai, quindici per gli impiegati. Gli operai non avevano la possibilità materiale di lasciare la città a meno che non trovassero ospitalità presso parenti di campagna o della costa raggiungibili con poca spesa di viaggio. Per i piccoli impiegati, i commessi di negozio, i dipendenti pubblici di basso livello, i muratori, per quelli che già allora si chiamavano lavoratori in genere, era lo stesso: così milioni di persone trascorrevano la vacanza pescando o facendo il bagno se c'era un fiume, giocando a bocce al dopolavoro, frequentando le spiagge libere se abitavano in prossimità del mare.

Il termine villeggiatura si insinuava invece, a partire dalla primavera, nelle chiacchiere delle signore della piccola borghesia e diventava provocatorio verso il finire delle scuole: «Allora dove ve ne andate di bello quest'estate?» Ma spesso, alla vigilia delle partenze, fiorivano le giustificazioni suggerite dal buon senso: «Viviamo già in un posto di mare che i milanesi c'invidiano. I ragazzi sono affezionati alla loro spiaggia, chi li porta via?» Oppure: «Siamo così fortunati noi che abitiamo sotto le Alpi! Dove si trova un'aria migliore di questa? Io a sera devo mettermi il golfino».

La geografia della penisola confortava la povertà. Per la maggior parte di coloro che abitavano in prossimità della costa, dei laghi, delle colline e delle montagne, le vacanze si sgretolavano in un pendolarismo quotidiano in bicicletta o coi mezzi pubblici. Gli impiegati romani affittavano una cabina a Ostia per un mese, dormivano a casa e spendevano quattro lire di trenino, come i liguri, i versiliesi, i veneti, i marchigiani e giù giù fino in Sicilia. A mezzogiorno le rotonde degli stabilimenti balneari diventavano bivacchi a base di pietanze pratiche preparate la sera prima e conservate nei cestini da picnic che contenevano, entro una specie di barattolo, due piatti d'alluminio, il bicchiere estraibile, un marchingegno snodabile con forchetta, coltello e cucchiaio.

Non si muovevano i contadini, non si allontanavano i paesani; la parola villeggiatura, predominante su quella insignificante di ferie, teneva fede al proprio etimo aristocratico-borghese: andare in villa. E chi aveva la villa?

Tuttavia le signore degli impiegati non favoriti da parentele, da un certo punto in avanti si trovarono di fronte a una provocazione più grave di quella delle conoscenti i cui mariti, soprattutto se romani e vicini agli enti assistenziali del regime, ottenevano sconti ferroviari e licenze premio. Sia le maggiori aziende come la Fiat, sia il regime, presero a reclamizzare con pieno diritto i benefìci portati ai bambini del popolo dalle loro colonie estive, marine e montane. Non c'era in questo ombra di menzogna né spazio per lo scetticismo. «Assistenza climatica», «elioterapia», «cure salsoiodiche» smisero di essere termini clinici per entrare nel linguaggio comune come parole d'ordine cui i genitori, se volevano aver salvi i figlioli, non potevano disubbidire. Per i poveri, ma non solo per loro, il regime stava provvedendo con sorprendente impegno. Nel 1936, nonostante le spese belliche per la conquista dell'impero, 772.000 bambini partirono per il mare e i monti; l'anno prossimo, promise Mussolini, un milione.

«I suoi ragazzi non li manda in colonia, signora?» La domanda sottintendeva: «D'accordo che siete poveri in famiglia, ma perché non avete il coraggio di manifestarlo affidando almeno i ragazzi alle cure dello stato?» «Li manderei volentieri, ma non sono mai rimasti un giorno lontano dai genitori. Non resisterebbero.» Ed era vero. «Ti mando in colonia» fu nelle famiglie borghesi una minaccia analoga a «Ti mando in collegio». Però, grazie allo stato terapeutico, la nozione di villeggiatura finì per discendere dalla buona borghesia alla piccola e media, si insinuò nei bilanci familiari aggravandone la precarietà, incentivò il risparmio e si sistemò sulle pagine d'agosto del libro dei conti.

L'Enit, l'Ente del turismo, capì l'antifona. Da giugno a settembre, con l'eccezione della settimana precedente il ferragosto, annunciò sconti ferroviari per i gruppi familiari in partenza per la villeggiatura ma, soprattutto, prese a pubblicizzare sui giornali piccole e sconosciute pensioni anche in luoghi nobili come il lido di Venezia, camere d'affitto presso privati con uso di cucina, baite, cascinali, contadini che promettevano cordiale accoglienza in luoghi fino a quel momento murati nell'anonimato. Le signore più avvedute misero a frutto l'origine campagnola delle serve: perché non trascorrere l'estate nella casa colonica dei loro genitori?

Il cinema comico si sarebbe impadronito del sotterfugio per cui una famiglia piccoloborghese fingeva la partenza per la villeggiatura e si chiudeva in casa, a finestre sbarrate, per ingannare i vicini. Se lo ha fatto vuol dire che la mentalità di certe famiglie era così disposta. Ma quelli che andavano per davvero in villeggiatura dovevano calcolare non solo le spese di soggiorno e di viaggio ma anche la possibilità che il marito, ancorato alle due settimane di vacanza, potesse raggiungere la famiglia nella notte del sabato e ripartirsene la domenica pomeriggio. Così la scelta tra il mare, la montagna, i laghi o la collina era limitata entro un raggio massimo di un centinaio di chilometri colmabili con mezzi pubblici. Chi era lontano dal mare ci rimase, chi era lontano dalle Dolomiti continuò a farsele raccontare e a immaginarle color di rosa, con cespi di stelle alpine brucate dagli stambecchi.

Tuttavia si partiva per la villeggiatura con il baule, un contenitore che fino ad allora non aveva cambiato forma né foggia dal tempo dei pirati. Era una cassa che apparteneva al corredo di nozze, con tre lucchetti e il coperchio a botte rinforzato da stecche di legno chiodate. Lo ritiravano i facchini della ferrovia il giorno prima della partenza e si ritrovava a destinazione come per magica traslazione. Conteneva assai più del necessario: il bastone da passeggiata col puntale di ferro se si andava in campagna, il fornelletto a spirito, il caffè-caffè, la rete per le farfalle, i quaderni e i libri dei compiti per le vacanze.

Così gli impiegati dell'entroterra e i loro figli continuarono a non saper nuotare se non nelle acque fangose dei fiumiciattoli e quelli della costa a non distinguere un castagno da un rovere. Sia in campagna sia sul mare i nativi chiamavano «visi pallidi» i villeggianti, che spesso parlavano lo stesso dialetto ma con diverso accento.

Sera

I
I MOSCHETTIERI DELL'EIAR

Quando l'usignolo meccanico della radio incominciò ad annunciare con un trillo prolungato l'inizio dei programmi serali, l'era fascista aveva quasi dieci anni e molti italiani scrissero al «Radiocorriere» suggerendo di adottare per il segnale orario il grido di giubilo guerresco «Eja eja alalà». Ma il «Radiocorriere» e la società pubblicitaria Sipra erano troppo preoccupati dello scarso numero di abbonamenti per turbare l'ora di cena dei pochi ascoltatori con uno squillo trionfale cui, di solito, si rispondeva salutando romanamente. Ricordarono ai lettori che non si poteva svilire nell'abitudine l'esortazione «destinata a echeggiare nei momenti di più caldo entusiasmo e di vibrante solennità»; così non ne fecero nulla.

Gli apparecchi radio, i primi riconoscibili come tali, si surriscaldavano ed emanavano un odore di pentola dimenticata sui fornelli che attirava la curiosità dentro le loro viscere. Sul retro del mobile di legno lucido c'era un pannello di amianto forato che si toglieva facilmente: appariva allora una misteriosa fabbrica in miniatura, ronzante, sulla quale troneggiavano le valvole oblunghe argentate e pallidamente illuminate; sul fondo, l'altoparlante sostenuto da una grande crociera d'alluminio a forma di cono nel cui vertice s'innestava un groviglio di fili colorati e, di lato, un marchingegno costituito da tanti dischi allineati su un perno centrale: ruotando il perno ci si accorgeva che a ogni disco mancava una grossa fetta e che i fischi nascevano da lì.

Quando il fascismo diventò dittatura, dopo il '25, le radio erano meno di 30.000; arrivarono a 40.000 nel 1927 e tanto bastò perché l'Ente radiofonico, l'Eiar, intraprendesse la trasmissione in diretta delle cronache delle partite di calcio di Nicolò Carosio. I pochi sposi benestanti degli anni Venti avevano già avuto in regalo il ricevitore a cristalli di galena collegato a due cuffie grandi come quelle dei telegrafisti, una per lui, una per lei. La radio a galena, il cui ascolto era limitato a due persone, veniva sistemata sul comodino ed era un gioco da letto, sia che trasmettesse la partita la domenica pomeriggio, sia che prolungasse i programmi di musica sinfonica o da camera fino alle 23. Nel 1927, ancora, apparve negli inesplorati negozi di radiofonia una sontuosa urna cineraria in mogano intarsiato sovrastata da una statua bronzea alta ben 60 centimetri raffigurante la vittoria alata nell'atto di suonare la tromba con la schiena rivolta a un sole di cartone infiorato di eleganti ghirigori neri. Era il ricevitore radio «Ing. G. Ramazzotti-Milano», di fabbricazione italiana, compreso l'altoparlante Victoria, e costava 1200 lire, un terzo dei prodotti americani della RCA. Con solo 855 lire quanti avevano frequentato sia pure per corrispondenza un corso di elettrotecnica potevano fare la radio da sé comprando il materiale in scatola di montaggio, mobile escluso.

L'industria nazionale si sforzava di rendere la radio accessibile, ma gli uomini dell'Eiar e dell'infaticabile Sipra si imbufalivano vanamente contro un dato che fino agli anni Trenta sembrò ineluttabile e che ancora oggi stupisce: in Italia c'erano molte più automobili che radio. Quando le radio erano 40.000, le vetture erano 119.216. Nel 1928, 61.000 radio e 144.000 auto. Nel 1929, 102.000 radio e circa 170.000 macchine. Nel

1930, scomparsi ormai i buffi e informali ricevitori a cuffie e a galena, varata con successo l'antenna pieghevole fatta a croce, le cui braccia erano collegate l'una all'altra da un telaio di fili, mancavano ancora 7000 apparecchi radio per raggiungere la quota delle auto. (Nel frattempo in Inghilterra gli apparecchi navigavano verso il terzo milione.)

Per quanto alto, il prezzo di un ricevitore era pur sempre un decimo di quello di un'automobile, eppure la povertà italiana non solo riteneva proibitivi entrambi i prezzi ma tutto sommato, se avesse potuto scegliere, si sarebbe orientata verso le automobili, non foss'altro che per noleggiarle.

Così stentato fu il sorpasso della radio sulle vetture (avvenne nel 1931, con 242.000 apparecchi contro 188.000 auto) da convincere l'Eiar e la Sipra che gli acquirenti dell'uno e dell'altro mezzo appartenevano allo stesso gruppo di danarosi: l'uniformità fu suggellata da una serie di iniziative e di concorsi riservati esclusivamente agli automobilisti. Si promossero così in ogni città quelle sarabande pubblicitarie di automobilisti e radioabbonati che presero il nome di «autoradioraduni» e addirittura di «avioradioraduni».

Tuttavia, proprio come l'automobile aveva pochi proprietari rispetto ai molti che riuscivano a salirci a sbafo, così il numero esiguo di ricevitori funzionanti nell'era fascista non impedì a milioni di cittadini di orecchiare i programmi. Ogni responsabile di dopolavoro avrebbe voluto avere una radio da mettere a disposizione dei tesserati, e il regime lo raccomandava fieramente. Ma c'era di mezzo il canone: 75 lire l'anno che i bilanci dei dopolavoro periferici non riuscivano a contemplare. Benché non fosse una tassa proprio esosa, fu forse il principale sbarramento alla propaganda fascista attraverso la radiofonia popolare. Tant'è vero che in testa alla lista degli abbonati si sistemò, e ci rimase, la ricca Milano, dove tuttavia la persecuzione degli evasori ebbe accenti sadici: «In questo momento, scaduti i termini utili segnati dalla legge per i regolari versamenti, si è già avviata l'applicazione delle penalità ai morosi i quali vengono invitati a pagare la sopratassa. In questi giorni dunque si è iniziata la diffusione delle cartoline gialle che spiccano nei fasci delle corrispondenze recate nelle borse dei portalettere. Gli abbonati annuali che riceveranno la cartolina gialla sono invitati a passare dal famoso sportello numero 60 e a pagare la sopratassa di 81 lire. I morosi dei due semestri sono pure chiamati alla corresponsione della sopratassa che è di lire 42,85. A questo punto conviene chiarire che i versamenti per il canone radiofonico, anche in ritardo, dopo le date stabilite dalla legge, devono essere fatti per mezzo dei conti correnti postali, usando i libretti appositi distribuiti dall'Ufficio Registro Radio, il quale non riceve direttamente alcun importo a tale titolo se non attraverso la Posta. Così non hanno alcun valore e anzi sono cause di perditempo i pagamenti che gli utenti (e ce ne sono di questi sbadati!) fanno con vaglia o assegni».

Ai radioutenti veniva consegnato ogni cinque anni un libretto con dieci fogli verdi e cinque bianchi. I fogli verdi servivano per pagare il canone ogni sei mesi, quelli bianchi per l'intero anno. Sembrava un'agevolazione, ma la burocrazia vi sistemò lo stesso le sue spinose trappole. «Attenti a non smarrire i libretti e a riempire esattamente i tagliandi, senza cancellature che non sono ammesse e provocano l'annullamento del foglio! Al riguardo merita d'essere segnalato un inconveniente in cui sono caduti numerosi abbonati che pure non avevano commesso errori nella complessa compilazione. Accade che l'utente segni sul tagliando la data del giorno della scritturazione ma che poi in quello stesso giorno egli non possa effettuare il versamento alla Posta perché agli sportelli c'è ressa. Presentandosi nei giorni successivi, egli è invitato a riempire un altro tagliando, ché sulle ricevute deve essere scritta la data precisa del pagamento e, d'altronde, non sono ammesse cancellature. In tal modo il radioabbonato deve compilare un nuovo tagliando e rimettersi in coda. Si trova pure ad aver sciupato dei fogli e ad essere costretto, prima della scadenza del quinquennio, a richiedere un duplicato sborsando lire 7,30.»

Via Arsenale 21, il leggendario indirizzo dell'Eiar a Torino, ebbe per molti un suono sinistro, come «tribunale» e «questura». Intanto dalle campagne del centrosud, dalle zone mobilitate da Mussolini per l'annuale battaglia del grano, i responsabili dei dopolavoro piativano attraverso lettere raccomandate a Roma per avere in dono un apparecchio ed essere esentati dal canone; l'argomento prediletto era «i nostri giovani, quassù, non hanno mai udito la voce del duce», ma in realtà volevano sentire la partita. Si arrivò al compromesso per cui solo i dopolavoro statali o quelli dipendenti dalle autorità provinciali e comunali avrebbero evitato di pagare le 75 lire, ma l'Eiar, fatti i conti, dimostrò che qualsiasi altra esenzione sarebbe stata fatale. Pagavano le scuole per avere l'apparecchio Radiorurale, pagavano i circoli rurali che vanamente sperarono in un trattamento di favore quando il regime varò il programma «L'ora dell'agricoltore», una sorta di lezioncina di ripasso su tutto ciò che i contadini sapevano benissimo, ma recitata da benevole voci cittadine come se gli ascoltatori fossero sciimuniti.

Durante la guerra d'Etiopia il partito si affannò per reclutare attorno alle poche radio pubbliche e a quelle scolastiche gruppi d'ascolto ben inquadrati disciplinarmente e convocati con cartolina precetto. Fece progressi la geografia, soprattutto tra gli alunni delle scuole, perché il bollettino sulle operazioni belliche veniva commentato dall'insegnante che indicava con la bacchetta sull'atlante le località delle battaglie: nella memoria di molti ragazzi d'allora l'impero fu conquistato così, a suon di bandierine di carta che venivano spillate sulla carta geografica, di giorno in giorno, come farfalle da collezione.

Ma non furono certo questi raduni diurni, tra lo scolastico e il militaresco, a rendere popolare la voce della radio. Anzi, usato così, il mezzo radiofonico veniva in uggia e la gente si chiedeva perché mai i ricchi si mettevano in casa un arnese che cantava gli stessi inni della banda del paese e sbraitava con toni esaltati e per niente autentici.

La stessa gente, però, cominciò a ricredersi la sera, dopo cena, e ciò avvenne grazie alla generosità e all'esibizionismo di molti tra i primi proprietari di radio. In ogni piccolo paese d'Italia i loro nomi sono incastrati nel ricordo. Il segretario comunale sistemò la radio in cucina, su un tavolo che si poteva avvicinare alla finestra. Alle otto l'uccellino radiofonico radunava in cortile i passanti, si spalancavano le finestre dei vicini e il programma serale – l'opera, l'operetta, il concerto, il radiodramma – si riversava su una platea attonita. La vedova del proprietario terriero si faceva aiutare per collocare il pesante apparecchio in giardino, con una presa volante: gli ospiti sedevano sulle sedie di vimini come al cinematografo e i ragazzi che si aggrappavano alla cancellata come pipistrelli in riposo erano tollerati finché non facevano chiasso.

In città i signori continuarono a preferire i concerti e il teatro dal vero mentre gli intellettuali proclamavano tutto il loro disprezzo per il mezzo radiofonico «ideale per gli imbecilli». La borghesia media e piccola no: non si sarebbe mai umiliata al punto da aggirarsi sotto una finestra aperta per rubacchiare un po' di musica, ma coltivava il desiderio della serata in casa, con gli amici, davanti al cherry brandy e alla radio.

Così sarebbe toccato a questi ceti scoprire l'intimità della radio serale. Ma ci volle un intervento del regime. Alle industrie costruttrici italiane fu ordinato di radunare gli sforzi per ideare finalmente un apparecchio a basso prezzo, da introdurre nel libero commercio, e che non fosse fabbricato con pezzi di scarto come il Radiorurale distribuito a prezzo politico ai circoli di campagna e alle scuole. Il primo esemplare della nuova radio fu esibito nel 1935 alla Fiera campionaria di Milano: si chiamava Balilla – come la vettura della Fiat destinata teoricamente alle famiglie medie – ma non era ancora possibile prenotarla. Per due anni non se ne seppe più niente finché ricomparve, funzionante, nel 1937: costava 430 lire ma gli impiegati potevano ottenere rate fino a 18 mesi.

Il prezzo era talmente contenuto che ai negozianti non conveniva: di nascosto essi fecero al Radiobalilla una pessima pubblicità continuando a suggerire apparecchi più cari. Qualcuno arrivò addirittura a manipolarne l'interno per sostituire i pezzi nuovi con rottami d'altri apparecchi. Fu deciso allora che il Radiobalilla doveva essere venduto sigillato da un nastro di seta tricolore fissato a un piombo marchiato con lo stemma reale e con il fascio littorio. Esternamente il Radiobalilla sembrava un cippo di legno scuro sul quale un designer maniaco avesse stampigliato un gigantesco distintivo del partito fascista in metallo traforato. In realtà, dietro il distintivo attraversato in verticale dal fascio e dalla scritta sillabata Ra-dio Ba-lil-la, si nascondeva l'altoparlante di tela nera.

Pur limitato alle onde medie e quindi scataracchiante non appena si cercava una stazione più lontana della più vicina emittente, il Radiobalilla dette una bella spinta in avanti alla pattuglia degli abbonati che nel 1938 superarono di 17.000 unità il milione. (In Germania erano già 12 milioni.) Il ricevitore aveva due manopole in tutto, una per il volume e una per la sintonia; per il resto appariva impenetrabile e infrangibile come una cassa da imballaggio e altrettanto robusto. Tuttavia soltanto il capofamiglia poteva metterlo in funzione: lo faceva chino sull'altoparlante mentre inseguiva la sintonia, sfiorando la manopola con delicatezza da chirurgo.

Ci voleva un bel po' per orientarsi nell'intrico delle varie stazioni raggruppate nelle tre reti già funzionanti sul finire degli anni Trenta, ma la musica leggera e quella da ballo si sovrapponevano a tal punto nei programmi che, a meno di voler captare per forza l'opera, l'operetta o il radiodramma, un concerto di canzonette si imbroccava sempre. Per la sua costosa presenza, per la sua capacità di attirare gli amici e i vicini, la radio non faceva da sottofondo ai conversari come sarebbe accaduto in futuro ma diventava protagonista riverita della serata. Impiegati che non avevano mai ballato o non lo facevano più dai tempi del fidanzamento finivano per addossare alle pareti le poltrone del salotto, arrotolavano il tappeto e si mettevano a capriolare con le signore. La radio insegnava a ballare e a cantare, talvolta anche a piangere sulla melensaggine dei radiodrammi. Né i cantanti né gli attori («Personaggi ed interpreti», scandiva l'annunciatrice; e ne sgranava i nomi con toni da rosario) diventarono mai veramente celebri grazie alla radio, tuttavia bastava una partecipazione anche minima ai microfoni perché sui manifesti dei teatri e delle balere campeggiasse accanto al nome dell'artista la scritta «reduce dai successi dell'Eiar».

Il giornale radio delle 20 veniva trasmesso contemporaneamente da tutte le stazioni, e quando gli uomini del regime si accorsero che le ore di maggior ascolto iniziavano verso la fine della cena progettarono seriamente di invaderle con la propaganda. In fondo, la battaglia perduta per «una radio in ogni scuola, in ogni dopolavoro e in ogni casa» proprio a questo mirava. Di fatto il regime, pur esercitando il massimo controllo sulle trasmissioni, si rassegnò ad accontentarsi di dieci minuti serali dopo il giornale radio, dalle 20,20 alle 20,30, e li occupò con la rubrica «Commenti ai fatti del giorno» dedicata alla politica internazionale. Nel gran bailamme di musiche e di accenti strazianti, i «Commenti» diventarono famosi per l'incomprensibile e inaudita sguaiataggine con la quale giornalisti dalla voce acre, urticanti nel sarcasmo e fegatosi nell'invettiva (Roberto Forges Davanzati, Mirko Giobbe, Rino Alessi, Mario Appelius) raccomandavano agli italiani il disprezzo per la Francia e l'Inghilterra. Il loro linguaggio stonava in una radio tutto sommato beneducata, né gli ascoltatori capivano perché mai di punto in bianco si potessero maltrattare pubblicamente capi di stato che di recente erano stati accolti in pompa magna da Mussolini e dal sovrano e per i quali erano state esposte le bandiere. In presenza di ospiti serali i «Commenti ai fatti del giorno» venivano sorbiti con muta deferenza e annegati nel liquorino d'erbe. Dove il regime non riuscì, riuscirono invece i maestri di musica Cinico Angelini e Pippo Barzizza, i «Quattro moschettieri» di Nizza e Morbelli, il Trio Lescano e lo stesso usignolo della radio che pervenne a tanta celebrità da meritarsi una canzone tutta sua, in cui si raccontava che fosse stato rubato.

Il Radiobalilla, come la Balilla automobile, sollecitò il mercato, alimentò progetti d'acquisto, non segnò impennate nelle vendite, ma contribuì moltissimo alla familiarità con l'elettrotecnica. Impiegati col titolo di studio di periti impararono a fabbricarsi un rozzo altoparlante che, collegato all'apparecchio del salotto, trasmetteva i programmi in cucina; altri si fecero cogliere dalla radiomania, presero a intrallazzare con l'usato, scoprirono che certi vecchi modelli erano più potenti dei nuovi, infilarono mani e testa negli involucri odorosi di alluminio bruciato per armeggiare con le valvole. I meno poveri scoprirono la radio portatile con il mobiletto di bachelite, modello Philips o Magnadyne, che si poteva sistemare sul comodino da notte. A distanza di un decennio fu ritrovato il piacere della radio da letto abbandonato negli anni Venti nel naufragio degli apparecchi a galena. Gli sposi di allora ormai avevano messo al mondo dei figli e la radio suonava l'adunata di tutta la famiglia nel letto matrimoniale: così alla piccola dimensione degli appartamenti e al freddo si aggiunse un motivo in più per allevare una generazione che fino all'adolescenza sarebbe stata tormentata dall'incubo della solitudine notturna.

Dalle onde medie dei normali apparecchi qualcuno cominciò a inerpicarsi sulle onde lunghe, poi sulle corte, infine sulle cortissime finché colse voci inaudite: «Attenzione, attenzione. Qui trasmette una stazione clandestina di Palermo. Antifascisti italiani, antifascisti di Bari, Trieste, Palermo e Ancona, l'ora è giunta. Quanto prima vi sarà in Italia un movimento rivoluzionario...» Esili, metalliche, vaniloquenti nello spazio, le voci cominciarono a farsi vive durante la guerra civile di Spagna nel 1937. I cospiratori dell'etere si dichiaravano italiani benché storpiassero le parole, affermavano «qui Palermo», «qui Barcellona», «qui Lugano» saltabeccando per l'Europa come nel gioco della moscacieca, ma qualche confidenza con le abitudini degli italiani ce l'avevano se concentravano le loro intrusioni nelle ore del dopocena, quando la radio spopolava le strade cittadine. Tuttavia invocavano l'attenzione di «centri antifascisti» alla cui esistenza non credeva nessuno.

Mentre la propaganda ufficiale del regime di rado raccoglieva un uditorio spontaneo, quella clandestina, di segno contrario, incuriosiva: non certo per ragioni politiche ma per la sua stravaganza; perché regalava l'illusione di penetrare al di là del conoscibile e del lecito, di imbarcarsi in un'avventura auditiva concessa soltanto a chi possedeva la radio.

Tra le undici e la mezzanotte le voci proibite diventavano più chiare, favorite dalla fine o dal diradarsi dei programmi nazionali. I bambini e la serva dormivano, la signora, se non c'erano ospiti, aveva già indossato la vestaglia azzurra a ricami rosa e inanellava i capelli attorno ai bigodini, la cucina economica si raffreddava con stenti crepitii metallici. Impiegati assolutamente privi di malizia rispondevano allora all'appello dei cospiratori chiedendosi chi fossero quei petulanti fantasmi e soprattutto da quale paese predicassero tante appassionate fandonie. Né si contentavano di una risposta di fantasia. In quell'ultimo scorcio dell'era fascista prima della guerra, una smania stregonesca aveva invasato decine di migliaia di italiani di media cultura: la chiarificazione dei misteri attraverso il pendolino da radioestesista.

II
DAL FOCOLARE AL BORDELLO

In comune con la radiofonia la radioestesia aveva soltanto la radice della parola, ma è verosimile che ci sia stata una bella confusione. Non si spiegano altrimenti i trionfi del pendolino proprio in quell'epoca, né la stramba supposizione dei radioutenti-radioestesisti che il ciondolo magico fosse sensibile alle onde radio e potesse quindi rivelare, sospeso sulla carta d'Europa, le località dalle quali giungevano le voci clandestine.

Da principio la pubblicità del «pendolino magico» era ingenuamente cialtrona come quella degli occhiali per vedere al di là delle pareti o del meccanismo per crescere di statura. Compariva su giornali popolari di scarso credito attraverso inserzioni inadeguate alle infinite possibilità del prodotto. Il pendolino andava acquistato per corrispondenza presso un oscuro indirizzo di Torino e questo era il fine sostanziale della pubblicità che, per il resto, divagava sulle «sovrumane capacità sensitive» che solo la radioestesia poteva svegliare. Il pendolino, si assicurava, localizzava persone fuggite di casa, ritrovava oggetti perduti, accertava morti presunte e divinava il sesso dei nascituri.

Del termine radioestesia sul momento non si chiarì il significato. In realtà lo sconosciuto venditore di pendolini aveva puntato tutto sull'analogia fonetica con radiofonia e, quando i lettori degli annunci furono ben macerati nell'equivoco, purgò la sua réclame di ogni riferimento alla magia per insistere sulle caratteristiche «tecniche e radiomagnetiche» del pendolino, del quale si elencavano gli elementi essenziali: rame, piombo, acciaio e bachelite.

Si raccomandava anche l'acquisto, sempre per corrispondenza, di un libro d'istruzioni, il *Manuale di radioestesia* che era un bel volumetto rilegato in tela senza il quale non si potevano decifrare correttamente le risposte del pendolo alle domande rivoltegli mentalmente dal radioestesista.

La ricerca delle emittenti clandestine sulla carta d'Europa fu soltanto una, la più occasionale e gratuita, delle applicazioni della radioestesia i cui adepti, sul finire degli anni Trenta, erano senz'altro più numerosi dei possessori di radio. Accolto come un divertimento per maschi adulti (si riteneva che la necessaria concentrazione mentale sfinisse i ragazzi e che le donne non possedessero una sensibilità adeguata), il pendolino diventò il protagonista di interminabili serate fra gruppi ristretti di amici seriamente persuasi che la tecnica avesse finalmente messo a disposizione di qualsiasi persona evoluta, con buoni studi e un impiego decente, poteri fino ad allora esercitati alla carlona dai rabdomanti. I radioestesisti dilettanti non pensavano affatto di appressarsi ai confini della stregoneria. Al contrario pretendevano di dimostrare che il funzionamento del pendolo era razionale quanto quello della calamita e della radio. Se il gioco non riusciva preferivano accusarsi di poca destrezza, di non aver studiato abbastanza il manuale, piuttosto che mettere in dubbio l'utilità pratica dell'attrezzo che in effetti, smontabile com'era, non celava misteri. Simile a una ghianda o a una minuscola trottola, il pendolino si svitava a metà, si poteva sgusciare e rivelava il rame, il piombo e la punta aguzza d'acciaio: elementi di una semplicità rassicurante.

Il gioco richiedeva un certo allenamento. Gli amici che vi si dedicavano nascondevano a turno in una stanza un oggetto che il radioestesista doveva ritrovare seguendo la direzione indicata dal pendolo. Se la direzione era quella giusta le oscillazioni aumentavano di frequenza fino al momento in cui, trovandosi al di sopra del mobile dentro il quale c'era l'oggetto, il pendolino si metteva a girare in senso orario. Era un po' come se degli adulti si mettessero a giocare a «acqua, fuochino e fuoco», ma durante quelle sedute nessuno si permetteva di ridere. L'allenamento, di sera in sera più complicato, era il preludio di interrogativi anche gravi dalle cui risposte pendolanti potevano dipendere stati d'animo e sentimenti. Se non i propri, quelli altrui: anche se le istruzioni non lo dicevano con chiarezza, i radioestesisti intuirono che gli umori potevano in qualche modo influenzare i movimenti del pendolino, così molto raramente le ricerche di un oggetto smarrito di valore o di una persona sperdutasi nel continente venivano condotte dal diretto interessato. Questo fu un motivo in più perché i radioestesisti si riunissero in piccoli sodalizi di amici, in modo da potersi scambiare le pene e i favori della radioestesia.

Per la ricerca di una persona che non dava notizie di sé occorreva, oltre alla carta geografica o alla pianta della città, una fotografia che il pendolo osservava a lungo prima di dimostrare, col suo moto circolare, di aver afferrato il problema. Anche per fargli presagire il sesso di un nascituro conveniva agevolarlo mostrandogli una fotografia della madre incinta, e lo stesso valeva per appurare la fedeltà di una moglie o la verginità di una fidanzata. In tutti i casi l'impegno del radioestesista si notava dall'espressione intensamente concentrata e dal sudore. Come da manuale, l'operatore era meglio che agisse alla luce di una lampadina schermata, che stesse in piedi serrando il filo di seta del pendolo tra il pollice e l'indice accostati alla radice del naso e formulasse le domande mentalmente, ad occhi socchiusi, così da intravvedere le oscillazioni attraverso le ciglia, spiandole appena. La radice del naso era il miglior punto di comunicazione tra il radioestesista e il pendolo non solo perché di lì scaturiva il pensiero ma anche perché le dita dovevano poggiare contro qualcosa in modo che un occasionale tremore non falsasse le decisioni autonome dell'attrezzo.

Da passatempo la radioestesia diventò per alcuni una seconda professione serale, incoraggiata proprio dall'abitudine a fare ricerche nelle quali il ricercatore non fosse interessato al punto da influenzare il pendolino con i propri palpiti. I radioestesisti dilettanti, d'altronde, erano persone insospettabili di pratiche arcane, il più delle volte impiegati nel settore tecnico, diplomati o addirittura laureati in matematica o ingegneria, degni quindi di affidamento. Durante la guerra per l'impero erano ancora pochi; crebbero, insieme col numero dei radioabbonati, durante la guerra civile di Spagna e si moltiplicarono all'inizio della seconda guerra mondiale: tre occasioni utilissime per applicare il gioco «acqua, fuochino, fuoco» alla ricerca di legionari, volontari in Spagna, soldati che i comandi militari davano per dispersi. Per decenza, i radioestesisti che si imprimevano in un lato oscuro della mente l'ultima lettera dello scomparso per non farsi cogliere impreparati dal pendolo e che poi gli sottoponevano la fotografia in divisa insieme a interrogativi essenziali: «È ancora vivo?», «È morto?», non accettavano denaro. Se mai ricompense in natura, e questo fu il solo legame ammesso tra i sensitivi colti di città e quelli zingareschi di campagna.

Sia in città sia in campagna, d'autunno e d'inverno, la cucina tiepida e pregna di odori, con la lampadina a saliscendi avvitata sotto un piatto ondulato, i riflessi da incendio morente del rame alle pareti, il Sacro Cuore e la palma pasquale infilati nello stipite della porta, era l'ambiente più gradevole della casa mezza addormentata. Bastava un po' di confidenza con gli ospiti perché il padrone di casa proponesse: «Vi dispiace se andiamo in cucina? Si sta così bene». Soltanto per rispettare la forma la padrona di casa fingeva di dolersi: «Ricevere in cucina, che vergogna!», ma sul tavolo di marmo aveva già disteso il tappeto scozzese.

Quando sul finire dell'ultimo decennio dell'era fascista il pane si avvicinò pericolosamente alle tre lire al chilo e la polpa-famiglia raddoppiò di prezzo fino a 15-16 lire, le cucine della piccola borghesia diventarono anche laboratori notturni, sartorie, maglierie, aule di ripetizioni private. Il capofamiglia in pigiama, raramente laureato ma con buona esperienza pratica, impartiva lezioni di disegno e di matematica a prezzi molto convenienti. Le maestre diplomate che non avevano mai insegnato a scuola, ripassarono i loro vecchi libri di economia domestica e di francese e affidarono all'ortolano un annuncio destinato alle studentesse in difficoltà. Forse non ci fu mai, nella moderna storia d'Italia, una capillare distribuzione di insegnamenti così a buon mercato.

Nei paesi, la sera, si usciva molto più che in città e nonostante il luogo comune i contadini si addormentavano molto più tardi dei cittadini. Anche per loro, tuttavia, le grandi cucine erano luoghi di raduno: ci si andava senza invito, come in piazza. «Andare a veglia» è un'usanza che nell'Italia centrale dura ancora, benché snaturata dalla televisione e dall'eccesso di informazione collettiva che rende risaputo in fretta quanto, allora, appariva come novità da riferire nei minimi particolari, con l'aiuto della mimica e della fantasia.

Come una recita a soggetto la veglia non seguiva un rituale né una trama, non aveva prologo né epilogo. Chi sapeva leggere compitava l'ultima lettera arrivata alla famiglia ospite o a uno qualsiasi dei presenti. I fatti privati di un compaesano in servizio militare o emigrato in città gocciolavano nella cultura comune come gli avanzi del vino nelle damigiane dell'aceto. Le miserie della terra, i lutti, l'odio per il riverito padrone trovavano consolazione nell'effervescenza della descrizione, per cui non si capiva bene se fosse più importante il fatto raccontato o il gusto di raccontarlo.

Nelle testimonianze contadine le veglie serali sono isole di felicità assoluta, popolate da figure estranee a qualsiasi epoca e per ciò riconducibili a tutte. Durante la veglia «Quattro arzille massaie si alternavano in racconti dando vita a quella particolare letteratura che si tramandava oralmente da generazione in generazione... Con la conocchia e il fuso penzoloni le donne più anziane filavano lana e stoppa, le più giovani tessevano al telaio... Gli uomini sceglievano il vinco che sarebbe servito per la potatura delle viti, facevano crini, gerle, canestre... Il capoccia il più delle volte fungeva da cantiniere mescendo il buon vino prodotto dalle loro vigne e arboreti. I più piccoli cuocevano le castagne sotto la brace e ogni tanto qualcuna scoppiava facendo volare i carboni in tutta la cucina... Le ragazze più giovani, quando non tessevano, ricamavano al cerchio il corredo che avrebbero portato in dote... La Consiglia, moglie di un contadino soprannominato il Gatto, la Lorentina moglie di Bastiano, la Imelde di Doganera, la Maria della Sbicca ed altre ancora erano le narratrici. Ad ogni veglia era presente anche Segurino... Nessuno è riuscito a conoscere le sue origini. A un contadino del luogo, che fece delle ricerche a suo tempo, risultò che in quella località, in quei giorni vi erano stati accampati degli zingari e probabilmente lo avevano perduto... Segurino la sera restava a dormire dove si trovava a veglia, non aveva importanza in quale casa. A volte dormiva sulla panca di legno accanto al focolare e d'inverno vi restava volentieri perché la brace accesa lo teneva caldo tutta la notte. Altre volte, se si assentava qualcuno della famiglia, riposava nel letto senza spogliarsi, ed altre volte ancora dormiva nella stalla sopra un fascio di fieno o di paglia riscaldato dal respiro dei buoi e delle vacche... Un altro frequentatore delle veglie era Giuseppe, detto Peppaccio di Cecchettino... Aveva i capelli lunghi fino alla cintura, portava gli orecchini e una collana fatta con bacche di ginepro... Esercitava il mestiere di contadino, ma faceva anche il barbiere, riparava gli ombrelli, faceva il falegname e il dentista...»

Gente che era già salita su un'automobile, che era stata al cinematografo, che ascoltava la radio sia pure a sbafo, si inoltrava nella notte partecipando a una festa verbale dove gli eventi diventavano aneddoti e i ricordi sublimi farneticazioni. Una notizia del giornale radio veniva riferita con toni da leggenda, il narratore s'impantanava nella mitologia, nella cabala, nelle centurie di Nostradamus, nel Barbanera, evocava la testimonianza di personaggi emigrati in America i quali, d'improvviso, diventavano protagonisti di un'altra storia nella quale entravano e uscivano, come maschere, giudici, carabinieri, dame di corte, fattucchiere. Dal momento che si era menzionata l'America, un vecchio ritrovava le parole per ripetere l'apocalisse del Titanic dov'era perito un paesano. I giovani non irridevano le certezze degli anziani la cui memoria aveva baluginii di lucciola: anzi le suffragavano con l'aggiunta di testimonianze proprie che i vecchi però contestavano con un guizzo della ragione: «Cosa vuoi sapere tu».

Rispetto alle veglie, le serate di paese al caffè o all'osteria erano malinconiche riunioni di diseredati che si trovavano lì per abitudine più che per divertimento. Gli alfabeti leggevano il giornale ormai spiegazzato e macchiato di vino, i più giocavano chiassosamente a carte ma la povertà stagnava come il fumo. Il proprietario sapeva che l'affollamento serale di clienti non avrebbe minimamente migliorato l'incasso. Il cartello «Si fa credito solo ai novantenni accompagnati dai genitori» a quell'ora, per i compaesani, valeva poco più dell'altro che raccomandava «Non bestemmiare», ma i frequentatori del caffè non erano così avventati da indebitarsi a meno che non fossero già ubriachi, e in questo caso conveniva accompagnarli a casa perché in epoca fascista le ronde notturne non ammettevano schiamazzi neppure nei paesi.

Si andava al caffè soprattutto per non restare in casa, per non consumare legna nel focolare né luce. In città, invece, nei giorni feriali la piccola borghesia usciva dopo cena soprattutto per trasferirsi in un'altra casa, ed era questo il suo modo di risparmiare.

Le preferenze, se non le leggi dispotiche, del regime favorivano la forzata parsimonia della piccola borghesia cittadina e la modestia delle sue abitudini serali. «Controllo d'ufficio o volontario degli spettacoli. Rastrellamenti nei bassifondi. Pressioni moralistiche. Si sarebbe detto che il fascismo avesse paura della notte, che la notte fosse troppo intima, interiore, riflessiva, per la sua indole», ricordava Emilio Radius. Al regime le libertà notturne dei giovani non piacevano, così come dispiacevano ai genitori che tartassavano le uscite dei figli maschi (le ragazze erano fuori discussione) con l'imposizione di orari ineluttabili.

Le ronde della polizia, dei carabinieri, della milizia volontaria pattugliavano il centro e la periferia ed erano particolarmente insospettite dai gruppi di giovani. Venivano chiesti i documenti, svolti interrogatori volanti. Per attirare l'attenzione della ronda bastava parlare ad alta voce sotto i portici o bisbigliare troppo piano al caffè. Avere l'accento e il modo di fare poco cittadino era già una mezza imputazione né il tesserino da studente era una garanzia: che cosa ci faceva uno studente in giro a quell'ora? Con chi si era incontrato? Dove abitava? Era iscritto al fascio?

Nei caffè i meno ben visti erano i cittadini soli di mezza età. Gli informatori della polizia in borghese (i soli che non sapessero riconoscersi tra loro dal vestire) sul momento pensavano che si trattasse di un nuovo arruolato, mandato lì per sorvegliare il loro stesso comportamento. Se però l'individuo controllava troppo spesso l'orologio significava che era in attesa di qualcuno. Di chi, e come mai a quell'ora? Documenti. Scoprivano allora, il più delle volte, che si trattava di un celibe, quindi di un cattivo fascista sulla cui malinconia si abbattevano le rampogne del moralismo nazionale. Di giorno, i celibi, sul lavoro, trovavano la comprensione e talvolta la solidarietà degli amici, ma di sera la loro solitudine diventava un segno di riconoscimento: per la polizia erano potenziali responsabili di atti osceni in luogo pubblico, probabili omosessuali, nella migliore delle ipotesi italiani di mezza tacca.

Nei ristoranti di lusso, nei bar dei grandi alberghi, nei teatri e nei locali mondani la sorveglianza si notava meno e forse era inferiore, a meno che non si trattasse di quei caffè dove si sapeva che si radunavano gli intellettuali, sempre considerati infidi. In realtà per gli intellettuali, almeno nelle grandi città, garantivano gerarchi di buona cultura che sapevano distinguere tra cospirazione e barzellette meglio dei questurini. Ma forse non è il caso di credere sulla parola a quanti ricordano le serate del ventennio per gli spettacoli teatrali, i raduni al caffè o le cene al ristorante. L'Italia che numericamente contava, quando cenava in trattoria, andava al varietà o al cinema, lo faceva contando gli spiccioli e per un motivo di cui si sarebbe parlato a lungo in famiglia e nella cerchia di amici. Via via che dai locali dei signori si scendeva a quelli popolari, le ronde diventavano più frequenti e più insidiose, forse anche per questo la gente normale, se decideva di divertirsi, lo faceva in gruppo: tre o quattro persone per la polizia erano un «assembramento», dieci o più solo una compagnia.

Le compagnie meno sopportabili erano quelle degli studenti universitari cui la milizia sportiva e intellettuale dei Guf non impediva di perpetuare i più cialtroneschi riti goliardici. Non tutte le loro canzoni erano consentite, per scurrilità, eccesso di spirito libertario o perché ereditate da gruppi politici studenteschi prefascisti. Ma il berretto universitario scampanellante per le cianfrusaglie che vi erano appese, il latino maccheronico delle loro pergamene e dei loro menù («Pulcinelliana filamenta» per dire spaghetti, «fructus non proibitus» invece di frutta), le loro cene servite in ginocchio da matricole in mutande, incontravano la tolleranza del regime, sia pure stizzita. Dogi e Gran Maestri da carnevale, falsi ubriachi, giullari che giullaravano tutto fuorché l'illecito sfidavano la pazienza delle ronde che, d'istinto, li avrebbero fatti a pezzi. Si contentavano di seguirli, invece, nella speranza di poterli acchiappare mentre cantavano nei pressi di un ospedale o scarabocchiavano un muro; e finivano con loro nel bordello.

I bordelli aprivano alle dieci del mattino, erano chiusi per brevi intervalli a mezzogiorno e all'ora di cena e lavoravano fino alla mezzanotte al Nord, fino all'una da Roma in giù. Al mattino erano frequentati dai contadini scesi al mercato di città, dai vecchi mandati a fare la spesa, da qualche sventurato che aveva perduto la testa per una delle ospiti e preferiva incontrarla in un'ora tranquilla. Nel pomeriggio toccava ai professionisti, ai signori, ai gerarchi, agli ufficiali e ai preti in borghese. A costoro era riservata una saletta d'attesa inaccessibile al resto del pubblico: venivano fatti passare uno alla volta da un ingresso secondario e soltanto le ospiti e la maîtresse li vedevano in faccia. Naturalmente i signori, a meno che non fossero snob o intellettuali cui piaceva soprattutto l'atmosfera, l'afrore dell'ambiente, non entravano nei bordelli di second'ordine, così come gli operai e gli impiegati si autoescludevano da quelli di prima classe. I giovani, dai diciotto anni in su, preferivano anch'essi le ore pomeridiane per essere sicuri di non trovare, in sala, il babbo con un puttanone seduto sulle ginocchia.

Con le nebbie del crepuscolo la popolazione del bordello degradava socialmente. Sui divani già umidicci di umori si alternavano dopo il lavoro e prima di cena garzoni, operai, impiegati di basso livello la cui presenza coincideva con il giorno di paga, il 15 e il 27 del mese. Durante l'ora di cena i militari in libera uscita si mettevano in coda tra il portone del bordello e l'orinatoio pubblico lì vicino: entravano a frotte nel momento della riapertura e di lì a poco, in sala, venivano passati in rassegna dalla prima ronda. Dalle nove in poi nel bordello non c'era più posto a sedere; allora dalla sua cattedra la maîtresse coglieva al volo tra i clienti quelli veri e quelli guardoni e lanciava insulti: «Tutti pederasti stasera?» e incoraggiamenti: «Chi ce l'ha, lo porti in camera, prego!» Dopo di che ordinava di spegnere le luci tre volte, come a teatro, e gli indecisi dovevano sgombrare. Subito, spontaneamente o di forza.

I bordelli si chiamavano anche casini. Nel linguaggio di allora espressioni simili non rispondevano affatto a «confusione» o «ambiente dove succede di tutto». Il casino era infatti un modello di ordine, la negazione stessa dell'imprevisto. Fra le istituzioni che il regime ereditò dallo stato liberale il bordello fu l'unico a non dover subire interventi che ne migliorassero l'efficienza e lo spirito disciplinare. Se mai l'ordine nuovo del regime dovette occasionalmente provvedere perché i fascisti della vigilia, nell'entusiasmo maschilista della marcia su Roma, non ne turbassero il rigore computistico esigendo prestazioni gratuite o ubriacando le ospiti che in servizio non potevano bere. In era fascista la maîtresse gestrice del casino fu l'unica figura professionale femminile insignita di un'autorità dirigenziale assoluta, imperiosa, superiore, all'interno della sua casa, a quella di qualsiasi maschio e perfino delle ronde di polizia.

Maîtresse sembrava ingiurioso, così la chiamavano padrona e signora padrona. Era in effetti padrona due volte: del suo esercizio e delle trasgressioni segrete dei clienti costretti ad ammetterle per il fatto stesso di entrare nella sua casa. Al di qua delle persiane inchiodate godeva della protezione dello stato del quale, in un certo modo, era funzionaria e contribuente non da poco. La questura e il medico provinciale stabilivano i prezzi delle prestazioni in base all'eleganza del locale, all'età e all'avvenenza delle prestatrici d'opera, e di conseguenza la quota annuale spettante al fisco.

Benché il suo fosse ritenuto a tutti gli effetti un servizio sociale, la tenutaria di casino era esclusa dai diritti civili come i suoi congiunti e da questa umiliazione si riscattava ricreando nella clausura del bordello una microsocietà a propria immagine e somiglianza, nella quale i signori erano trattati da signori, i plebei da plebei, senza infingimenti, ma gli uni e gli altri tenuti a bada da un tacito monito: «È chiaro che i porci siete voi, non io».

La padrona era tenera con i giovani, cui concedeva una confidenza bonaria se la sala era poco affollata, e non lo faceva per irretirli. La signora dai capelli tinti color carota o pervinca, con le mani ossute rilucenti di ori spropositati e quasi sempre veri, castamente vestita ma smodatamente truccata, con le sopracciglia rase e ridisegnate a carboncino in un filo sottile che si perdeva al sommo della tempia come una vena fuori posto, si preoccupava davvero del profitto degli studenti, della malinconia dei soldati di leva, della timidezza dei diciottenni da svezzare. Se l'umanità meritava ancora un po' di attenzione, la padrona pensava che andasse rivolta, addirittura concentrata su quei giovanotti che avevano appena messo i piedi a mollo nel guado della vita. Per loro, purché capaci di dimostrare con la carta d'identità l'avvenuto compimento del diciottesimo anno, la ferma legge del casino si addolciva: la padrona non solo praticava sconti in caso di necessità, ma contribuiva talvolta a festeggiare una promozione, una laurea, un compleanno, un fidanzamento, un addio al celibato, il primo figlio di colui che aveva perduto l'innocenza adolescente nella sua casa, offrendo di suo una «marchetta». Capitava anche che prestasse i soldi per il cinematografo e soprattutto che impartisse consigli di vita estranei alla sua attività. Si preoccupava sinceramente, quasi passionalmente, di fidanzamenti mal combinati, di romanticherie d'amore poco sagge, di matrimoni in pericolo.

Le madri, e persino le spose, cui del casino era proibito anche pronunciare la parola (sia pure attraverso definizioni più fini quali «casa di piacere», «casa di tolleranza», «casa di malaffare»), non ignoravano affatto che figli e mariti ne erano frequentatori. D'altronde non essere mai andati al casino era chiara prova di perversione. Ed è probabile che madri e spose, pur non avendo mai conosciuto neppure attraverso le chiacchiere una maîtresse, tuttavia ne intuissero la funzione protettrice: andare al casino significava, per un uomo, rinunciare ad avventure compromettenti.

Il bordello salvava dai guai, teneva unite le famiglie,

custodiva più a lungo la verginità delle ragazze. La padrona era consapevole di avere questo ruolo e non si contentava di subirlo: lo arricchiva con buoni predicozzi, pacate lezioni di morale impartite col tono di un cappellano carcerario per il quale ogni singolo delinquente è un dilettante nell'infinito universo del crimine.

Nella gerarchia del casino la signora padrona era sempre un'ex prostituta ascesa al vertice massimo della carriera per meriti propri, «con coraggio e abnegazione», come volentieri si esprimeva il regime fascista che non di rado elargì alle maîtresse riconoscimenti per iscritto. Quando Indro Montanelli andò a trovare Wanda la bolognese, tenutaria di bordello a Messina e protagonista di un fatto di cronaca nera, vide «su ogni mensola una fotografia, molte delle quali con dedica: un segretario federale del fascio dal nome abbastanza noto e un consigliere nazionale, ambedue in alta uniforme fascista, con stivaloni e medaglie, un generale d'Africa e molti colonnelli, maggiori, capitani, tutti in divisa coloniale. La ragione di tutto ciò la spiegava una pergamena inquadrata in cornice in cui si esprimeva il ringraziamento e l'alto compiacimento del Governo e del Comando truppe della Tripolitania alla signora Wanda per l'opera da lei prestata laggiù».

La feccia del casino era invece rappresentata dalla guardiana, un'ex prostituta ormai respinta da tutte le case e rifiutata persino dal marciapiede, cui la padrona concedeva per pietà di aprire la porta ai clienti, di farsi consegnare da loro ombrelli, bastoni e borse rigorosamente vietati in sala e di intascare qualche centesimo di mancia in cambio di consigli sordidi sulle specialità segrete delle puttane. Servile, untuosa, oppure insolente con i peggio vestiti e con i giovani, la guardiana, spesso sdentata, nelle case di minor prezzo indossava un grembiule di tela grigia uguale a quello dei custodi dei cessi pubblici, e un po' lo era date le volte che doveva indicare l'orinatoio in strada ai clienti neofiti. Per quanto priva di qualsiasi autorità, se ne inventava una parvenza annusando il fiato di quelli che le sembravano ubriachi e fingendo di riconoscere coloro che altre volte erano stati cacciati dal buttafuori per aver infastidito le signorine e gli altri clienti. Tendeva la mano come un'elemosinante se appena uno portava il cappello e la cravatta. «Grazie eh!» vociava alle spalle di chi non le dava nulla.

La guardiana era l'ultimo personaggio cui un uomo potesse sentirsi superiore nell'entrare in un bordello. Superato il suo laido controllo, chiunque si sentiva intimidito, stranito, persino ricattato. Le signorine (così la padrona chiamava le puttane) cambiavano città ogni due settimane, sicché la loro pattuglia era detta «la quindicina». I clienti sceglievano secondo i propri gusti, ma le ragazze non aspettavano di essere scelte: guadagnavano esattamente metà di quanto il cliente spendeva, cercavano quindi di ottenere il più possibile e, mezze nude com'erano, si strofinavano ai maschi in attesa sulle panche o i divani della sala, li trattavano come pupazzi sensibili alle moine e ai titillamenti, sbottonavano loro il panciotto davanti a tutti.

Il cliente era anche libero di andarsene senza aver consumato, ma per farlo doveva sfidare il sarcasmo della padrona alla cattedra: «Il signorino cercava una principessa o proprio non gli tira? Buonasseeera!» I più umiliati finivano per essere gli impiegati: per pudore frequentavano casini lontani dal loro quartiere e non diventavano mai clienti abituali. Per decenza sociale, ma anche per gusto e cultura, evitavano le case di infimo prezzo dove sarebbero stati considerati signori, e per motivi di risparmio si proibivano quelli di lusso. Finivano in quelli di categoria mediobassa dove la quindicina, ai loro occhi, non valeva una spesa sentita come una colpa. Non trovavano il coraggio di uscire prima di essere saliti in camera e in camera campavano impacciate giustificazioni per rintuzzare le profferte delle signorine a prolungare il rapporto: «Facciamo una mezzoretta, tesorino?»

La tariffa dei prezzi era indicata su un cartello bollato alle spalle della padrona. L'unità di misura era la «marchetta», corrispondente a cinque minuti, il minimo del tempo e della spesa. Negli anni dell'era fascista i casini davvero infimi offrivano marchette da tre lire. Quelli di massimo lusso, da 20 a 25 lire. I primi avevano la sala piastrellata per ragioni d'igiene; gli altri marmi rosa e azzurri e vetrate a mosaico con figure genericamente erotiche, ma non pornografiche. Si accedeva alle camere salendo una scala ritenuta necessaria non solo per motivi architettonici: serviva a illudere che le camere fossero lontane dalla sala comune ed anche a facilitare la confidenza del cliente con la prostituta che lo precedeva stringendo sul davanti, in vita, il peplo che le velava il sedere ignudo e dondolante. C'erano casini articolati su piani diversi, ognuno con un tariffario diverso: l'età e la bellezza delle prostitute era scandita dal prezzo della marchetta, le tre lire ogni cinque minuti equivalevano al prepensionamento. Sui marciapiedi dei quartieri dove sorgevano i casini più scalcinati, nelle periferie, negli angiporti, vicino ai mercati, le vecchie scacciate dalla professione si contentavano di due lire senza contare i minuti.

Esisteva una moda da casino, che però doveva essere autorizzata dalla padrona. Dominavano i veli che lasciavano scoperto il seno, ma le signorine più esperte e meno dotate si facevano confezionare costumi tali da mettere in evidenza particolari fantasiosi: una linea di pelo verso l'ombelico, i capezzoli tinti di marrone grossi e spugnosi, la cicatrice di una coltellata sulla coscia, il pube biondo di una rossa, quello rosso di una mora, quello inargentato di una platinata.

In camera, l'abat-jour da comodino e il giglio di vetro al sommo del letto erano schermati da una carta rossa; l'odore di permanganato prendeva alla gola; gli specchi obliqui delle case di lusso riflettevano un asciugamano fresco disteso sul cuscino e un altro, più grande, sul copriletto. L'interessamento della questura e del medico provinciale fece sì che i casini, anche quelli di periferia, avessero per primi l'acqua corrente. Negli anni Venti c'era comunque il trespolo con il catino, la grande brocca e, bene in evidenza, quel bidè che le signore borghesi tenevano in camera, mascherato e nascosto ai bambini.

La contrattazione del tempo e della spesa (la «doppia», dieci minuti; il «quartino», un quarto d'ora, fino al limite massimo di un'ora) incominciava appena la signorina aveva richiuso la porta della camera: avveniva davanti al lavabo mentre la signorina abbassava sulle ginocchia i calzoni e le mutande del cliente tuffandogli il pene nel catino schiumoso e strofinandolo per poi asciugargielo con una salvietta di carta. Impiegati che per la loro qualifica si distinguevano socialmente dalle centinaia di operai loro sottoposti nella stessa fabbrica, come loro dovevano sottomettersi al lavaggio, né la ragazza consentiva che lo facessero da soli. Oltre che una precauzione igienica, si trattava di un rudimentale esame venereo, alla ricerca di tracce blenorragiche.

Lo stato fascista garantiva attraverso l'ufficio d'igiene la salute delle prostitute tesserate che ogni due mesi dovevano sottoporsi alla Wasserman antisifilide, ma loro non avevano altro mezzo, per difendersi, che l'esperienza personale, il colpo d'occhio sul glande. In piedi davanti al catino, passivi come bambini, gli uomini non potevano che lasciar fare e intanto contemplavano nello specchio basculante sopra il trespolo la propria espressione un po' ironica un po' ipocrita, contesi da un dubbio e da un proposito: «Farò in tempo?» e «Qui dentro non ci torno più». La prostituta si spogliava del tutto, e consentiva al cliente di farlo soltanto se il rapporto fosse durato almeno un quarto d'ora; ma sempre si nettava le labbra dal rossetto e si sciacquava con il dentifricio liquido, prima e dopo la prestazione.

Accompagnato il cliente per mano verso il letto, toltegli le scarpe, la signorina pigiava il campanello sul comodino e comunicava in sala, alla padrona, quanto si sarebbe trattenuta in camera. Un tintinnio, una marchetta; due, dieci minuti; un suono, il quarto d'ora; due suoni mezz'ora, fino al trillo trionfale dell'ora.

«Per un'ora la Sonia è occupata» annunciava la padrona alla clientela. Le ragazze avevano nomi ispirati alla città d'origine o a romanzi popolari contemporanei: Sonia, Wanda, Isidora, Fedora, Clio, Miriam, Tamara, Regina; ma in epoca imperiale anche Tripolina, Adua, Addis Abeba, Asmara, Massaua. Si chiamavano così persino tra di loro quando si mandavano cartoline di saluto da casino a casino.

Scaduto il tempo la signorina accompagnava il cliente alla cassa e riceveva dalla padrona tante marchette, gettoni in metallo, quante ne aveva fatte. Il commiato, davanti alla cassa, era un bacio guancia a guancia, che non lasciasse tracce di rossetto.

I borghesi padri di famiglia uscivano dal bordello come se tornassero in libertà dopo un interrogatorio di polizia. L'aria della sera asciugava il loro sudore anormale, la colpa ruscellava via nel tanfo dell'orinatoio, la sigaretta acquistava nuova fragranza. Ogni passo era un recupero di padronanza e di dignità. Svicolavano in fretta fino a una via più illuminata dove riprendevano un'andatura tranquilla, da signori a passeggio nella sicurezza inviolabile della notte fascista.

III

BUIO IN SALA, BUIO IN CITTÀ

La sera che Mussolini partì da Milano in vagone letto per tramutare in evento mondiale la sgangherata avventura della marcia su Roma, il biglietto del cinema costava 55 centesimi, prezzo popolare per uno spettacolo plebeo. «Americanate», si diceva per significare facile fantasmagoria priva di cultura. «La vecchia lanterna magica, un giocattolo per adulti sciocchi», insistevano i borghesi.

I proprietari delle sale erano consapevoli del proprio discredito. Si arrangiavano ad abbellire le sale con piante di palma e guide di velluto rosso; cercavano di imbonire la piccola borghesia separandola dal popolaccio con uno steccato e inventarono così i primi posti, ben lontani dallo schermo per tranquillare quanti temevano la congiuntivite. Tentarono il salto culturale disseminando la sala di nobili motti: «Ars gratia artis» e citazioni: «Non vide me' di me chi vide il vero»; raccomandarono all'orchestrina che accompagnava il film muto di tenersi sul classico. Costrinsero le maschere – rigorosamente maschi – a indossare giacche rosse e blu guarnite di alamari d'oro.

Ma per quasi un decennio, il primo dell'era fascista, i proprietari dei cinematografi ebbero fama poco migliore di quella dei tenutari di bordello. Non certo per la qualità degli spettacoli, cui nessuno badava, ma per il buio della sala. Una folla che si accalcava per sprofondare nell'oscurità aveva di sicuro fini sordidi: il palpeggio e il borseggio.

La resistenza della piccola borghesia al cinematografo fu cocciuta e vigorosamente sostenuta dalla morale corrente. I ragazzi dovevano andarci di nascosto, le ragazze mai. Gli adulti si vergognavano. E la popolazione del cinema, per lungo tempo, fu tartassata dalle maschere e dagli stessi proprietari, i quali finivano per pensarla come i borghesi: un pubblico del quale non ci si poteva fidare, soprattutto se giovane. Controlli a ripetizione dei biglietti, poveracci presi per un orecchio e trascinati in strada a calci dagli energumeni in divisa da circo.

Gli spettacoli erano continuati già allora, però era proibito assistere a un film più di una volta – e la tentazione era forte perché di una pellicola non si godeva la trama, bensì ogni singola scena – così, quando nell'atrio si formava un po' di ressa, i buttafuori entravano in sala e sgomberavano posti secondo il loro umore: «Fuori lei, è qui da due ore, mi ricordo».

Agli inizi degli anni Trenta i prezzi delle sale migliori erano quasi triplicati rispetto al 1922, una lira e 50 centesimi, e negli anni successivi il biglietto per la prima visione arrivò a 3 lire. E questa fu una delle tante ragioni, molte delle quali inafferrabili, per cui la fisionomia del pubblico cinematografico fu radicalmente sconvolta. L'invasione plebea fu respinta nelle periferie, nelle sale dove era ancora possibile tentare l'entrata a sbafo, accostare l'occhio a una porta di sicurezza scardinata o giocare alle ombre cinesi alzando una mano e facendo le corna attraverso il raggio polveroso emesso dalla cabina dell'operatore. Le sale di città si rinnovarono anche per accogliere il sonoro; se ne costruirono di nuove, con affreschi imperiali e allegorie; molti onesti teatri diventarono cinematografi e teatri di gran nome; di quando in quando, non disdegnarono di ospitare una prima visione.

Per attirare la borghesia ci voleva il lusso; le fu concesso. Ma occorreva pure che il cambio di abitudini non apparisse rivoluzionario: si trattava di portare al cinema il pubblico socialmente migliore dei teatri, quello più sensibile al cerimoniale della «prima» che al contenuto dell'opera. Il merito iniziale fu del sonoro, quello definitivo del parlato. Se gli attori erano in grado di parlare, se le signore potevano indossare, per una prima, l'abito da sera, perché non voltare le spalle al teatro e andare al cinema?

«Venne il parlato con la voce della Greta Garbo che, come noto, resse al confronto con la sua bellezza, mentre quelle di altre attrici celebri risultarono disastrose», racconta la nostra anonima piccola italiana. «La voce dell'attrice svedese era dolcissima, ricca di toni bassi e suggestivi. Gli italiani, però, essendo un popolo con un tasso di analfabetismo tanto alto quanto accuratamente gestito, si trovarono subito, sin dall'inizio, serviti dal doppiaggio e non ebbero mai modo di udirla. La celebre frase di Greta Garbo "Give me a whisky" venne tradotta con "Da-a-a-m-mi una sigaretta" perché il whisky nessuno sapeva cosa fosse, pronunciata da una maledetta doppiatrice con una voce tanto rauca e strascicata da sembrare una presa in giro. Così il "Da-a-a-m-mi una sigaretta" divenne una ricorrente battuta di spirito che io continuai a sentir rimbalzare a lungo fra gli ospiti dei miei genitori.»

Il cinema entrò nella moda e nella mondanità della borghesia proprio negli anni in cui Mussolini lo scoprì come un'«arma formidabile» per la formazione culturale e politica del popolo. In effetti il regime si impegnò a fondo nella promozione dell'industria cinematografica, ma con scarsissimo o nessun vantaggio per la propaganda. Fascista o no, la borghesia mondana costituiva un uditorio poco rilevante dal punto di vista politico; la borghesia media e piccola, messa in soggezione dai riti delle prime, andava al cinema di quando in quando scogliendo oculatamente (due o tre lire di biglietto a testa!) film adatti ai figli o di puro divertimento; più suscettibili al fascino della propaganda potevano essere le platee periferiche, ma valeva la pena – nell'epoca in cui il regime aveva già ottenuto il massimo dei consensi – dedicare i capitali di un'industria promettente alle serate dei poveracci? Non era meglio limitarsi a controllare che i film piacessero senza disturbare i principi del fascismo? Così, nella sostanza, l'arma formidabile si ridusse all'imposizione del cinegiornale Luce in coda ai film, un quarto d'ora di cronache esaltanti ed esaltate sulle iniziative del regime, le inaugurazioni, le esercitazioni militari, le trionfali uscite del duce sottolineate dall'inconfondibile commento di Guido Nodari cui alcuni sanno fare il verso ancora oggi.

Nelle campagne, verso sera, arrivava il cinema ambulante. Era un furgoncino nero, chiuso, sormontato da due specie di gobbe che nascondevano il proiettore e l'attrezzatura. «Confederazione fascista lavoratori agricoltura – Cinemasonoro» c'era scritto sui lati del furgone. La sera e l'ora dello spettacolo venivano annunciate dal dopolavoro, dai banditori, dall'altoparlante della casa del fascio. Il camioncino si fermava su un'aia o sulla piazza del mercato, l'operatore rizzava uno schermo di tela e la gente affluiva come intorno al mangiafuoco nei giorni di fiera. Calava il buio e dal camioncino usciva il tremolante raggio di luce sul quale si abbattevano sciami di insetti. All'inizio, una comica: Charlot o Ridolini, e le risate corali eccitavano i pipistrelli. Un breve intervallo e poi, quasi a sorpresa, le note enfatiche del cinegiornale Luce vecchio di un mese.

In città l'uscita dai cinema assomigliava sempre più a quella dei teatri. I vetturini e i taxisti furono i primi ad accorgersene, sfoltirono i vecchi parcheggi e ne ottennero dei nuovi davanti a sale che si chiamavano Moderno,

Modernissimo, Impero, Ambasciatori, Supercinema, Vox, Lux.

Nel 1939 anche il *Galateo del Novecento* finì per occuparsi delle signore che andavano al cinema: «Cinematografo, parola magica, che ci permette di conoscere questa terra, di cui occupiamo un minimo spazio, in ogni lembo più lontano [...] E se non avesse altro merito basterebbe questo, di saperci presentare in un magico diorama gente e paesi che altrimenti noi, poveri sedentari, dovremmo immaginare solo con la fantasia [...] Nelle sale più eleganti e in occasione di prime visioni, le signore sfoggiano vesti più ricche che in sale secondarie e per spettacoli comuni. Né sarà minore che nei concerti e nei teatri il dovere di non disturbare i presenti con mormorii e colpi di tosse, evitando ogni commento illustrativo ad uso dei vicini che preferiscono giudicare da loro stessi ciò che vedono e ascoltano. Anche un'altra attenzione useranno le donne, quella cioè di non inalberare cappelli che impediscano a chi sta dietro le spalle di godere lo spettacolo. È vero che le mode cambiano ad ogni stagione, e i cappelli a cresta e cono dell'inverno lasceranno il posto ai berretti piatti della primavera e ai feltri schiacciati dell'autunno, ma un cappello è sempre qualche cosa di sopraelevato e di mobile: portarlo al cinematografo esageratamente alto e aereo è un'infelice trovata».

I cinema più lussuosi avevano il bar annesso, la nuova versione del foyer teatrale: come le commedie e l'opera anche i film erano divisi in tre tempi più l'intervallo del cinegiornale, il che favoriva le occasioni d'incontro e di chiacchiericcio. Le signore si baciavano sulle guance e a poco a poco l'inquietante fastidio della sala buia si sciolse nella memoria come una paura infantile.

Sul finire dell'agosto 1939 cominciò a galleggiare nell'aria dei cinema un odore fresco di menta bruciaticcia, un profumo acuto e perdurante: il monopolio aveva lanciato una nuova marca di sigarette, le Mentòla, con lo slogan «Non irrita la gola». Si vendevano in pacchetti di cartoncino da dieci, di color verde, e per breve tempo diventarono di moda. In seguito sarebbero praticamente sparite dal mercato ma la data della loro apparizione è ricordata da molti per una coincidenza. I primi pacchetti di Mentòla, con la campagna pubblicitaria «Nelle sue spire la freschezza alpina», entrarono in vendita lo stesso giorno in cui nelle principali città fu tentata la prima esercitazione di oscuramento antiaereo: il 30 agosto 1939.

Mancavano poco più di trenta ore all'attacco di Hitler contro la Polonia, e 284 giorni all'entrata in guerra dell'Italia, e per dire «oscuramento» i giornalisti potevano ancora ricorrere a una metafora garbata: «città in azzurro». Era previsto che le città si inazzurrassero alle 21,30 di quel mercoledì, ma gli spettatori del cinema se ne accorsero soltanto dopo. Accadde come quando a Natale si va alla messa di mezzanotte senza badare al cielo nuvoloso e se ne esce per tuffarsi nel silenzio di una nevicata. I pochi lampioni accesi emanavano un debolissimo riflesso azzurro che a stento raggiungeva la strada; non un'insegna illuminata; avvoltolate in carta celeste le abat-jour dei caffè, posate sul banco o alla cassa. Sui fanali delle automobili e delle carrozze una patina striata di vernice opaca blu scura. Bui, con un solo lumino blu, i tram e gli autobus. Ritirati i tavolini esterni dei caffè e delle trattorie. Tutte le finestre delle case sprangate, nonostante la stagione, oppure spalancate ma buie, con volti di fantasmi affacciati a curiosare in quel fondo marino nel quale errabondava una cittadinanza accecata:

I vigili, per loro fortuna ancora vestiti di bianco, gesticolavano ai crocicchi agitando una piccola pila rossa. I nottambuli più prudenti, o forse i più divertiti, s'erano già procurati un oggettino messo in vendita da qualche giorno, una cianfrusaglia destinata a larga popolarità: una spillina a forma di fiore, di automobile, allusivamente di aeroplanino, ricoperta da una vernice fosforescente. Appuntata all'occhiello evitava scontri tra persone. Le stelle avevano ritrovato il loro maestoso trionfo; i puntolini di bragia delle sigarette simulavano un'invasione di lucciole. Con l'azzurro era scesa sulla città una nebbia di silenzio perché le voci, suonando innaturali o irrispettose, venivano rattenute in bisbìgli. In molte case lo spettacolo del buio fu argomento di presagi e fantasie fino all'alba.

L'indomani, 31 agosto, l'esperimento fu ripetuto. Allora si capì meglio il senso di tante raccomandazioni del regime fino a quel momento lasciate correre: rinforzare le cantine col cemento armato, iscriversi all'Unpa. L'Unpa era l'Unione nazionale protezione antiaerea. I volontari pagavano otto lire di tesserino, sei se erano studenti. Per i liceali, il cui reclutamento divenne presto obbligatorio, fu la prima occasione di trascorrere la notte fuori casa, acquartierati negli edifici pubblici da difendere. Pattugliavano le strade sbraitando «Luce! Luce!» verso le finestre dalle quali trapelava un raggio. I proprietari di stabili erano tenuti, per legge, a procurare al capofabbricato la maschera antigas, l'accetta da pompiere, i secchi colmi di sabbia di cui ogni solaio avrebbe dovuto essere rifornito: uno strato di sabbia, si assicurava, smorzava gli spezzoni incendiari.

Era difficile capire chi e perché mai avrebbe dovuto proditoriamente sorvolare l'Italia per bruciacchiarne le soffitte: il paese non era in guerra né minacciava, sul momento, di entrarvi. Il commercio delle maschere antigas, per quanto sostenuto quotidianamente dai giornali attraverso fotografie gradevoli («Una bella signorina acquista in negozio la sua maschera antigas, e ne sembra soddisfatta»), continuò a sembrare una burla. «Quelli dell'Unpa» raramente furono presi sul serio: nel migliore dei casi si fecero fama di allegri rompiscatole, nel peggiore di tagliaborse.

L'esperimento delle città in azzurro non raggiungeva le campagne né i paesi e consentiva troppe eccezioni per creare cupi pensieri. Giovedì 31 agosto 1939, seconda sera di oscuramento, il Teatro al Castello di Milano rappresentò all'aperto, con tutte le sue luci, l'*Otello* a prezzi popolari, anzi «popolarissimi» come ricordava la locandina: 2 lire per il pubblico normale, 1 lira per i dopolavoristi.

Per quei paesini illuminati da tremolii cimiteriali e lontani tra loro come accampamenti beduini, per gli spettacoli all'aperto tollerati dal ministero della Guerra nel cuore delle città oscurate, l'Italia in azzurro vista dall'alto era di nuovo uguale a quella incisa nella memoria dei piloti di biplano che, per puro spirito d'avventura, avevano sorvolato nella notte piovosa del 1922 i bivacchi impantanati della marcia su Roma.

Epilogo
VERSO UN BRUSCO RISVEGLIO

Al buio innaturale delle prime notti di oscuramento altri segni seguirono che acutizzarono i sensi rilassati della piccola borghesia e la misero all'erta.

I baristi esposero sulla macchina espresso il cartello «Da domani niente caffè»; i treni popolari furono annullati la prima settimana del settembre 1939, l'orario ferroviario autunnale apparve drasticamente sfoltito. Per circolare in automobile occorreva un permesso della prefettura difficile da ottenere e in pochi mesi il traffico stradale tornò ad essere rado come negli anni Venti. I prezzi dapprima lievitarono, quindi si impennarono sfuggendo ad ogni preventivo familiare.

Scemò la fiducia nei libretti di risparmio; i biglietti da dieci, da cinquanta, da cento sembrarono all'improvviso frusti e fragili, l'indebolimento della lira provocava angosce in casa, nervosismo, litigi. Nei momenti di funereo presagio, all'alba prima che suonasse la sveglia, i capifamiglia impiegati si rigiravano nel letto preoccupati di dover intaccare le riserve auree avvolte in carta velina nel buio sepolcrale delle cassette di sicurezza: i denti d'oro fusi in una pallina grossa come una biglia, le sterline acquistate una alla volta alla nascita dei figli e allo scadere degli anniversari matrimoniali.

Negozianti e privati, per opposte ragioni, tentarono la grande e la piccola incetta: gli uni in attesa di prezzi più alti, gli altri per prevenirli. Saggezza e parsimonia furono sconvolte da una frenesia d'accumulo che trasformò le cantine in depositi dove i salumi ammuffivano, scatole e barattoli gonfiavano, formaggi conservati da gente inesperta attiravano i topi. Contro gli incettatori all'ingrosso e al minuto furono emanati aspri decreti. I giornali mettevano alla berlina la «signora con poco cervello» che aveva chiesto al droghiere «dieci lattine d'olio in una volta», ed elogiavano il negoziante che aveva rifiutato di venderle.

Le cucine dei ristoranti finirono sotto controllo: carne soltanto due giorni alla settimana. Ai macellai fu intimato di tener chiuse le saracinesche al mercoledì e al venerdì. Più che le conseguenze, erano i divieti in se stessi a infastidire. Emissari del fascio, soprattutto donne, perlustravano i mercati per controllare i prezzi e le spese eccessive. A tutti si raccomandava di denunciare i trasgressori.

L'insistenza dei giornali su argomenti di guerra, gli accenti trionfali che celebravano l'invasione nazista dell'Europa non destavano soverchie preoccupazioni. Perché mai l'Italia dovesse entrare in guerra restò oscuro molto a lungo; tuttavia, tra i piccoloborghesi, molti incominciarono a chiedersi perché la decisione di intervenire nel conflitto tardasse tanto. La guerra, si pensava, sarebbe stata vinta in fretta e le misure prebelliche abolite. La gente che fino ad allora aveva fatto collimare la propria idea di libertà con la non libertà istituzionale della dittatura, solo nell'autunno del 1939 sembrò accorgersi che il regime pretendeva di interferire nella vita familiare, scombussolava i conti della serva, le ricette di Petronilla e le ore di sonno. Spirava un vento sconosciuto di autorità, anzi di autoritarismo. Che il fascismo avesse idee sue in fatto di stile di vita si sapeva, ma sarte e modiste non ne avevano mai tenuto conto, né per questo erano state perseguitate. Ecco invece, tra il '39 e il '40, bandi minacciosi contro signore e signorine che avevano accettato l'usanza della gonna a pantalone a metà coscia. Contro di loro, multe e nome sul giornale.

Durante la guerra d'Etiopia gli sposi avevano donato alla patria le fedi d'oro e non se n'erano pentiti: era stato un sacrificio simbolico compiuto in pubblico da un ceto onorato di sentirsi protagonista dei riti patrii. Ma adesso, alla vigilia della guerra, si trattava di aprire la porta di cucina a emissari del regime incaricati di sequestrare pentole di ferro e di rame per rifornire l'industria bellica. E non c'era niente di poetico: l'obbligo annullava il piacere del sacrificio e il sequestro aveva un che di predatorio. Le donne nascosero padelle, colapasta e stampi per budini in soffitta; lo stato raccolse tonnellate di ciarpame.

Chiusura delle sale da ballo; poi divieto di ballare anche in casa. I canti di guerra, che la radio trasmetteva a orari fissi, non avevano toni poi così lugubri ma la propaganda prebellica sembrava voler prevenire e reprimere ogni sorriso divertito. La distratta serenità, la condizione psicologica sulla quale il regime aveva sempre potuto contare tenendo conto dei modesti appetiti della piccola borghesia, all'improvviso veniva perseguitata come comportamento eversivo.

Niente più liquori nei bar: per il cognac, rivolgersi alle farmacie, con ricetta del medico. Basta paste dolci. Poco zucchero. Gli inglesi, carogne, sono già alla fame e falcidiati dai bombardamenti nazisti: eppure eccoli fotografati mentre sorseggiano il tè nei rifugi. Vogliamo fare brutta figura come loro?

Tutti gli italiani si sentivano rimproverati e puniti senza sapere perché, per che cosa. Il futuro, del quale si continuava a dire un gran bene, appariva condizionato da comportamenti imposti, tassativi e incomprensibili ai più.

Aumentavano le restrizioni e si diffondeva la corruzione spicciola dei funzionari fascisti e dei loro favoreggiatori. Per ottenere un po' di tolleranza, perché il segretario del fascio rionale conservasse la bonomia dei bei tempi, occorreva pagare in denaro o in natura. La piccola borghesia fondamentalmente onesta constatò con dispetto, a proprie spese, che le voci da sempre intraudite e mai ascoltate sui traffici e i privilegi dei gerarchi avevano un fondo di verità. La virtù giustiziera di Mussolini non colpiva l'autorità locale cui il bottegaio riserbava la merce migliore e proibita. La vita reale era ogni giorno più diversa da quella raccontata dai giornali.

Per contrasto, gli incorrotti e gli incorruttibili mostravano il cipiglio aggressivo e arrogante dei «fascisti della vigilia» e neanche questo piaceva alla piccola borghesia che aveva riconosciuto il proprio stato ideale nel regime dell'ordine e campato nel mito il periodo torbido e stravagante della marcia su Roma. Ritornava nel linguaggio comune il termine «fanatismo», da lungo tempo superfluo.

Fanatici erano i più solerti tra i responsabili dell'Unpa, i fascisti che smaniavano contro la tolleranza degli anni Trenta e contro quanti ne avevano goduto, i ragazzi che studiavano di meno e fantasticavano di arruolarsi volontari. Fanatici erano coloro che prendevano tutto troppo sul serio e ripetevano, al di là di ogni previsione piccoloborghese e soprattutto di ogni desiderio sensato, che «questa è la volta buona», «indietro non si torna» e «ne parliamo tra un anno».

I fanatici fascisti riapparivano in pubblico nei negozi, nei caffè, nei postriboli e dovunque provocavano. Niente grissini? «Bene! Finalmente!»

I fanatici antifascisti invece – ce n'era almeno uno in ogni famiglia, rabbonito dal tempo e incanutito – riprendevano voce nei conversari casalinghi: «Ve l'ho sempre detto come sarebbe finita. Questo è solo l'inizio, vedrete»; e spesso trovavano inaspettati alleati nei giovani, negli studenti, i quali, con l'occasione, rivelavano agli smarriti genitori d'essersi impantanati in conventicole nelle quali si discuteva di tutto, di capitalismo e di Unione Sovietica, di cinema e di sindacalismo, e per tutto avevano trovato una risposta. Pericolosa.

Consapevole di essere stata la colonna dorsale del regime assai prima che glielo andassero a spiegare gli storici e i sociologi, la piccola borghesia accusava i sintomi di un progressivo malessere, di un inarrestabile indebolimento, come se ad uno ad uno gli infiniti arti del suo corpo difforme si agitassero al di fuori di ogni controllo. Ma prima di sottrarsi al compito storico che si era data, attese il limite della sopravvivenza fisica e neppure allora agì in proprio, per responsabile azione e decisione. È assolutamente falso, appartiene alla polemica volgare, che la piccola borghesia abbia voltato repentinamente gabbana il 25 luglio 1943 quando, a guerra praticamente perduta, Mussolini fu destituito dal Gran Consiglio del fascismo e arrestato dal re. La «non classe» piccoloborghese accettò quell'evento storico, frutto della disastrosa crisi intestina del regime ormai fallimentare, come un'operazione chirurgica compiuta sul suo proprio essere per la propria salvezza. E questo spiega perché nella mentalità piccoloborghese, contro il parere di tanti storici, l'era fascista non rappresenti una successione inevitabile di fatti imputabili a un'ideologia e a una forma di governo dispotico, bensì una scansione di periodi, di segmenti temporali non necessariamente connessi: nel giudizio dei ceti medi fascista fu il periodo che radunò il massimo consenso e quindi fu meno contrassegnato dall'ideologia. I molti «se» antistorici che tuttora infiorano i ragionamenti piccoloborghesi sull'era fascista hanno la stessa origine: se i rappresentanti dei partiti democratici non si fossero ritirati sull'Aventino dopo il delitto Matteotti; se Mussolini non si fosse fidato tanto dei gerarchi; se l'Italia non fosse entrata in guerra; se Mussolini non fosse stato ingannato dai militari; se l'Italia non avesse stretto un patto mortale con Hitler. Che cosa sarebbe accaduto qualora uno solo di questi «se» si fosse realizzato appartiene al mondo della fantasia, ma l'insistenza con la quale le ipotesi sono state e sono formulate nelle chiacchiere correnti è reale e dimostra fino a qual punto l'ideologia piccoloborghese non ha subito ripensamenti globali rispetto al «suo» fascismo, al segmento di era fascista nel quale si riconobbe.

Ciò non significa che la «non classe» del consenso («non classe» perché ceto aperto sia verso l'alto sia verso il basso e perché distinguibile dalle classi per la sua capacità di ammorbidire e rifondere, riformandole, le ideologie tradizionali) durante la guerra civile dal 1943 al 1945 non abbia preso posizione attivamente per la Resistenza antifascista e antinazista. Lo fece, e, con un altro bel «se» antistorico, sarebbe difficile immaginare una Resistenza senza la partecipazione e talvolta la guida della piccola borghesia. Con il fascismo incattivito, inferocito, fortemente marchiato dall'ideologia e agonizzante della Repubblica di Salò, la «non classe» non poteva convivere. Così si rimise in caccia di altre ideologie tradizionali, quelle prefasciste, cui allearsi e di cui nutrirsi ruminandole, trasformandole in «altra cosa» rispetto a ciò che erano.

Ma questo è anche un altro libro.

24 giugno 1988

BIBLIOGRAFIA ALTERNATIVA

Una bibliografia sia pure sommaria sulle origini sociali e politiche del fascismo, l'ascesa di Mussolini al governo, l'instaurazione della dittatura, la guerra, la caduta del regime e la sanguinosa appendice della Repubblica di Salò raddoppierebbe almeno il numero di pagine del presente libro. Inutile infliggerla al lettore. Per dovere ricordo quindi soltanto la biografia di Benito Mussolini di Renzo De Felice in più volumi (Einaudi): è un'opera basilare e, per ricchezza di informazioni, definitiva.

La vita realmente vissuta dalla maggioranza del popolo italiano durante la dittatura fascista si può meglio capire e approfondire attraverso la lettura di certi romanzi, sia dell'epoca sia successivi. Anche in questo caso la quantità dei titoli è immane, come si può immaginare. Mi limiterò quindi a ricordare i romanzi senza dei quali non è possibile conoscere l'Italia fascista dall'interno. Si tratta di libri pubblicati in varie edizioni e reperibilissimi; il corredo delle date di pubblicazione è quindi superfluo.

Gli indifferenti, opera prima di Alberto Moravia, è un testo mitico. Scritto nel 1929 è storicamente il primo romanzo che racconta l'impotenza morale della borghesia fascista e il contrasto tra la precarietà dell'esistenza quotidiana e i valori assoluti proclamati dal regime. I travagli della vita operaia alla vigilia della marcia su Roma, e quindi il cedimento del proletariato socialista al fascismo, sono descritti da Carlo Bernari in *Tre operai*, romanzo uscito nel pieno del regime e quindi retrospettivo ma non per questo meno permeato dalla coscienza della crisi socioculturale provocata dal fascismo.

Di Elio Vittorini vanno letti, ai fini del nostro argomento, *Il Garofano rosso*, i racconti di *Piccola borghesia* e *Erica e i suoi fratelli*. Di Romano Bilenchi *Il capofabbrica* pubblicato per la prima volta su rivista («Circoli») nel 1935 e più tardi inserito nel volume *Racconti* di questo scrittore.

Ma il narratore che con maggior chiarezza ha fatto rivivere la società fascista in ogni suo aspetto, magistralmente cogliendo le illusioni della piccola borghesia del regime è Vasco Pratolini. Del grande scrittore fiorentino vanno letti, possibilmente nell'ordine, il romanzo breve *Il quartiere*, *Cronache di poveri amanti* e *Lo scialo*. *Lo scialo*, nonostante la mole che non ne facilita la lettura, è dal nostro punto di vista un romanzo unico, il solo in grado di far capire anche ai più giovani e ai più indifferenti alle vicende della storia patria, quale possente tragedia maturasse sotto l'apparente serenità della vita quotidiana fascista.

Il brevissimo elenco di opere narrative essenziali si chiude qui, altrimenti si ripresenterebbe il pericolo per cui abbiamo evitato una bibliografia sull'era fascista.

Chi ha letto questo libro si è accorto che di quando in quando compaiono citazioni tra virgolette senza che sia indicata la fonte. In un volume accademico sarebbe imperdonabile, ma non è il nostro caso. I virgolettati sono brani o brevi frasi estrapolati dalle molte e lunghe interviste fatte a testimoni dell'epoca: non si tratta di studiosi, ma di gente comune che mi ha aiutato con i suoi ricordi consentendomi quell'opera di mediazione così necessaria se si vuole inserire in una prospettiva storica memorie personali. Quando si tratta di episodi precisi, i nomi sono invece indicati nel testo.

Di alcuni libri di memorie ho fatto uso più che di altri; desidero segnalarli al lettore perché si tratta di opere poco o pochissimo conosciute, oppure dimenticate nei nuovi cataloghi degli editori: Anonima, *Le confessioni di una piccola italiana*, Essedue edizioni, Verona 1983. Aurelio Presciutti, *La febbre spagnola*, Il Candelaio edizioni, Firenze 1988. Di Emilio Radius è quasi un classico *Usi e costumi dell'uomo fascista*, Rizzoli, Milano 1964. Recentissimo, e purtroppo passato quasi silenzio, è *La divisa da Balilla* di Guglielmo Zucconi, Edizioni Paoline, Milano 1987. A metà strada tra la testimonianza e il saggio d'alta letteratura ricordo *Fiori italiani* di Luigi Meneghello ristampato negli Oscar Mondadori, Milano 1988: pur non essendo un'opera scientifica è deliziosamente utile per comprendere lo stile dell'educazione fascista nelle scuole.

Altri debiti ho contratto con autori che hanno analizzato aspetti particolari del costume durante il ventennio o ne sono stati protagonisti. Mi limito a elencare quelli che raramente o mai vengono citati nelle bibliografie.

Per la radio: *Il mondo in casa. I primi quaranta anni di storia della radio* a cura di Fausto Casi, edito dal Comune di Arezzo, 1987. Per la cucina:

Ricette di Petronilla e *Altre ricette di Petronilla*, Editrice Sonzogno, Milano 1936-1937. (Le ristampe in commercio sono purtroppo state revisionate al punto da eliminare lo stile letterario di Petronilla, indispensabile a documentare la mentalità femminile dell'epoca). Per la donna e il fascismo: *Italian women, past and present* di Maria Castellani, edito in lingua inglese dalla Società editrice di Nuovissima, Roma 1939 e *La nuova italiana* di Elisabetta Mondello, Editori Riuniti, Roma 1987. Per il galateo femminile, il *Galateo del Novecento. Nuove usanze per tutti* di Vanna Piccini, Edizioni Mani di Fata, Milano 1938. Per i mezzi pubblici, *Dall'omnibus alla metropolitana* di Francesco Ogliari e Franco Sapi, edizione a cura degli Autori, Milano 1969. (Il miglior volume fotografico sui treni dell'epoca è recentissimo: *Ferrovie italiane*, a cura di Piero Berengo Gardin, Editori Riuniti, Roma 1988). Per lo spettacolo leggero, malconosciuto ma puntuale è *Vincere! Vincere! Vincere!* di Pietro Cavallo e Pasquale Iaccio, editrice Ianua, Roma 1981. Storie della canzone ce ne sono varie, in volume (Editori Riuniti) e a dispense (Fabbri) ma l'album *Mezzo secolo di canzoni* a cura di Emilio De Rossignoli, edito da La Settimana Incom illustrata per Rizzoli (l'edizione rilegata non porta la data: inizio anni Sessanta) è nella sua brevità e ricchezza fotografica un testo eccellente. Per il cinema è fondamentale come un dizionario *Ma l'amore no* di Francesco Savio, Sonzogno, Milano 1975. Per lo sport, oltre alle varie storie del calcio e di altre attività reperibili sia in commercio sia in biblioteca, segnalo lo sconosciuto libretto *Il delitto Bottecchia* di Enrico Spitalieri, Antonio Pellicani editore, Roma 1987.

Durante la dittatura, s'è detto, le famiglie della piccola borghesia del consenso tacitamente segnarono una netta linea di demarcazione tra il regime e la vita domestica. A riprova di questa tendenza – e a confutazione della leggenda per cui, in era fascista, tanti bambini venivano battezzati Benito – suggerisco *Nomi e cultura. Riflessi della cultura italiana dell'Ottocento e del Novecento nei nomi personali* di Emidio De Felice, Marsilio editori, Venezia 1987.

Il cordone ombelicale tra la «non classe» piccoloborghese e il regime fascista è stato radiografato, prima degli altri, da Giuseppe Antonio Borgese in *Golia, la marcia del fascismo*, prima edizione in lingua italiana da Mondadori, Milano 1946. Un classico è *Mussolini piccolo borghese* di Paolo Monelli, prima edizione Garzanti, Milano 1965 e, in edizione definitiva, Vallardi, Milano 1983. Per altri suggerimenti bibliografici sul tema ricordo anche il mio *L'ideologia piccolo borghese*, Marsilio editori, Venezia 1980.

Oscar Bestsellers saggi
Periodico mensile: N° 10 dell'aprile 1990
Direttore responsabile: Alcide Paolini
Registr. Trib. di Milano n. 112 del 7/2/1989